国家社科基金
后期资助项目
GUOJIA SHEKE JIJIN HOUQI ZIZHU XIANGMU

"文人"汪曾祺研究

翟业军　著

浙江大学出版社
·杭州·

国家社科基金后期资助项目
出版说明

　　后期资助项目是国家社科基金设立的一类重要项目，旨在鼓励广大社科研究者潜心治学，支持基础研究多出优秀成果。它是经过严格评审，从接近完成的科研成果中遴选立项的。为扩大后期资助项目的影响，更好地推动学术发展，促进成果转化，全国哲学社会科学工作办公室按照"统一设计、统一标识、统一版式、形成系列"的总体要求，组织出版国家社科基金后期资助项目成果。

全国哲学社会科学工作办公室

目 录

第一章 汪曾祺是谁?
  第一节 流动的风景
      ——"不要把我纳入乡土文学的范围" / 1
  第二节 谁是"蔼然仁者"?
      ——沈从文与汪曾祺比较 / 10
  第三节 "文人"汪曾祺 / 26

第二章 "文人"汪曾祺的淑世情怀
  第一节 文学就是要给你一杯"不凉不烫的清茶"
      ——论《受戒》 / 41
  第二节 我们拿什么渡过苦难?
      ——论《大淖记事》 / 53
  第三节 回归常识:生命由什么砌成?
      ——论《异秉》 / 62
  第四节 微缩的全景,微苦的生命
      ——论《八千岁》 / 72
  第五节 爱,所以远;亲,所以淡
      ——论《侯银匠》中的父女情 / 81

第三章 作为杂家、通才的汪曾祺
  第一节 以"雅"化"花"
      ——论戏曲家汪曾祺的内在紧张 / 89

第二节 "更有一般堪笑处，六平方米作邺厨"
　　　　——论美食史上的汪曾祺　/ 101
第三节 "淡淡"文章、"萧萧"书画与有情的人间
　　　　——汪曾祺文学与书画创作的相互阐释　/ 115
第四节 孤愤，还是有所思？
　　　　——论汪曾祺从《聊斋志异》翻出的"新义"　/ 137

第四章　"晚期"汪曾祺的自我裂变

第一节 "晚期"风格就像废墟里长出的罂粟花
　　　　——论《小嬢嬢》　/ 152
第二节 "迟开的玫瑰或胡闹"
　　　　——论汪曾祺的"晚期"风格　/ 163
第三节 西窗雨，叩响一口钟
　　　　——论汪曾祺与外国文学兼及"早期"汪曾祺
　　　　　是如何通往"晚期"的　/ 173

参考文献　/ 193

后记之一　一本生长起来的书　/ 199
后记之二　一本非书之书　/ 201

第一章　汪曾祺是谁？

第一节　流动的风景
——"不要把我纳入乡土文学的范围"

汪曾祺给人印象最深的地方大概就在于他为人们摹写出来的一幅幅优美、健康的风俗画面。他自己也认为自己的创作与风俗画存在一定关联，并进一步作出理论提升："风俗中保留一个民族的常绿的童心，并对这种童心加以圣化。风俗使一个民族永不衰老。"[1] 正因为风俗画面的大量存在，人们认定他的创作属于乡土文学。不过，还是有必要追问一句：出身于殷实商户、毕业于西南联大、熟读西方现代派文学的汪曾祺真的会写出纯而又纯的乡土文学？就算是把他归入乡土文学大类，他的创作与一般习见的乡土文学有没有一些完全不一样的地方，就是这些地方让他显得不那么乡土？

一

二十世纪四十年代汪曾祺在文坛崭露头角，八十年代初期重返文坛，相隔三十余年，其间自然有许多曲折、坎坷，也有不少唏嘘、感慨，但汪曾祺重新带给文坛的作品却是如此清新、淡远。仅是这种直观的外部的格调就已让那个时候的文坛感到十分别致，更不必说那些人们一时之间还无法深细咀嚼的深切的内在蕴涵。回想一下吧，当时的人们光顾着用他们的作品来控诉、反省刚刚过去的噩梦般的十年，只能以"伤痕""反思"之类的字眼来指认和概括他们所面对着的创作潮流……太多的证据都在说明，他们对于文学创作的认知一时之间还无法跳出反映论、"两结合"等他们所警惕乃至反对的创作"法则"的框范，他们不可能从政治的"迷雾"里一下子切入到现实生活的真实土壤上来，他们的创作不得不是强烈的现实激情与幼稚的艺术手法并存的。而汪曾祺的小说让人感到陌生，感到"淡

---

[1]　汪曾祺：《谈谈风俗画》，《汪曾祺全集》（第9卷），人民文学出版社2019年版，第296页。

化",感到"无主题",同时又让人感到亲切、熨帖,个中缘由就在于他所写的就是人的基本的日常生活。此种艺术形态的差异之中包含着对于人的观念的根本差异:汪曾祺不再把人当作可以随意定义与诠释的概念,而是看作一定条件下具体存在着的现实的人。可以说,汪曾祺的作品把对人与生活的领会导向了一个更加基本的层面。接下来的问题是:汪曾祺为什么能够摆脱潮流的羁绊,在吵嚷的文坛书写安静、真实、具体的人生?是什么样的人生使得他的小说清新又灵动?他的创作迥异于主流文坛的特质究竟在什么地方?

其实,汪曾祺的出现虽然让人感到惊异,但他并不是空穴来风、无本之木(已有学者指出,只是到汪曾祺的出现,新时期文学才真正接通与四十年代文学,也就是中国现代文学的关系[①])。不久,人们便探寻出他的作品的文学史渊源,并纳入中国现代抒情小说的传统中加以理解。这种理解自然是成功的,因为它对于这一种在当时文坛上还表现得较为殊异的文学现象的来龙去脉做了富有深度的说明,为理解这种文学现象指明了大致的方向——这无疑满足了人们的思维理解事物的需要。不过,从现代抒情小说这样一个大的文类来把握汪曾祺的创作,只是概观了他的创作的总体风格面貌,甚至是一个模糊的面貌,因为这种抒情特征只是在与那种较严格的写实作品的比较中才能获得。把这些统称为抒情小说的作家作品稍加比较,我们就会发现它们存在着很大的差异,比如,与郁达夫、郭沫若那种自我情绪的抒发不同,汪曾祺作品的抒情因素更多地表现为渗透于具体生活画面的情调、情态、氛围。

实际上,把汪曾祺的作品纳入乡土抒情类的小说创作中似乎可以得到更恰切的理解。人们早就在乡土文学的研究中发现了写实类和抒情类这两种基本形态,应该说这样的梳理独具眼力,也是符合乡土文学创作实情的。[②] 但是,人们似乎一时还不能够理解,在这两种看似相区别的形态之间又存在着内在的关联,而且这种关联又关系到我们对乡土文学性质的判定。也就是说,这两种文学形态并不是对应于两种现实的经验形态,而是现代性与乡土性的双向运作所产生的不同的心理情感推动的结果。乡土性是一个与现代性紧密关联的概念,没有现代性就无所谓乡土性。一方面,现代性的展开对乡土性构成了批判性审视,这是写实类乡土小说产生的根据;另一方面,乡土性在现代性推动的批判、反省下产生

---

① 黄子平:《汪曾祺的意义》,《作品与争鸣》1989 年第 5 期。
② 许志英、邹恬:《中国现代文学主潮》(上),福建教育出版社 2001 年版,第 128 页。

自我依恋、自我归依的心理情绪，这是抒情类乡土小说产生的根据。在这里值得注意的是，这种乡土的自我依恋与自我归依是以现代性的批判为前提的，它作为一种反向运动并不是无前提的反向运动。因此，我们不能把这两类作品看作传统的静态文明与现代的动态文明之间的对立。如果只是这样一种僵硬的对峙关系的话，那么，不论我们怎样辩证，其间的取舍就变得不再困难，我们也就难以解释某些作品中人物徘徊于这两种选择之间的复杂的精神现象，更无法解释同一作家何以会同时创作出两类作品，就像鲁迅和萧红。所以，做出如下判断应该是合理的：如果说批判写实类乡土作品体现出古老的中国社会在面对现代社会时力图改变自身的需要，表现的是事物变化性的一面，那么，抒情类乡土小说则体现出人们在面对变化时试图保持自身的连续性、生命自身的可体认性的需要，表现的是事物不变性的一面。此种对于连续性的要求并不是坚持事物的静止样态，而是要把握事物的一体性——要知道，任何个体生命都有着对于自身生命一体性确认的内在要求。从这个意义上说，抒情类乡土小说与写实类乡土小说不可能构成根本的对立关系，只能是互补性关系。

　　再往深处说，写实类乡土小说重在书写个体生命（无论这个体生命是觉醒的抑或不觉醒的）与乡土社会之间整体的结构性的冲突，它所表现的是人的存在的悲剧性；抒情类乡土小说则缺乏深切的悲剧性冲突，它更多表现的是人的存在的诗意性。我们应该认识到，与悲剧性一样，诗意性同样也是对于现实的非人状况的反抗。它不是诉诸现实的批判，而是要为人的人性存在提供证明。因此这类乡土小说无法从总体的社会关系、社会结构上来对乡土社会的现实生活进行透析与批判，而更多是从乡土社会的边缘入手，来表现人对于此一存在向度的内在要求。比如，鲁迅的《故乡》和《社戏》，它们的诗意性体现在对童年的生活的书写；废名的《竹林的故事》和《菱荡》，侧重于描写自然风貌，人物融在自然之中；沈从文的表现湘西社会的作品则得力于与当时中国社会普遍状况迥异的湘西人近乎原始的淳朴、天真；萧红的作品要复杂一些，她总是夹杂着反讽，又流露出怅然——而怅然的依恋又莫不是与作品对童年生活的表现相联系的。那么，汪曾祺的创作又是如何实现他的边缘性表达，从而体现他对人的诗意存在的体认的呢？我以为，他的创作的凝结点在于那些现代社会中正在逐渐消失乃至绝迹的传统职业之上。

二

除了少数描写下层知识分子人生经历的篇什（如《徙》《寂寞与温暖》《云致秋行状》等），汪曾祺大多数创作都与某些传统的职业有关。在接受施叔青访谈时，汪曾祺说，自己写的都是"小市民，我所熟悉的市民"[①]。当然，这里所说的市民并不是现代意义上的城市市民，而是传统意义上与农民相区别的小手工业者和小商小贩，具体来说，包括锡匠、挑夫、皮匠、剃头匠、厨师、卖熏烧的、卖水果的、卖眼镜的、卖熟藕的、药铺的相公，甚至还有和尚。据费孝通分析，乡土中国之所以是一个无为而治的礼教社会，文字得不到普及，法律无从生成，盖因与土的过分的粘连。他说："我们的民族确是和泥土分不开的了。从土里长出过光荣的历史，自然也会受到土的束缚，现在很有些飞不上天的样子。"[②] 所谓写实派乡土小说，大抵就是对这个乡土中国的真实描摹，以及对乡土中国中所孳生的保守、麻木、愚昧等国民性的批判。所以，我把写实类乡土小说看作是土性的文学。但是，土地的承载能力是有限的，人口繁殖到一定程度，就必定会有一部分人如蒲公英飘散到外地，重新寻找耕地。有人拓荒形成了新的村落，有人找不到土地，只能设法插入别的村庄，成为与当地人们没有血缘关系的"客边"。在亲密的血缘社会，授受之间无法一笔一笔清算，商业、手工业很难生成、发展，而"客边"的特殊身份自然使他们成为人们互通有无的媒介，于是，乡土中国的商业、手工业便在"客边"艰难的谋生过程中成长。汪曾祺所说的"市民"大体上就是一些脱离了土地和血缘的"客边"，就像《大淖记事》里从兴化来到高邮谋生的锡匠们，也像《薛大娘》中"一年打十一个月光棍"的药店"管事"，淮安人吕三。没有了土的粘连，小手艺人、小商小贩们的生活方式、道德观念必定殊异于乡土中人，就像《大淖记事》所说："这里的颜色、声音、气味和街里不一样。这里的人也不一样。他们的生活，他们的风俗，他们的是非标准、伦理道德观念和街里的穿长衣念过'子曰'的人完全不同。"故事中的"这里"是指城区和乡下的交界处，也就是乡土社会的边缘。抒情类乡土小说一般就要描写"交界处"的边缘人，比如翠翠、柏子、巧云、十一子、明海、小英子。他们脱离了土里讨生活的呆板人生，往往依水而居，水的流动、轻盈滋养了他们的聪慧、灵动、不拘常理。比如，《受戒》中，小英子划着

[①] 汪曾祺、施叔青：《作为抒情诗的散文化小说》，《汪曾祺全集》（第11卷），人民文学出版社2019年版，第365页。

[②] 费孝通：《乡土中国 生育制度》，北京大学出版社1998版，第6-7页。

船，突然放下桨，趴在明海耳边说："我给你当老婆，你要不要？"和尚们年下也杀猪，与在家人不同处只在于先要由老师叔给即将升天的猪念一道"往生咒"："……一切胎生、卵生、息生，来从虚空来，还归虚空去。往生再世，皆当欢喜。南无阿弥陀佛！"《大淖记事》里，巧云被刘号长破身，她趁刘号长下乡，约十一子到淖边，"他们在沙洲的茅草丛里一直呆到月到中天"。十一子被刘号长打伤后，巧云毅然做起了挑夫，挑着紫红的荸荠、碧绿的菱角、雪白的连枝藕，风摆柳似走过。这些超越于乡土社会规范之外的人们及其行为的共同背景都是水，水冲走了泥土的呆板、滞涩，使他们如此的灵动、舒展。基于此，我把这样的小说称作水性的文学，水性文学中逐水而居的人们的人生就是一道道流动的风景。

汪曾祺正是用这些"交界处"人物的边缘性职业，作为他对乡土社会进行诗意表现的入口的。在汪曾祺对传统职业的描绘中，人的劳作有一种建立在感觉之上的日积月累的技艺的纯熟。他们的技艺越高超，对于对象的体会也就越敏锐、越幽微，以至达到与对象的全面契合，"以神遇而不以目视"，具有高度的自由与美感。比如，《鸡鸭名家》中，余老五炕小鸡、炕小鸭，陆长庚放鸭、赶鸭，都仿佛怀有一种魔法。余老五对炕小鸡、炕小鸭的火候的拿捏、时机的掌握，皆是那么精准，这里更有一种大胆和蛮横："眼睛塌陷了，连颜色都变了，眼睛的光彩近乎疯狂。脾气也大了，动不动就恼怒，简直动他不得，专断极了，顽固极了。"陆长庚唤走散的鸭子更有一套，"他嘴里不知道叫点什么，鸭子从四面八方都过来了"，"他唱的不知是什么，仿佛鸭子都爱听，听得入神"。再如，《戴车匠》里，戴车匠的工作对孩子们来说那么细腻、那么有味，像名伶的歌吟和做打：

戴车匠踩动踏板，执料就刀，镟刀轻轻地吟叫着，吐出细细的木花。木花如书带草，如韭菜叶，如番瓜瓤，有白的，浅黄的，粉红的，淡紫的，落在地面上，落在戴车匠的脚上，很好看。住在这条街上的孩子多爱上戴车匠家看戴车匠做活，一个一个，小傻子似的，聚精会神，一看看半天。

这种由人对于物的稔熟而产生的契合的美感是让人感动的，所以，汪曾祺感叹，"一个人走进他的工作，是叫人感动的"，"大概什么事做得很精熟，就很美了"。高度的契合甚至会产生某种玄秘的神性，就像《花瓶》里那位瓷器工人在烧出一件精美的瓷器之后，能算出这些瓷器的命运。这里的瓷器不再是物,它们毋宁是有生命的,是可以被它的创造者体会与把握的。就这样,汪曾祺不以写实而是以故事的方式来表现这种神奇性,使得整个作品具有了传奇色彩,极具艺术感染力。

汪曾祺在表现传统职业的存在形态时,更多是开掘这些职业在其劳作中所具有的生命意蕴,这里的生命意蕴集中概括地说,就是生命的自由。生命自由说的不是放纵、随意,而是指劳作者与对象的高度契合以及由契合而产生的神性与美感。传统职业并不是社会分工高度发展的产物,只不过是传统农业社会的补充,它往往还没有被产业化,大多是以手工劳作的方式进行,在这样的劳作中,器官、工具、对象还处在谐和的关系中。汪曾祺说,他的创作"……追求的不是深刻,而是和谐"[①],我们不应该把这个"和谐"简单地看作是消泯人物与事物的矛盾、冲突,而应该从人与世界的这种基本相互系属关系来理解——这时,对象还不是对象性的对象,工具也不是纯粹诉诸理性的工具,而是与人的具体的感官感觉生动地联系着的工具;器官也还是人的整体的一部分,还没有被工具地分离出来。舍勒说:"器官生成绝不是对给定的无生命自然环境的'适应';器官生成的过程也决定着'环境'或'自然'的本质结构。"[②] 这实质上道出了人与环境之间深刻的一体性。固然,人可以把世界作为对象,但人也始终摆脱不了他对世界的归属。如果说发端于西方的现代文明是把自然界作为人的客体对象来看待,从而使人的工具理性、科技文明得到高度发展,但在此境况中人的异化却越来越加深的话,那么,东方文明,特别是中国文化则始终强调人作为自然的一部分,人始终未能从混沌的状态中分离出来,人的体会自然的能力虽然得到充分的发展,但人的控制驾驭自然的能力却又一直受到限制。可以看到,人与自然的这两种关系存在矛盾,但不是截然对立,我们不能简单地用一方面来否定另一方面。

从汪曾祺作品中所表现的传统职业的存在形态来看,它们都处在消逝的过程中。《戴车匠》这篇小说创作于二十世纪四十年代,八十年代重新修改,修改后的版本更加突出了传统行业的消逝感。叙述人说:"车匠是一种很古老的行业了。中国什么时候开始有车匠,无可考。想来这是很久远的事了。"又说:"一九八一年,我回乡了一次(我去乡已四十余年)。东

---

① 汪曾祺:《〈汪曾祺自选集〉自序》,《汪曾祺全集》(第9卷),人民文学出版社2019年版,第397页。

② [德]马克斯·舍勒:《价值的颠覆》,罗悌伦、林克、曹卫东译,生活·读书·新知三联书店1997年版,第158页。

街已经完全变样，戴家车匠店已经没有痕迹了。——侯家银匠店，杨家香店，也都没有了"，"也许这是最后一个车匠了"。[①] 这样的叙述中，有几分留恋，又不失其冷静，而冷静又不是漠然的无动于衷。《茶干》中，连万顺酱园制作的茶干闻名遐迩，一时成了馈赠佳品，实为人们日常生活中不可或缺的组成部分，但由于其制作过于讲究，也渐渐地退出了人们的生活。叙述人又说："一个人监制的食品，成了一地方具有代表性的土产，真也不容易。不过这种东西没有了，也就没有了。"《八千岁》里，八千岁的米店用两头大黑骡子碾米，这样碾出来的米当然讲究，米店由此很是兴旺。不过，这两年大部分米店都改用机器轧米了，八千岁还坚持这一古典的勾当，他的生意一时还不坏，被取代的趋势看来却是难以避免的了。《三姊妹出嫁》中，秦老吉那副锅灶、柜子、扁担一体的楠木的馄饨担子"好像是《东京梦华录》时期的东西，李嵩笔下画出来的玩意儿"，秦老吉老远地来了，他挑的不像是馄饨担子，倒好像挑着一件什么文物，但是，他的担子好像也要失去传人了。应该说，对传统职业凋零、消逝这一必然的、无可挽回的趋势的描画，并不是汪曾祺刻意加以凸显的部分，他也没有寄寓过多的伤感和忧愁，他对传统职业的留恋更多是出于对传统职业中所包孕的自由、流动、超脱的生命意蕴的沉醉。在这一点上，老舍和汪曾祺很不一样，他的《断魂枪》和《老字号》等小说中流露出的，是对一个正在"无可奈何花落去"的时代的叹惋和感伤，他的生命和那个消逝了的时代是纠合在一起的。

三

在汪曾祺的小说中，人与劳动对象的和谐又衍生出与之相关的精神品格和行为方式：在这样的劳作中，这些普通甚至卑贱的劳作者有了一份自尊和从容。《邂逅》里的船上卖唱的艺人，"他意态悠远，体肤清和，目色沉静，不纷乱，没有一点焦躁不安，没有忍耐。"他和他的女儿虽是卖唱的，却不让人感到凄惨，不让人感到脏污，而是那么整洁、从容，甚至具有一些艺术家风度。《鉴赏家》中给人送水果的叶三对绘画艺术有很高的鉴赏能力，这使他和本县的大画家季匋民之间产生了伯牙、子期的友谊，季匋民不因叶三是卖水果的就小视他，叶三对绘画艺术的理解与尊敬也出自生命的真诚，至死不愿用朋友的画来牟利。《岁寒三友》中的王瘦吾、

[①] 汪曾祺：《故人往事·戴车匠》，《汪曾祺全集》（第三卷），人民文学出版社2019年版，第17页。

靳彝甫和陶虎臣也都是底层的手艺人，但在岁寒时艰的日子里，他们不失做人的气节和温情。《受戒》和《大淖记事》虽没有直接写到与人物职业相关的精神品格，好像更多着墨于少男少女的两情相悦，但总体看来，这些人物的精神情韵，那种灵性的氛围，又莫不是与他们所从事的职业相关联的。比如，《受戒》中，明海出家当和尚实也相当于一种职业行为："他的家乡出和尚。就像有些地方出劁猪的，有些地方出织席子的，有些地方出箍桶的，有些地方出弹棉花的，有些地方出婊子，他的家乡出和尚。"而且，这种职业几乎没有所谓信仰的拘禁，反倒是充满了世俗人生的自由。明海去荸荠庵，一点恐怖也没有，心情是愉快的。而庵里、寺（善因寺）中的生活对附近的村民来说，也早已习知，恐怕还充满着浪漫的传言。所有这些，都鼓励了明海与小英子对于爱情的朦胧构想，也才有了那些美丽、清纯而又多情的絮语……《大淖记事》里，十一子与巧云之间的爱情也是与他们的职业情态相联系的，作为锡匠的十一子热情、真诚，巧云所在的挑夫的队伍则是大胆、泼辣，正是这些精神质素使他们冲破拘禁，并且能在遭受不幸时坚韧不屈。

　　汪曾祺说，他的作品更多地写的是"人生欢乐的一面"，表现一种"内在的欢乐"[①]。这句话不能简单化地理解成他害怕生活中的丑恶，回避生活里的冲突与矛盾。汪曾祺确实较多写到生活中美好的、温情的一面，较少写到丑恶乃至狰狞的一面，如何看待这个问题？我以为，应该从具体的创作而不是从抽象的概念出发。从抽象的概念出发，无论是写生活中美好的一面还是丑恶的一面都不能产生真正的艺术作品，写丑恶的东西也并不会因此而比写美好的东西更加深刻。明乎此，我们对汪曾祺的小说中的"欢乐"应该有进一步的理解：他的欢乐不是简单地书写人生美好的一面，这里的欢乐毋宁是人物对于他自身存在境况的悟解，是人物确认、体会自身所产生的一种情绪、心态，而这种体悟往往是经由人物生活于其中、精熟于其中的那些传统的职业活动而产生的。正是基于此，汪曾祺才会称之为"内在的欢乐"。其实，就人物的现实活动而言，他们未尝没有经历苦痛，没有处处潜悲欣呢，就像《陈泥鳅》《岁寒三友》和《大淖记事》等小说都写了人物在现实生活里的挫折、苦痛。

　　汪曾祺的人物根植于自身的职业境况之中，由此部分地形塑了他们的心态、性格；但就人物的命运而言，由于受到更大范围的社会关系、生

[①] 汪曾祺：《〈汪曾祺自选集〉自序》，《汪曾祺全集》（第9卷），人民文学出版社2019年版，第397页。

活形态的冲击、制约，从而导致人物对自身命运的不可把握性。而人物对自身命运的不可把握性恰恰也反证了生活于传统职业之中的人物掌握现实力量的脆弱性及其命运必然的悲剧性。因此，在汪曾祺的小说中，传统职业对人物精神性格的形塑、对人物命运的影响与人物想要反观这一影响同时又无法掌控自身的命运之间构成了作品的又一重艺术表现空间。他的早期小说《职业》，写一个卖杂食的小童贩，他卖的食品叫作"椒盐饼子西洋糕"，他叫卖的吆喝很有韵致，如同唱歌一般。这就引起了一些学生的模仿，但模仿是改了词的，把"椒盐饼子西洋糕"改为"捏着鼻子吹洋号"，这样的改造虽无大的恶意，也还是有所调侃的。小说的意味在于结尾处，小童贩穿着一身干净衣裳到外婆家去，走到一个僻静的巷子里，看到前后没人，忽然大声地，清清楚楚地吆喝了一声："捏着鼻子吹洋号。"可以想象，这么吆喝一声的欲望压抑在他心中已经很久了，只是在有人的地方他觉得不好意思。他为什么想要体会自己被人模仿的情状呢？这不是简单的愤怒，而是出于一种自我认识的兴味，他是把对自己的模仿感受为自己的肖像，尽管是一幅多少有些变形的肖像。他是通过这肖像来认识、体会自身及自己的职业状态，并且，这一对于模仿的模仿又有奇特的游戏性质，使得这一声吆喝在作品中显得意味深长。此种对于自身职业处境的困惑也表现在《异秉》之中。陈相公虽也有心旷神怡的时候，但在等级森严的药店，他更多感到的是压抑，甚至经常挨打。而在同一处做生意的王二却越来越红火，由此引出张汉轩有关"异秉"的说法，而王二的"异秉"原来是大小解分开。小说结尾，大家遍寻陈相公不着，"原来陈相公在厕所里"。小说看起来对人物试图改变自己的命运的有些痴愚的行为进行了温婉的嘲讽，从更大的视野来看，却是对人物死死系于某种职业之上的无奈、无望的状态寄予了深挚的同情，嘲讽和同情相交织、回旋，使作品充满悲悯的情调。人物的职业与命运的紧张在《陈小手》这一极简小说里得到了最突出的表现。小说以"陈小手活人多矣"开头，结尾处团长却一枪把陈小手撂于马下，还"觉得怪委屈"，人物对自身职业技艺的纯熟与对自身命运的无能无力之间，他的职业活动所包含的道义内涵与他所遭到的卑劣虐杀之间，构成强烈比照，这样的比照又由如此平静的叙述道出，达到撼动人心的效果。

综上所述，汪曾祺创造出一大批从事传统职业的、处于"交界处"的人物形象。相对于农民与土地的嵌合，他们的职业是流动的，水是他们出没、生息的背景。相对于农民的凝滞而不能超脱，他们是自由、舒展的，他们能"感受到工作的美"。正因为描写着流动的人生，这样的人生反过来赋予汪曾祺的创作以清新、柔美、灵动的风韵。所以,我说汪曾祺的创作世界是一幅幅流动的风景,风景中流溢着作家与人物生命的充盈和饱满。这样的文学与我们所习见的"乡土小说派"或是赵树理的创作相距一何远。也许正是敏感于此,汪曾祺说:"我的小说有点水气,却不那么有土气。还是不要把我纳入乡土文学的范围为好。"①

第二节 谁是"蔼然仁者"?
——沈从文与汪曾祺比较

一、引言

汪曾祺是沈从文的大弟子,也是以废名、沈从文为代表的"京派"文学的最后传人。无论从师生情谊,还是从文学风格和流派的传承、发扬角度,汪曾祺都是阐发沈从文的不二人选。汪曾祺也当仁不让地担起重任,或衡文,或记行状,写出《沈从文和他的〈边城〉》《沈从文的寂寞——浅谈他的散文》《沈从文先生在西南联大》《一个爱国的作家》《星斗其文,赤子其人》和《又读〈边城〉》等多篇"沈从文论"。在他的笔下,沈从文是"一个热情的爱国主义者,一个不老的抒情诗人,一个顽强的不知疲倦的语言文字的工艺大师",② "他对生活,对人,对祖国的山河草木都充满感情,对什么都爱着,用一颗蔼然仁者之心爱着"③。仁者爱人,所以他不悲观,不恬静无为,他的作品不是挽歌,而是希望之歌。仁者寿,所以他能超脱于得失荣辱,历经磨难而得享天年。仁者愿得天下英才而教之,所以,他关心学生的生活,不厌其烦地批阅学生习作,推荐发表优秀篇什,他那谦抑、诚恳的授课更是让学生受益匪浅、终生受用——"听沈先生的课,要像孔子的学生听孔子讲话一样:'举一隅而三隅反'"④。汪曾祺对沈

---

① 汪曾祺:《〈菰蒲深处〉自序》,《汪曾祺全集》(第 10 卷),人民文学出版社 2019 年版,第 200 页。

② 汪曾祺:《沈从文的寂寞——浅谈他的散文》,《汪曾祺全集》(第 9 卷),人民文学出版社 2019 年版,第 215 页。

③ 汪曾祺:《沈从文的寂寞——浅谈他的散文》,《汪曾祺全集》(第 9 卷),人民文学出版社 2019 年版,第 222-223 页。

④ 汪曾祺:《沈从文先生在西南联大》,《汪曾祺全集》(第 4 卷),人民文学出版社 2019 年版,第 296 页。这里的"举一反三"既是强调沈从文授课的深邃、精微,其实也是汪曾祺幽了老师一默,因为沈从文操一口湖南乡音,声音又小,听他的课真是要仔细揣摩方能得其真味的。

从文始终执弟子礼甚恭。就这样，在汪曾祺的回忆、评说中，沈从文成为一位孔子式的温情脉脉的儒者。

似乎没有理由怀疑汪曾祺的"沈从文论"的可靠性，即便出于为尊者、贤者讳的常情而对沈从文略有美化，也只是删繁就简、典型化的文学处理，无损于文章整体的"信"。但是，一个身上有苗族血统，从僻远的湘西走来，入过亦兵亦匪的军队，见过甚至"津津乐道"于无数人头落地的"乡下人"，能成为一个纯正的"蔼然仁者"吗？也许，回忆竟意味着改写和重塑？带着这样的疑问，我再次翻开了这些"沈从文论"。

汪曾祺认为《边城》是写爱情的，写中国农村的爱情，写一个刚进青春期的农村女孩子的爱情，"这样的爱情叫人想起古人说得很好，但不大为人所理解的一句话：思无邪"①。以无邪之思永利后世，与儒家诗教传统严丝合缝。但沈从文的小说并非"乐而不淫，哀而不伤"（《论语·八佾》），而有一种内在的忧伤。汪曾祺也敏锐地感觉到了这一点，说《边城》虽温暖，后面却隐伏着作者很深的悲剧感。为了自圆其说，与诗教传统相契合，汪曾祺接着说，沈先生的作品虽忧伤，但不悲观，"他认为我们这个民族是有希望的，有前途的，他的作品里没有荒谬感和失落感。他对我们这个国家，我们这个民族，对中国人，是充满感情的"②，十分生硬地用高调弥合了论述中的罅隙。他甚至略去《边城》结尾的前一层含义，单用"'明天'回来"证明沈从文对民族品德能否回来这一问题的乐观。但从"这个人也许永远不回来了，也许'明天'回来"中，我分明感到翠翠的无望和沈从文的悲观。我甚至想到了楚人的凄凉吟唱："结桂枝兮延伫，羌愈思兮愁人。愁人兮奈何，愿若今兮无亏。固人命兮有当，孰离合兮可为"（《大司命》）。那么，究竟哪种感觉更准确？

汪曾祺记叙过这样一件趣事：沈先生读过的书，往往在书后写两行字，或标日期，或记天气，或抒感慨。但有一本书的后面却写道："某月某日，见一大胖女人从桥上过，心中十分难过。"这两句话他一直记得，可一直不懂是什么意思，他问："大胖女人为什么使沈先生十分难过呢？"③汪曾祺究竟是明知故问，以增强行文的语气和文采，还是的确不理

---

① 汪曾祺：《沈从文和他的〈边城〉》，《汪曾祺全集》（第9卷），人民文学出版社2019年版，第109页。

② 汪曾祺：《一个爱国的作家——怀念沈从文老师》，《汪曾祺全集》（第9卷），人民文学出版社2019年版，第470页。

③ 汪曾祺：《沈从文先生在西南联大》，《汪曾祺全集》（第4卷），人民文学出版社2019年版，第298页。

解老师为什么会为一个大胖女人过桥而难过？也许，这一不理解正是可以引发进一步追问的"几微"。

不用举更多例子，我们即可发现，汪曾祺的"沈从文论"有不少值得推敲之处。仔细研究"蔼然仁者"说与沈从文创作实情相契合以及相扞格处，也许会是一件非常有意义的工作。

二、冷与热

还是回到《边城》的结尾。汪曾祺说，汤显祖评董解元《西厢记》，认为戏曲的结尾有两种，或是如画舫笙歌，悠悠而来，袅袅而去的"度尾"，或是如骏马收缰的"煞尾"，而《边城》各章结尾，两种兼见。全篇的结尾更是精彩，"这个人也许永远不回来了，也许'明天'回来"，七万字收在这一句话上，故事完了，读者还会随人物对远人作无边的思念，热情而迫切。但《边城》的绝妙结尾仅在于技巧的成功？也许回来，也许永不回来，这是一种既不给人希望，也不令人完全绝望的悬而未决状态。难道人们注定要接受偶然、命定的播弄，根本无力把捉属于自己的未来？难道人生原本便是一场"望断天涯路"的无望等待？难道翠翠注定要伫立千年，站成冰冷的望夫石？面对翠翠只能在睡梦中灵魂为一种美妙歌声浮起，轻轻在白塔、菜园和渡船间飘着，飞过对山悬崖摘虎耳草的凄凉命运，谁还能说《边城》是一支仿佛不食人间烟火的牧歌？即便我们的耳边似乎还回响着端午赛龙舟时的蓬蓬鼓声，爷爷在溪中央快乐、哑哑的歌声，"实则歌声的来复，反而使一切更加寂静"——寂静和悲哀才是小说抹不去的底色。所以，我认为《边城》是冷的，彻骨的冷。

汪曾祺也善于结尾。他的《大淖记事》与《边城》极其相似，故事同样氤氲着水汽，同样的老年男子领着一只孤雏，同样是青年男女的爱而不得。巧云被刘号长破了身，但她喜欢的是十一子。她和十一子的事被号长知道了，号长带着弟兄捆走十一子，搂头盖脸一阵毒打，十一子昏死过去。十一子的伤一时半会不会好，巧云便和邻居的姑娘媳妇一起，挑着紫红的荸荠、碧绿的菱角、雪白的连枝藕，风摆柳似的穿街过市，挑起了家庭重担。她的眼神深沉了、坚定了，从一个姑娘变成了能干的小媳妇。小说的结尾，作家设问："十一子的伤会好么？会。当然会！"没有犹疑，斩钉截铁，否极总会泰来，幸福是可以预期的，巧云的等待不再如翠翠般无望，等待只会使幸福在期待中更加甜蜜。所以，我认为《大淖记事》是热的，笃定的热。

沈从文几乎所有出名的篇什都是冷的，要么是爱而不得，要么是得到后反而更加失落,他似乎洞穿了人性无可回避的忧伤。《菜园》里玉家母子风度多么优雅,多么受人尊重,莳弄菜园的生活又是多么恬静,好像还不够似的,儿子又带回一位美丽得让人揪心的媳妇。但所有的宁静、优美似乎只是为了增加儿子夫妇被戮后的死寂:"秋天来时,菊花开遍了一地。主人对花无语,无可记述。"《旅店》中青年守寡的店主野猫,在一个虫声和星光都仿佛为露水所湿的美丽清晨,突然渴望一个男子享受她结实光滑的身体,长长的手臂,健全多感的心。随后,野猫和大鼻子(性的隐喻)旅客在户外成就了一番好事。但这些生命力的绽出和勃发都好像只是为了换来这样的结局:大鼻子得急症死去,留下一只小黑猫。《阿黑小史》中五明与阿黑相爱,马上就要结婚了,五明却隐隐感到恐惧和失落。他为什么失落呢?终于,婚后的五明成了颠子。风雨交加的日子,颠子五明在油坊里放声地哭,和着屋外的雨声。颠子想:"为什么一切事变得如此风快?为什么凡是一个人就得有两种不相同的命运?为什么昨天的油坊成了今天的油坊?"这和"遂古之初,谁传道之?上下未形,何由考之"式"天问"何等相似!莫非只有屈原、五明这样的颠子才能提出终极之问,并用终极之问刺破含混、暧昧的日常生活,洞察人类本质上的无根状态?莫非沈从文就是屈原、五明式的颠子?《神巫之爱》里的神巫是神之子,他的风仪令所有女人倾倒,五十个花帕青裙的美貌女子,期待着献上自己的身体,神之子不为所动。但一位赤脚、长发、白衣、无言的小女孩的美目流盼,却使神巫痴迷了。不过,只有他不知道,就连他的仆人五羊都听说了,小女孩是个哑巴,所以才会"挚爱无言"——美,原来来自缺陷。最后,神巫爬进了小女孩的窗子,掀开了帐门,故事戛然而止。作者实在不忍心看着神巫揭穿生命的谜底。难道不管追求得多么痴狂,得到的只能是虚幻,生命原本就是幻梦一场?他曾对张兆和说:"我的月亮就只在回忆里光明全圆,这悲哀,自然不是你用得着负疚的,因为并不是由于你爱不爱我。"[①] 难道神巫徒劳的痴狂就是沈从文曾经的隐痛?就连如此痴情的爱都是空的,叫沈从文如何不心冷。即便是《柏子》这样生命力如地泉喷涌,让人感到生的热、力和美的篇章,细细悟来,却也潜隐着凄凉。他们忠实庄严地生活,勇敢担负着自己的命运,为自己,为儿女,继续在这世界中活下去,不问所过日子如何贫贱艰难,"历史对于他们俨然毫无意义,然

[①] 沈从文、张兆和:《从文家书》,上海远东出版社1996年版,第40页。

而提到他们这点千年不变无可记载的历史，却使人引起无言的哀戚"[1]。沈从文称他们为生物、妇人，给他们取名四狗、花狗、牛保，说他们"各按本分"生存下去，是因为他洞察在时间大地上这些生命"纷纷开且落"的循环。他们成批成批地出生，又成批成批地死去，就像麦子一茬茬地生长，又被一茬茬地收割。难怪沈从文写水手为激流所攫，写清乡，写一个十二三岁小孩，挑着两个人头，这人头就是这小孩的父亲或叔伯，语气是何等平淡。可有谁明白，在平淡背后，面对这些卑微生命，沈从文心中有多少难抑的悲哀。所以，沈从文说："你们能欣赏我故事的清新，照例那背后蕴藏的热情却忽略了，你们能欣赏我文字的朴实，照例那作品背后隐伏的悲痛也忽略了。"[2] 沈从文是孤独的。

汪曾祺的创作世界是热乎乎的。汪曾祺一生坎坷，或失业，或被打成右派，奇怪的是，他很少书写这些不幸，即使写了，也表现出难得的旷达，侧重点在苦中之乐。他说："我想把生活中真实的东西、美好的东西、人的美、人的诗意告诉人们，使人们的心灵得到滋润，增强对生活的信心、信念。我的世界观的变化，其中也包含这个因素：欢乐。"[3] 于是，他更多去"文章淡淡忆儿时"，"除净火气，特别是除净感伤主义"，把生活和情感作反复沉淀，来酿一个个美美的旧梦。《受戒》本就是写"四十三年前的一个梦"。小说中，我们无论在天空还是在人物的心灵，都找不到一丝阴云。明海十三岁就随舅舅到荸荠庵出家了，其中应包含多少贫困、不公啊，但这些血泪照例被汪曾祺忽略，他不无欣赏地说，明海是从小就确定要出家的，"就像有的地方出劁猪的，有的地方出织席子的，有的地方出箍桶的，有的地方出弹棉花的，有的地方出画匠，有的地方出婊子，他的家乡出和尚"。小英子的家更被他描绘成一个世外桃源：像一个小岛，三面环水，独门独户，岛上有桑树、菜园，瓜豆蔬菜，四时不缺。他不会去想，"向阳门第春常在，积善人家庆有余"式的农家小院里难道就没有生的烦恼、死的恐惧？汪曾祺笔下，就连神都是温暖而充满烟火气息的。神一般是神秘、威严甚至恐怖、暴戾的，比如《圣经·旧约》中易怒的上帝。沈从文的《湘西·凤凰》曾说，湘西统治者中，最上为天神，次之是官，最

---

[1] 沈从文：《湘行散记·一九三四年一月十八》，《沈从文全集》（第11卷），北岳文艺出版社2002年版，第253页。

[2] 沈从文：《〈从文小说习作选〉代序》，《沈从文全集》（第9卷），北岳文艺出版社2002年版，第4页。

[3] 汪曾祺：《美学感情的需要和社会效果》，《汪曾祺全集》（第9卷），人民文学出版社2019年版，第243页。

后是神巫。人人洁身信神,守法怕官,神是湘西人头顶上无言的威逼。但是,汪曾祺《水母》中的水母娘娘却别具一番风韵:她的神座是一口水缸,上扣锅盖,她就盘腿用北方妇女坐炕的姿势坐在锅盖上,高高举着手臂梳头。"这'造型'是很美的。这就是在华北农村到处可以看见的一个俊俊俏俏的小媳妇,完全不是什么'神'!"在《跑警报》里,汪曾祺甚至能在张皇失措的"跑警报"中体悟出悠闲:"也有叫'逃警报'或'躲警报'的,都不如'跑警报'准确。'躲',太消极;'逃'又太狼狈。唯有这个'跑'字于紧张中透出从容,最有风度,也最能表达丰富生动的内容。"《寂寞与温暖》是写右派的。对于右派生涯,汪曾祺有许多切肤的屈辱体验,他信手拈来的一出就已经让沈沅几乎晕倒:她被画成一个只穿了乳罩和三角裤的少女,向蒋介石低头屈膝。但不要紧,她刚眼前一黑,老工人王栓便从后面扶定了她。"早稻田"、俊哥儿李夫妇都在暗暗安慰她,新来的赵所长更是雷厉风行地为她摘了帽。寂寞是暂时的,温暖才是永恒。就连反右都是温暖多过寂寞,在汪曾祺眼中,人生还有什么欠然?于是,生命最本质的欠然——青春易逝、老冉冉其将至,也被汪曾祺轻易地化解。他在一幅冬日菊花图上题诗曰:"新沏清茶饭后烟,自搔短发负晴暄。枝头残菊开还好,留得秋光过小年",人生处处总是春嘛,何必为逝者如斯空嗟叹?他只期望"假我十年闲粥饭,未知留得几囊诗"。他还一扫"夕阳无限好,只是近黄昏"的萧瑟秋意,期待"衰年变法谈何易,唱罢莲花又一春"。"莲花落"唱道,"一年春尽又是一年春",岁月流逝其奈我何?

但是,生命最本质的欠然,比如孤独、隔膜、生死,却是无法化解的。不能化解,汪曾祺便逃得远远的,使欠然遥远,成风,如梦。"大乱十年成一梦,与君安坐吃擂茶。"于是,口腹之欲成为安置、抚慰惊惧灵魂的遁逃薮。双黄鸭蛋、咸菜茨菰汤、杨花萝卜,莫不鲜美喜人。擂茶、狮峰龙井、碧螺春,全都回味隽永。"悠悠七十犹耽酒,唯觉登山步履迟",酒是他须臾不能离开的忘忧国。他写过一篇《烟赋》,说他到了玉溪烟厂,更坚定了一个信念:"一抽到底,决不戒烟。"他甚至宣称:"宁减十年寿,不忘红塔山。"就这样,美食、茶、烟、酒,一起构成了一个属于汪曾祺的热腾腾、暖融融的现世里的洞天福地。

三、真与善

师徒二人同用散文化笔法,在清新秀美的风俗画面中摹写小儿女的情态,为什么效果却相去天渊?为什么沈从文能看穿人世繁华,发现人类天性中无法消弭的忧伤和寒冷?为什么汪曾祺明知人生厄难重重,却又小心规避，着意去摹写梦幻般的纯美，给读者心灵带来暖意？让我们从他们对"善"的不同理解说起。

沈从文在《短篇小说》一文中说："我们得承认，一个好的文学作品，照例会使人觉得在真美感觉以外，还有一种引人'向善'的力量。"① 汪曾祺在《又读〈边城〉》一文中引用这句话，以证明沈从文写作《边城》是想留住美好，让它长存、常新，以利后世，并进一步坐实他关于沈从文是一个对我们这个民族、国家和人民充满感情的"蔼然仁者"的论证。但沈从文的"向善"文学观就是儒家的功利主义文学观吗？或许，我们首先必须对"善"字作一番甄别。

沈从文的"善"的着重点不在济世，而是要让读者从作品得到启示，"对'生命'能作更深一层的理解"。什么是更深层的理解？就是令人不满足于饱食暖衣、保全首领以终老，而须超越普通动物的打算，向抽象发展，把生命引导到一个崇高理想上去。如何通达抽象理想？美。一片铜、一块石头、一把线、一组声音，其物虽小，却显示着一种圣境。能捕捉到这种美的圣境的人，必如中毒，若受电，暗哑萎悴，动弹不得，从而得到永生的快乐。这种令人永生的美，就是至善。所以，沈从文说："美就是善的一种形式。"② 美的创造首推文艺，因为文艺的形成正为满足生命扩大、延长的愿望。

沈从文要修建人性小庙，当然要远离光怪陆离的都市，建基于未受现代文明浸染的湘西。所以，人们都说沈从文用湘西的淳朴映衬都市的堕落，在乡下人身上，他寄寓着民族品德重造的希望。可他正因为厌恶了湘西杀人如麻的现状，才孤身闯入北京的，怎么可能还把湘西当作铸造圣境的地基？于是，他筑造"边城"。《边城》创建"边城"这一世界，世界开启出存在者之存在，或者说本身自行遮蔽着的存在者整体在作品中被澄明了。这种开启、去蔽就是真。真是指真理，而不是真实。真理是存在论意义上的存在之无蔽，真实是现实维度上的主观与对象的符合。从真实角度讲，沈从文当然美化了湘西，作品是不真实的。但从真理的角度说，边城既不是对地理湘西的临摹，也不是沈从文臆想中的民族品德重造理念的具体化，一切现成之物在此之中都成为非存在者，它是在拔除了种种非本

---

① 沈从文：《短篇小说》，《沈从文全集》（第 16 卷），北岳文艺出版社 2002 年版，第 493 页。

② 沈从文：《〈看虹摘星录〉后记》，《沈从文全集》（第 16 卷），北岳文艺出版社 2002 年版，第 343 页。

真状态后,使湘西作为最本己的能在打开。如此,这一世界所开启的就不是现成存在者湘西,它使存在者整体现身在场,因此,它就是存在者整体,就是人类本身。灾祸和福祉,诞生和死亡,热爱和隔膜,等等,这些人类存在形态聚集在边城周围,走进了存在的光亮。当然,地理湘西那片神秘的大地毕竟是翠翠们在世界之中的栖居。是《边城》把这片大地挪入了"边城"这一世界的敞开领域中。世界不能翩然飞离大地,它把自身建基于大地,大地离不开世界的敞亮,它穿过世界而涌现出来。《边城》正是世界与大地相"争执"的过程,在这一过程中,作为存在者整体之无蔽的真理被争得了。真的现身,就是炫目的美。《边城》令人"得到永生的快乐"的美,正源自它的真。

原来,存在整体之无蔽竟然是神话。不信你看,小说是这样开始的:

由四川过湖南去,靠东有一条官路。这官路将近湘西边境到了一个地方名叫"茶峒"的小山城时,有一小溪,溪边有座白色小塔,塔下住了一户单独的人家。这人家只一个老人,一个女孩子,一只黄狗。

这不正是神话的标准讲法?莫非神话竟是积淀在人类基因中最本真的讲述方式?"为要传扬我们的名,免得我们分散在全地上",人们建造起了白塔(《圣经》对沈从文的影响不可低估。他初闯北京带了两本书:《史记》和《圣经》[1]),于是,大家便生活在神话的洞天福地中:"一切总永远那么静寂,所有人民每个日子皆在这种不可形容的单纯寂寞里过去。一分安静增加了人对于'人事'的思索力,增加了梦。在这小城中生存的,各人自然也一定皆各在分定一份日子里,怀了对于人事爱憎必然的期待。"[2]边城最热闹的日子是端午、中秋和春节,小说着重写了端午。端午赛龙舟的鼓声、人声、鸭声,始终回旋在翠翠耳边,也响彻于小说的始终。节日的狂欢彻底驱走了现实时空,这是一片神的领地。

但是,边城绝不是现成在手的世外桃源,一只巨大的黑手攫住了翠翠们。黑手生长在存在的最本己的能在中,天裂不补,此在无法回避,或者

---

[1] 沈从文说,初到北京,"身边唯一师傅是一部《史记》,随后不久,又才偶然得到一本破旧《圣经》"。见《〈沈从文小说选集〉题记》,《沈从文全集》(第16卷),北岳文艺出版社2002年版,第372页。

[2] 沈从文:《边城》,《沈从文全集》(第8卷),北岳文艺出版社2002年版,第68页。

说，此在竟不得不背负着阴影同行。而且，此在存在于无蔽中，黑手的力量更加刺目、更为本质。这只黑手就是命运。命运显形的方式是多端的，或是人与人之间的隔膜（多么深的隔膜啊，就连深爱者都无法表达心声，虽然人人皆善良得心无纤尘），或是爷爷眼看着翠翠走上母亲的覆辙却无法援救，或是死亡阴影的笼罩（翠翠想："假若爷爷死了？"）。面对命运逞威，人们束手无策。于是，白塔倒了，爷爷死了，二老走了，翠翠在无望地等待。翠翠孤独等待的身影正是孤苦无告的人类最令人心碎的剪影。小说的结尾，坍圮的白塔修好了，可是昔日能够重来吗？

　　意欲超越普通生物的命运，在感性中抽象，在形而下中探寻形而上，在短暂中寻觅永恒，在有死中祈求永生，在溷浊中追求圣境，沈从文便着力建构此在的真，想留住永恒的美。未曾料到处于敞亮之中的存在者整体本身竟是无根的、残破的、冰冷的。这是一种什么样的惨淡的循环啊。沈从文的神话都是冷的，因为生命是冷的。但正因逼视冷的勇气和胸襟才成就了他及他的作品的深和大。

　　汪曾祺自己倒是始终坚持引人向善的功利主义文学观的。他说："我有一个朴素的、古典的想法：总得有益于世道人心。"① 在《〈晚饭花集〉自序》中，他甚至说自己并不脱离政治，他的情感寄托与当前的社会政治背景息息相关。这正是自孔子删诗以来中国最经典的文学观。汪曾祺的向善文学观首先表现于他对现实主义的论述。他说："总的说来，我还是要回到现实主义，回到民族传统。这种现实主义是容纳各种流派的现实主义；这种民族传统是对外来文化的精华兼收并蓄的民族传统，路子应当更宽一些。"② 为什么要回到现实主义？因为文学要有益于世道人心，就不能超逾于现世作形而上的高蹈，作抽象的玄思。由冥想而发现天裂，最能搅乱日常生活的好梦。作家要立足现实，着意挖掘平凡人生的诗意，用以缝补不完善的现世。汪曾祺或描写小人物生命的韧性和对未来的执着向往（《异秉》），或刻画朋友间的相濡以沫（《岁寒三友》），或标榜高山流水觅知音式的传统友谊（《鉴赏家》），或赞美扶危济困的壮举（《故里三陈·陈泥鳅》），无不与这个观念枘凿相契。想要寻觅人生诗意，自己就得是一个仁者、人道主义者。"仁者爱人"，尊重人、欣赏人，用一双温爱的眼睛

---

① 汪曾祺：《要有益于世道人心》，《汪曾祺全集》（第 9 卷），人民文学出版社 2019 年版，第 189—190 页。

② 汪曾祺：《回到现实主义，回到民族传统》，《汪曾祺全集》（第 9 卷），人民文学出版社 2019 年版，第 247 页。

看世界，于是触处生春。他回忆创作《大淖记事》时，写到"十一子微微听见一点声音，他睁了睁眼。巧云把一碗尿碱汤灌进了十一子的喉咙"之后，忽然写了一句："不知道为什么，她自己也尝了一口。"这是他原本没想到的，只是写到这里，他迫切地需要写出这一句，写时，他哭了。这是一颗多么纤细、柔和的仁者之心啊。汪曾祺小说还有许多对传统职业的描写。如《晚饭花·三姊妹出嫁》中秦老吉的馄饨担"是楠木的，雕着花，细巧玲珑，很好看。这好像是《东京梦华录》时期的东西，李嵩笔下画出来的玩意儿"。戴车匠踩着踏板，执料就刀，镟刀轻轻地吟叫着，吐出薄薄木花，如兰叶，如书带草，如新韭，如番瓜瓤，有白的，浅黄的，粉红的，淡紫的，落在地面上，落在戴车匠的脚上，很好看。对传统职业之美如此沉醉，正是对其中所包孕的自由、流动的生命的惊叹。汪曾祺说沈从文考古，热爱的不是物，是人，并戏称之为"抒情考古学"，其实是夫子自道。

汪曾祺的向善文学观还表现于他对"和谐"的强调。汪曾祺说："我追求的不是深刻，而是和谐。"[①] 沈从文总是先渲染生活的诗意，展现勃发的生命力，在小说快结束时让快乐突然中断，让人物的愿望落空，或让他们死去，把他们归入不舍昼夜的生死循环。在突兀中读者憬悟着生之苍凉。汪曾祺反其道而行之，小说开始时，人物可能经历一些磨难，但他们一定能不屈地抗争，坚韧地生存下去，从而拥有一个美妙的结局。这样，生活的毛刺被调和或隐匿，读者受到鼓舞；自助者天助之，文学的劝善功能化于无形。比如，在有人称为金刚怒目之作的《皮凤三楦房子》中，官僚与平民百姓之间极端对立。但在小说结尾，坏人被撤职，好人的利益得到保障，欢欢喜喜大团圆。最后，汪曾祺写道："在听到他们俩被撤职的消息后，城里人有没有放鞭炮呢？没有。他们是很讲恕道的。"恕道在此，无论什么样的金刚怒目，最终都会变成慈眉善目的笑脸。在《鸡毛》里，学生金昌焕偷了文嫂的鸡，还借来文嫂的鼎罐炖了。文嫂把三堆鸡毛抱出来，一屁股坐地上，大哭起来，仿佛哭出了一辈子的委屈、不幸、孤单和无告。作家差点破口大骂，但他忍住了，只是轻轻地骂了句："这金昌焕真是缺德"，临了还劝自己说，"林子大了，什么鸟都有"，愤怒终被消解。《天鹅之死》是一篇何等凄绝的小说，作家校完时，"泪不能禁"，但在小说结尾，他写到孩子的哭泣："他们的眼泪飞到天上，变成了天上的星。"于

[①] 汪曾祺、施叔青：《作为抒情诗的散文化小说》，《汪曾祺全集》（第11卷），人民文学出版社2019年版，第365页。

是，人情的温暖融化了前面的冰冻。但有些毛刺是无法调和的。面对这些刺目的矛盾，汪曾祺的对策是我们早已熟稔的一个字：逃。思古之幽情和考据癖是中国文人的通病。明建文帝是一个让多少文人徒生伤感却又一直喋喋不休的话题，去过建文帝曾经居住过的云南武定正续禅寺后，汪曾祺也不能免俗，忍不住写下《建文帝的下落》。但写着写着，他害怕了，建文帝被废后那场规模空前的政治大屠杀如一个巨大的心灵黑洞，矗立在他面前。要想保持自己灵魂的滋润和舒展，只有逃。于是，汪曾祺便来了个奇妙的转折，把文章结尾在武定壮鸡上。所谓壮鸡，即被骟的母鸡，"我只知道公鸡可骟，不知母鸡亦可骟也"。①吃又一次成了汪曾祺灵魂的栖居。和谐的极端就是无矛盾，像《受戒》中的乐土，这种明净还不能涤荡读者胸中的尘埃？

  为了引人向善，汪曾祺对能够直面生命欠然，使人惶恐、忧惧的形上之思避之惟恐不及。相反，他致力于用"蔼然仁者"之心体悟卑微生命的美，发掘平凡生活的韵味。他甚至不写坏人，把矛盾调和为乌有。这样，汪曾祺的作品能不是温热的吗？经过上述分析，我们便可以解释这一疑问——为什么汪曾祺不能理解沈从文的难过？沈从文通过真，想抓住刹那便是永恒的美，但触到的往往是生命的冷，就比如见到一个大胖女人过桥。纤巧的女人过曲桥才美，一个大胖女人怎么能过桥呢？所以，沈先生感到难过。汪曾祺仁者之心触处皆春，胖女人为什么不能过桥呢？他说不定在大胖女人过桥这一画面中能深味出淳朴、殷实的生活之美呢。作抽象玄思，追求圣境者必孤独和痛苦，因为这无异于沙上建塔、缘木求鱼。纵身现世，陶醉于人间烟火者必求仁得仁、乐而忘忧。沈从文和汪曾祺相差何其远矣！

---

  ① 胡河清对《建文帝的下落》一文始于《千忠戮》、终于武定壮鸡，于此有说焉："这从文章的写法看，似乎是有点不合逻辑的地方；然而细细品味，其实这正是反映了中国士大夫文化的一种特殊心理逻辑。'千忠戮'这个吓人的剧名，表现了封建时代中国知识分子的真实际遇。'四大皆空相'的昆剧曲调再空灵飘逸，也无法抹杀建文帝被废后那场空前规模的政治屠杀在知识分子心灵上投下的阴影。仅方孝孺一案，坐死者便达八百七十人之多。在谈到这种话题时，胆小善良之辈怎能不不寒而栗！四川狂士李宗吾的好友黄敬临便因看透了这种主宰封建社会历史的'厚黑学'而从此改行，以烹饪为业……汪曾祺转而谈武定壮鸡的好吃，大概也是类似的思路。"《汪曾祺论》，见《当代作家评论》1993年第1期。此段论述，语虽刻薄，意思实可参考。

四、楚与儒

是什么促使沈从文追问生命，努力创建存在之无蔽——真？又是什么让汪曾祺耽溺于现世，苦口婆心地劝善？我们得追究他们迥异的文化背景。沈从文生命的前二十年在湘西度过，楚文化一定是他的世界观的坚实地基。所以，我们要探求他的创作世界的原动力，必得回溯到悠久灿烂的楚文化。汪曾祺生于鱼米富庶之乡高邮，高邮出过秦观和经学大师王念孙、王引之父子，浓郁的以儒家为主体的传统文明，必通过书香之家熏染了他，故论汪曾祺不能不说传统文化。

夏商是"率民以事神"的朝代。周替商后，周公改制，事鬼敬神而远之，把人的理性从鬼神的桎梏中解放了出来。但好鬼信巫的夏商文化却在僻远的楚国得以留存，以至于楚人在几千年后仍生活在鬼神的世界。一代巫音最终葬送了强大的楚国，但人神错综的神秘却孕育出瑰丽炫目的以楚辞为代表的楚文化。屈原身为左徒，实际上是掌管王室宗族和宗教事务的祝、宗，也就是大巫。他经常神游于人神交通的祭祀情境，其作品势必会带着祭仪的影响。比如，《离骚》中占卜、求女、神游、祭祖等活动，与苗楚巫术的过程极其类似，我们可以把它看成祭歌。他搜集整理的《九歌》更直接是流行于沅湘等地的娱神歌曲。人类必是感到人世有所不足，或是生老病死的不可变易，或是对所思的爱而不得，才会求之于神。本意在娱神的祭歌却成了现世忧伤的倾泄，和对神祇强烈却徒劳的吁求。神巫峨冠博带、披花挂草的艳美装扮，繁复绮丽的巫音，掩饰不住生而为人的凄凉。于是，在"楚辞"中，我们看到"我"求女一定是不得的，湘夫人、山鬼等待爱人，爱人一定是不来的，更看到高呼"魂兮归来"的凄厉"招魂曲"。

沈从文心仪屈原，他在《湘行散记》《湘西》中经常指点当年三闾大夫被放逐的踪迹。屈原影响沈从文的不是香草美人传统（这一传统早被儒化，成为不得志的儒生写作的重要范式），而是他那些巫音里流溢着的两千年来还未弥合的忧伤。沈从文自己就说："我正感觉楚人血液给我一种命定的悲剧性。"[①] 屈原的喟叹在沈从文的小说中余音绕梁。你看，五明的疑问不正是屈原的"天问"吗？沈从文屡次申述自己的孤独。他说："我有我自己的生活与理想，可以说是皆从孤独得来的。我的教育，也是从孤独中得

[①] 沈从文：《长庚》，《沈从文全集》（第12卷），北岳文艺出版社2002年版，第39页。

来的。"① 就连张兆和都说："我不理解他，不完全理解他"，而真正开始懂得他，"是在整理编选他遗稿的现在"。② 这种孤独是不是与屈原的"世溷浊而莫余知兮"相暗合呢？

沈从文在人神共处的神秘世界生活了二十年，后来虽接受了新文化洗礼，革除了迷信，但敬天畏神思想在他的血液中还是沉淀了下来。他经常说，作家必须有宗教徒的热情、虔敬和悲悯，这固然有《圣经》的一定影响，但主要是因为头顶那个天神对人的无言督促，使人洁身、勤勉和胸怀博大，而且，《圣经》也是经由楚人信神、易感的天性对他产生影响的。神的世界还使沈从文不再仅仅孜孜于日常现世，通过直抵天命的第三只眼，他作形上思索，对人生远景凝眸（他说，人"因远虑而自觉"），洞穿生命欠然。于是，身处神明解体的时代，他想再次唱响欢乐颂，当古典、雅致的诗歌褪色时，他愿写最后一首抒情诗（《水云》）。

汪曾祺在《星斗其文，赤子其人》一文中记到，沈从文八十还乡，听傩戏，听一位七旬老者打鼓，听至动情处泪流满面，说："这是楚声，楚声！"是一种什么样的力量才能使耄耋老人悲泣不已？莫非沈从文在楚声中依稀感受到他的祖先们的孤独、疼痛和呼喊？

如前所述，生命最根本的欠然是死。向死存在一方面赋予生命以意义的可能，另一方面又抽掉了我们上岸的跳板，使生命成为向深渊处不断坠落的黑暗旅程，从而消解了生命的可能的意义，存在于是便是荒诞。沈从文骨子里的寒冷和孤独正来源于死。他过于爱有生的一切，一脉清波，数点渔火，几声柔弱的小羊叫声，便是一幕圣境。"爱与死为邻，我因此常常想到死。"③ 所以，他无法超脱于"生之来不能却，其去不能止"（《庄子·达生》）的循环，潇洒地"以生为附赘县疣，以死为决疣溃痈"（《庄子·大宗师》），或恬淡地"安时处顺，哀乐不能入也，古者谓是帝之县解"（《庄子·养生主》）。相反，他深深沉湎于这个循环，为所有死者哭泣，一唱三叹，一步三徘徊。在他看来，甚至连草木都比人类快乐、幸福，"因为它有第二个春天可以等待。这一方面我们可仍然看出了人类的悲惨处，因为人类并没有未来"。④《凤子》读了"日月忽其不淹兮，春与秋其代序。惟草木之零落兮，恐美人之迟暮"（《离骚》），我们就会明白，沈从

---

① 沈从文：《我的写作与水的关系》，《沈从文全集》（第17卷），北岳文艺出版社2002年版，第206页。

② 沈从文、张兆和：《从文家书》，上海远东出版社1996年版，第319页。

③ 沈从文：《烛虚》，《沈从文全集》（第12卷），北岳文艺出版社2002年版，第23页。

④ 沈从文：《凤子》，《沈从文全集》（第7卷），北岳文艺出版社2002年版，第103页。

文这种迷恋有生、恐惧死亡的情结的生成，良有以也——这不正是所谓楚人命定的悲剧性吗？虽则孔子也说"逝者如斯"，但这种"发而皆中节"的喟叹哪能和楚人的泣血悲鸣相仿佛？至此，我可以解释为什么沈从文是"真"的。死亡是此在不得不承担的存在可能性，但众人以沉陷于日常生活的方式闪避死亡。"对公众意见来说，'想到死'就已经算胆小多惧，算此在的不可靠和阴暗的遁世。常人不让畏死的勇气浮现。"[①] 只有在"畏"这种情绪中，被抛入死亡的状态才能对此在显露得更原始、更根本，"此在因面对这种'极限处境'下决心而赢得其本真的整体能在"[②]。于是，此在在最本己的能在中并作为最本己的能在把它自己对它自己开展出来。这种最本源的展开状态就是生存之无蔽——真。不像汪曾祺那样顺应或者闪避死亡，沈从文"畏"死，面对死亡的一片空无，他横下心来赢得其本真的整体能在。《边城》的真，也正因为死。沈从文在青岛崂山看见一戴重孝、打着幡的女孩子，便对张兆和说："这个，我可以帮你写一个小说。"一年后，《边城》问世，白衣女孩的死亡阴影弥漫全篇。正是向死存在使作品展开一块无蔽的空地，真理的明光熠熠闪现。

汪曾祺作为沈从文的大弟子，在西南联大饱受过现代派濡染，并非不懂穿越现世，深究人性的善、恶。他的小说《钓人的小孩》中的小孩就是一个来到人间的魔鬼，引诱人们作恶。但是，从小家庭的熏浸，以及经历风霜后主体的自动选择，使他越来越倾向于儒。他说："比较起来，我还是接受儒家的思想多一些……我不是从道理上，而是从感情上接受儒家思想。我认为儒家是讲人情的，是一种富于人情味的思想。"[③] 儒家是一种基于血缘亲情的现世学说，它不仅没有纯粹理论思辨的兴趣，也放弃了对鬼神、生死等非理性领域的思索。汪曾祺接受了儒家，也就接过了沉重的现世关怀，所以，他认为文学要引人向善。他在一首题为《我为什么写作》的打油诗中，对自己的思想底色有过精练的表达："有何思想？实近儒家。人道其里，抒情其华。"

儒家讲究中庸。他早期现代派小说《复仇》，写一遗腹子决意为父复仇。当他背负利剑在深山寻到仇人时，却刀剑入鞘，和仇人一起凿岩。这

---

① [德]海德格尔：《存在与时间》，陈嘉映、王庆节译，熊伟校，生活·读书·新知三联书店1999年版，第292页。

② [德]海德格尔：《存在与时间》，陈嘉映、王庆节译，熊伟校，生活·读书·新知三联书店1999年版，第352页。

③ 汪曾祺：《我是一个中国人——散步随想》，《汪曾祺全集》（第9卷），人民文学出版社2019年版，第272页。

既是庄子倡言的"复仇者,不折镆干;虽有忮心者,不怨飘瓦,是以天下平均"(《庄子·达生》),更是所谓"不偏之谓中,不易之谓庸"(《中庸·程子提示》)的中庸。这种矛盾调和观与鲁迅纠缠如蛇、执着如鬼的复仇精神相去何远。既已"不偏""不易",汪曾祺当然不会剑走偏锋,刺向暧昧的现世,而是以现世为天堂,在美食包裹中做快乐的"在家"神仙。但是,有些美食虽美却是不能食的,比如河鲀。他在《江阴漫忆·河鲀》一诗中说:"鮰鱼脆鳝味无伦,酒重百花清且醇。六十年来余一恨,不曾拼死吃河鲀。"恨归恨,馋归馋,吃可是不能吃的,吃出人命那还了得?汪曾祺不做出头鸟,不干冒险事,永远立于中庸,人世风风雨雨,其奈我何?

汪曾祺的儒家思想近孟子,远荀子,强调人性的善。他的《虐猫》写几个小孩捉住一只猫,想从六楼扔下去。突然,一个小孩的爸爸从六楼跳了下去。孩子们把猫放了。人人皆有的"不忍人之心""恻隐之心"在自己亲人自杀的一刹那复活了,"恻隐之心"正是"仁之端也"。这也就是忠恕之道:"己所不欲,勿施于人。"王阳明认为,仁爱恻隐之心是打通主体间关系的情感基础。如果每一个体都能老吾老以及人之老,幼吾幼以及人之幼,推己及人,由近而远,将恻隐亲仁之情普遍运用于天下之人,那么"君臣也,夫妇也,朋友也,以至山川鬼神鸟兽草木,莫不实有以亲之,以达吾一体之仁,然后吾之明德始无不明,而真能与天地万物为一体矣"[①]。万物一体既指天人之际的无对,更指自我与他人共在的相互沟通、交融。这是一种无往而不汇通无碍的儒家乌托邦,一种真正的大和谐。由此推衍路径返观汪曾祺的"和谐"观,其成因便会一目了然。汪曾祺说自己接受道、禅的影响少,《受戒》不是写和尚的吗?可这是些什么样的和尚啊。做和尚是和劁猪、箍桶一样的职业,和尚们照样谈恋爱,结婚,赌钱,过年也杀猪,与在家人不同的,是多一套仪式,给即将西行的猪念一道"往生咒"。这种充满烟火气的生活图景与看破红尘、苦心修炼何干?但为什么就不能说它是禅呢?禅宗把佛拉回了人间。禅宗的佛不再是释迦牟尼,也不是法力无边的诸佛,而是在念念无著的实际生活中人心的自在任运,真如本性的自然显现,正如天皇道悟禅师所说:"任性逍遥,随缘放旷,但尽凡心,别无圣解。"于是,"担水砍柴,无非妙道","诃佛骂祖",也是妙道,甚至烧木佛取暖,也可以是妙道,那么,荸荠庵的和尚

[①] [明]王阳明:《王阳明全集》,吴光、钱明、董平、姚延福编校,上海古籍出版社1992年版,第968-969页。

们娶老婆、吃肉当然也就是妙道的表现方式之一种了。

儒家从来不是铁板一块，儒道互补一起构成中国传统文化的底色。道家是小农的哲学。农民为了种田，观察日月运行、寒暑相替，看透了生死的循环，得出"反者道之动"的结论。如果像沈从文一样纠缠进这个循环，一定痛莫大焉。道家避免痛苦的方法，是不卷入这个循环，"以理化情"，以超越的心态与天地同化。用陶渊明的话说，就是"已矣乎，寓形宇内复几时！曷不委心任去留，胡为乎遑遑欲何之？"(《归去来分辞》)。汪曾祺显然是深谙道家三昧的。《葡萄月令》就是真正超越生死，委心任去留。文章的开头多么静谧啊："一月，下大雪。雪静静地下着。果园一片白。听不到一点声音。葡萄睡在铺着白雪的窖里。"然后，二月春风，葡萄叶绿了，三月，葡萄上架……十一月，葡萄下架，十二月，葡萄入窖。下雪了。大家踏着碎玻璃碴似的雪，检查葡萄窖，"不是怕别的，怕老鼠打了洞。葡萄窖里很暖和，老鼠爱往这里面钻。它倒是暖和了，咱们的葡萄可就受了冷啦！"生命成熟了，又败了，败了就败了。这是真正庄子式的潇洒。

钱穆说："得于性而内在具足，再无所待于外，在儒家则成为圣，在道家则成为真，在佛家则成为佛。三宗教法各异，但就其德的一观念而言，则仍是相通合一，不见其有异。"[1]汪曾祺葆其赤子之心，任性逍遥，于是，游于儒、道、禅无不冥然相契（当然，儒家毕竟是三教互动的主体）。这是数千年中国传统文明孕育的最后一颗璀璨珍珠，以后不会再有了。"不过，这种东西没有了，也就没有了。"[2]

但是，叔本华认为，肉身的痛苦无法用哲学命题淡化，甚或可以说，既要生活又要无痛苦，本就是十足的矛盾。《荷花》一文俭省的笔墨、克制的叙述，本意在淡化痛苦，但生命仓促的演变却使汪曾祺无法不悲从中来，于是便有了"荷叶枯了。下大雪，荷花缸里落满了雪"[3]的满纸凄凉。"活人多矣"的陈小手被团长一枪撂下马，团长还觉得怪委屈："我的女人，怎么能让他摸来摸去！"[4]生命的突转、荒谬、脆弱猝然打开在我们面前，使我们惊愕、清醒，这是"真"的杰作。可惜汪曾祺张看着存在之深渊，

---

[1] 钱穆：《中国思想通俗讲话》，生活·读书·新知三联书店2002年版，第60页。
[2] 汪曾祺：《茶干》，《汪曾祺全集》（第3卷），人民文学出版社2019年版，第47页。
[3] 汪曾祺：《花·荷花》，《汪曾祺全集》（第6卷），人民文学出版社2019年版，第127页。
[4] 汪曾祺：《故里三陈·陈小手》，《汪曾祺全集》（第2卷），人民文学出版社2019年版，第365页。

又缩回头去，就像他在寒冷的赛里木湖畔感到了恐惧："湖边很冷，不可久留"①。缺乏跃入深渊的勇气，汪曾祺终究只能自缚于现世牢笼，继续做他既欣赏又鄙夷的八仙式"自在神仙"。

至此，我们可以明白，沈从文抵达了生命价值的源头，并勇敢直视着生命的冷。汪曾祺取消了终极追问，用仁者之心编温热的梦，来净化人心，补残缺的现世。由仁者汪曾祺论述沈从文，自然把他也改造成了"蔼然仁者"。在"儒道互补"的中国，这种说法很快便被温情脉脉的读者广泛接受。两颗如此相近、相吸的心灵隔膜一至如此，流派研究者能不慎乎？

第三节 "文人"汪曾祺

一、人道主义者？"中国最后一个士大夫"？

当我们把汪曾祺放在乡土文学的脉络里看出他所摹写之风景的流动性，把他与他的老师沈从文作比较看出他是一个"蔼然仁者"以后，我们大概就可以试着回答"汪曾祺是谁？"这个问题了。

这个问题看起来太容易回答了，因为我们随口就可以报出一串标签或者概念，比如人道主义者，"中国最后一个士大夫"，不一而足。人道主义者说，有汪曾祺的自述为证。他说，"我大概是一个中国式的抒情的人道主义者"②，又说，"我觉得儒家是爱人的，因此我自许为'中国式的人道主义者'"③。不过，人道主义者说泛泛到只是一种起码的要求，近乎什么都没有讲，因为对人的切近和关怀正是文学、艺术创作的题中应有之义——至于汪曾祺在二十世纪八十年代初期一再申说人道主义，强调"世道人心"，自有其出自时代的深沉用心，这就是另一个话题了。其实，上面的自述存在两个一直没有引起人们足够重视的要点，这两个要点与人道主义化合起来，才有可能无限逼近汪曾祺并揭示出他那个"谁"来。首先，他这个人道主义者是抒情的。这里的抒情当然不只是一种与叙事相对应的表

---

① 汪曾祺：《赛里木湖·果子沟》，《汪曾祺全集》（第4卷），人民文学出版社2019年版，第199页。

② 汪曾祺：《我是一个中国人——散步随想》，《汪曾祺全集》（第9卷），人民文学出版社2019年版，第273页。

③ 汪曾祺：《自报家门——为熊猫丛书〈汪曾祺小说选〉作》，《汪曾祺全集》（第5卷），人民文学出版社2019年版，第110页。

达方式，也不只是"莫春者，春服既成，冠者五六人，童子六七人，浴乎沂，风乎舞雩，咏而归"（《论语·先进》）这一最令汪曾祺着迷的生活方式与生命境界，更是激活人道主义并把它推及人世的路径，而对路径的独特选择恰恰是汪曾祺迥异于其他人道主义者的所在。其次，他的人道主义还是中国式的。这里的中国式不是要撷取中国符号作为人道主义的装饰，也不是要把人道主义归结到中国作风、中国气派，而是指从中国人几千年来沉积下来的情感、文化的巨型堆积物中勘探人道主义的矿脉，如此采掘出来的人道主义才不是架空的理论，就像无本之木、无源之水，而是一种拥有自身的根基，能够实现自身的循环以至于生生不息的生命态度。比如，汪曾祺说："中国松是中国的历史，中国的文化和中国人的性格所形成的。中国松是按照中国画的样子长起来的。"[1] 这段略有些费解的论述既是在表达一种类似于"生活模仿艺术远甚于艺术模仿生活"和"杰出的艺术家创造出新的典型，生活就试着去模仿它"[2] 等王尔德"谎言"论的艺术观，更是在强调那个巨型堆积物对于中国的人和物的无可抗拒的形塑力，我们从来不可能与松"素面相对"，我们都是在用中国画赋予我们的关于松的审美来打量自然的松。这就像中国人的菊花都开放在想象中的"陶篱"，看到梅花也绝不会到梅花为止，我们会想到孤山上的"梅妻鹤子"，想到梅岭史公祠的"数点梅花亡国泪，二分明月故臣心"。自然与文化的复杂缠绕，少年杨慎有诗一语道破："会心山水真如画，名手丹青画似真。梦觉难分列御寇，影形相赠晋诗人。"从这个角度说，只有突进那个巨型堆积物并由它的根基处生长出来的人道主义，于中国人才是切身的，就像水溶于水。

"最后一个士大夫"说，则是匿名的，无主语的，很难说清楚这个说法的发明人是谁。[3] 不过，此一说法的"起源"的缺失，就如同一种文化、

---

[1] 汪曾祺：《美国短简·花草树》，《汪曾祺全集》（第5卷），人民文学出版社2019年版，第142页。

[2] ［英］奥斯卡·王尔德：《谎言的衰落——王尔德艺术批评文选》，萧易译，江苏教育出版社2004年版，第27页。

[3] 汪曾祺的传记作者陆建华在发给我的信息中说，"最后一个士大夫"说，最早应该出自一位"名不见经传的女作者"在《作家报》上发表的一篇报道，"因说法新颖，很快流传开来了"。也有人说，在1988年9月《北京文学》召开的"汪曾祺作品研讨会"上，几位北京的青年学者对汪曾祺做出"中国最后一个士大夫"的定位，其后渐成"定论"。不管哪一种说法更接近"最后一个士大夫"说的"起源"，都已经充分证明了这个说法的匿名性。后来，孙郁进一步做出"革命时代的士大夫"的判断/修正。见《革命时代的士大夫：汪曾祺闲录》，生活·读书·新知三联书店2014年版。

宗教的"起源"处的暧昧、混沌,不正标明它的自然、自发性?汪曾祺好像从来是也只能是"最后一个士大夫",我们这样谈论他的时候,就像开口说话、伸手拿东西一样"上手",一样无需反思。就这样,主语的空缺召唤着我们都现身为这个说法的主语,我们不得不说着这个说法,同时被这个说法说。但是,只要我们稍作思索,问题就显而易见地矗立在那里,绕不过去的:什么是士大夫?现代社会还可能存在士大夫吗,特别是经历了十年乃至更长久的断裂?包弼德在讨论唐宋思想转型时,一上来就引述孔子的一段话:"子畏于匡,曰:'文王既没,文不在兹乎?天之将丧斯文也,后死者不得与于斯文也;天之未丧斯文也,匡人其如予何?'"(《论语·子罕》)他从中读出孔子的两点声明:"'斯文'并没有随文王的去世而断绝,并且得到了'天'的承认;'与于斯文'就是继承周朝开国之君的遗志,顺应'天'的意愿。"[①]"斯文"原来由天授,"斯文"人——士、君子——就是被天选中、代天推行其理的人们。正因为怀有类似于"选民"的强烈、神圣的使命感,孔子才会说,"君子无终食之间违仁,造次必于是,颠沛必于是"(《论语·里仁》),孟子也才会认定,"无恒产而有恒心者,惟士为能"(《孟子·梁惠王上》)。到了宋儒那里,这样的使命感被进一步推演成每一个生命体天然的"应有":"每个个体都被内在地赋予了天地完整的运行模式;因此,个人有必要实现其本性(nature)中的'天理',因为天理是道德世界真实的基础。"[②]不过,本性里内嵌着的"天理"可能是被遮蔽的,必须经由圣人的著述开启和自我的反复磨砺才能萌发、壮大,这个道理,顾宪成说得很分明:"语本体,只是性善二字;语工夫,只是小心二字。"[③]接下来的问题是,天理朝哪里运行?当然是推及"生民"和"万汇","斯文"绝不能到"斯文"为止,而是一定要经世致用的。也就是说,"斯文"人只有以出仕的方式推行他们所领悟到的内嵌于本性的"天理","斯文"方能完成,于是,"斯文"人天然地既"斯文"且"官",他们听从良知的召唤,使徒般行走在大地上以推行"天理",从而最终完成"天理"。这个过程及其逻辑,就是士大夫的"道统"(一种哪怕与君王的"政统"产生剧烈冲突,冒着掉脑袋的风险,也要谨守的"道统"),就是张载所说的

---

① [美]包弼德:《斯文:唐宋思想的转型》,刘宁译,江苏人民出版社2001年版,第1页。

② [美]包弼德:《斯文:唐宋思想的转型》,刘宁译,江苏人民出版社2001年版,第3页。

③ 顾宪成非常看重"小心"的工夫,称之为"一粒灵丹",还把自己的书斋命名为"小心斋",并著有《小心斋札记》。

"为天地立心,为生民立命,为往圣继绝学,为万世开太平"。综上可见,成为一个士大夫,必须具备两个要件:学经以存"天理",把"天理"推及"生民"。但是,随着科举制度的终结和现代官僚制的确立,从政成了诸多职业之一种,更因为多年的战乱和运动,许多人视政治为畏途,于是,不管那个"天理"还在不在,士大夫这个身份已经被釜底抽薪般瓦解,士大夫死了。还需要强调的是,当下知识分子与政治的分离,不是"居庙堂之高"与"处江湖之远"这一困扰士大夫上千年的"出处"难题,他们以自身的一技之长谋生,他们置身政治之外——虽然这样的置身政治之外也还是一种政治态度。具体到汪曾祺,除了加入"样板团"那段他不太愿意提及的岁月,他基本是躲着、绕着政治走的,他对政治甚至冷淡到令人诟病的程度,比如抗战末期他不去应征当随军译员。① 就算他被打成右派,发配坝上劳动,也完全不能等同于苏轼的不断流徙,因为苏轼始终与"道统"同在,任何击打都撼动不了他(元符三年,遇赦北还,离开海南岛时,苏轼还说:"九死南荒吾不恨,兹游奇绝冠平生。"),而他却只希望"苟且性命于乱世",活下去就好。② 汪曾祺的为人、为文,距离"斯文"人、士大夫何其远哉。所以,"最后一个士大夫"说可能站不住脚,有重新检讨的必要。

---

① 徐强说:"一月(1944年——引者注),西南联大四百一十六名四年级学生前往战地服务团进行体格检查,以应征担任随军译员。汪曾祺对此采取消极态度,未应征。"《汪曾祺文学年谱》(上),《东吴学术》2015年第4期。多年后,宗璞出版《西征记》,写到一个小有才名、能诗能酒、能书能画的中文系蒋姓学生,因为不愿应征,被孟弗之(应为孟夫子的谐音,指的是宗璞父亲冯友兰)严厉训斥:"你,你无论怎样多才,做人是不能打折扣的,一切照规定办。"这个蒋姓学生,应该就是以汪曾祺为原型的。作为汪曾祺的朋友,宗璞在他去世多年以后把他的这段往事以贬斥、厌恶的态度写出来,说明她对此事始终"耿耿于怀"。

② 活命哲学,在汪曾祺的小说和散文中均有浓墨重彩的勾描。散文如《闹市闲民》,写一个七十八岁的独居老人,不种花,不养鸟,很少遛弯,每天吃抻条面、拨鱼儿。他的一生经历过太多大事,日据,解放军进城,没完没了的运动,三年饥荒,"文革","四人帮",华国锋……但这些和他全无干系,"只要粮店还有白面卖,而且北京的粮价长期稳定",他就每天吃炸酱面,坐在门口马扎上看街,带着笑意,"用孩子一样的天真的眼睛"。汪曾祺不禁感慨:"这是一个活庄子。"小说如描写老舍之死的《八月骄阳》,其中有这样一段对话:张百顺问顾止庵眼下这么乱究竟是怎么回事,顾反问,"您多余操这份心)。粮店还卖不卖棒子面?"张回答,"卖",顾接着说:"还是的。有棒子面就行。咱们都不在单位,都这岁数了。咱们不会去揪谁,斗谁,红卫兵大概也斗不到咱们头上。过一天,算一日,这太平湖眼下不还挺太平不是?"但是,太平湖怎么可能太平呢,老舍一头扎了进去。张感慨:"那干吗要走了这条路呢?忍过一阵肚子疼!"顾长叹一声:"'士可杀,而不可辱'啊!"顾的反转未尝不可看作汪曾祺本人的暧昧和犹疑:他对活命哲学既亲近又厌恶。

二、"文人"

其实，传统知识分子在士大夫之外，还可能拥有另一重身份——"文人"。龚鹏程说："文人阶级起于士阶级之分化，而其确立为一独立之阶层，具有与其他阶层不同且足以辨识之征象（不但与庶民不同，也与其他由士分化出来的阶层不一样），则在东汉中晚期。"① 李春青否认"文人"是一个"独立之阶层"，认为它不过是士大夫阶层衍生出来的一重崭新的身份，而这一身份的出现，正是在龚鹏程所指认的东汉：

> 特别是东汉以后，这个阶层（士大夫——引者注）渐渐着力于拓展一些新的精神活动场域，诸如诗词歌赋、棋琴书画之类。在这些新的场域中渐渐形成了等级秩序与评价系统，并最终为这个阶层乃至其他社会阶层所认可。于是士大夫阶层就获得了新的身份性标志——在诗词歌赋、琴棋书画等方面的技能与修养。在这样的情况下，士大夫阶层除了"道的承担者"（圣贤与君子）、"社会管理者"（官）、"社会教化者"（师）这些固有身份诉求之外，又增加了一重新的身份维度——"文人"。所谓"文人"就是有文才与文采之人，亦即诗词歌赋、棋琴书画样样精通之人。②

如此一来，中国古代知识分子的身份就有了一个明显的演变路径："从贵族到士大夫再到文人"③。需要说明的是，"文人"之"文"绝不是天授的"斯文"，而是对于诗词歌赋、棋琴书画等文艺门类的尽善尽美，尽善尽美的艺事无补于"道统"，却可以成为士大夫"有志不获骋"时抒发郁郁不平之气的媒介，更可以成为他们绝不能混同于不管是显贵还是引车卖浆者流，总之是一些庸常之人的高雅的身份标签。这样的"文"很多时候可以成为"斯文"的补充，就像苏轼会吟诗、能作赋，写一手好字、画一笔好画，诸多艺事慰藉着他、充盈着他，使他就算再蹭蹬也不改对"道统"

---

① 龚鹏程：《中国文人阶层史论》，兰州大学出版社 2004 年版，第 12 页。
② 李春青：《"文人"身份的历史生成及其对文论观念之影响》，《文学评论》2012 年第 3 期。
③ 李春青：《古代"文人趣味"的生成与演变》，《中国社会科学报》2015 年 9 月 29 日。

的根本上的信，而蹭蹬之时他也不得不在这些艺事上获得心灵的慰藉。①有时，"文人"之"文"与"斯文"发生了根本性的断裂，它只到自身为止，它自身就有不可磨灭的意义，而不再心心念念于"道统"，甚至经常被"道统"视为玩物丧志、有辱"斯文"。比如，李渔早早绝了仕宦之念，大隐于人间，于诸多艺事之间此挹彼注，左右逢源。他的《闲情偶寄》标举"闲情"，与言志、载道划下斩斩分明的界限，而能够适其"闲情"的路径竟有"八事"之多，分别为词曲、演习、声容、居室、器玩、饮馔、种植和颐养。他还颇为自喜地宣称："所言八事，无一事不新；所著万言，无一言稍故者……"②"斯文"要求不断地回归圣人之学，"古"或者"故"是它的本然面目，而李渔的"文"与"古""故"绝缘，惟新是骛，自然被"斯文"人看作"有文无行"。如果去掉"有文无行"的价值判断，单看它所陈述的事实的话，这四个字其实宣布了一种脱离"行"的纯粹的"文"的出现，这样的"文"只是为了"自娱"。"自娱"之"文"在晚明大量涌现。崇祯三年，郑元勋编了一本专收"放浪之际，每著文章自娱"的人们的小品文，名之曰《媚幽阁文娱》，在自序中，他说了狠话："吾以为文不足供人爱玩，则六经之外均可烧。"③到了清康乾之际，"自娱"之"文"达到鼎盛，袁枚三十出头就绝意吏禄，隐居于金陵随园，写诗、作文、著食单，而"扬州八怪"以书画自娱娱人，维持还算精致的生活，不一而足。如此一来，"文人"就不只是士大夫的另一种面向，有时竟至于断裂为一种独立的身份，这样的"文人"不以"斯文"为安身立命的根基，而是致力于开掘"文"的新、奇乃至枯、怪、拙、丑，来耸动人的耳目。

苏轼极敬重以画竹闻名的从表兄文同（与可），为他写过多篇赞或者记，留下著名的"成竹于胸"之说。有意思的是，苏轼一再强调，文同不只是画家，更是诗、文与行、草、篆、隶、飞白皆擅的杂家，他的兴趣和

---

① 李昌舒在研究北宋中后期士大夫的心态时作出总结："从中唐韩愈、白居易等人开始的日常生活的艺术化建构得以进一步发展，对于这些无门第可依、无恒产可守、通过科举及第的庶族士人来说，通过'文'的多姿多彩来弥补'官'的多灾多难成为必然选择。"见《"斯文"在北宋中后期的演变及其美学意蕴》，《南京社会科学》2017 年第 5 期。

② ［清］李渔：《闲情偶寄》，江巨荣、卢寿荣校注，上海古籍出版社 2000 年版，第 10 页。另，"八事"中竟有数事是教人如何唱戏，怎样挑选（女）演员，（女）演员又该用什么样的方式装扮自己的。不单说，李渔更要做，他以乔、王二姬为班底，成立家庭戏班子，还在南京开设"芥子园"卖画谱。这样的"文"在当时的人们看来，真是离经叛道。

③ ［明］郑元勋：《媚幽阁文娱自序》，转引自吴调公《晚明文人的"自娱"心态与其时代折光》，《社会科学战线》1991 年第 2 期。

成就庞杂到令苏轼吃惊:"呜呼哀哉,与可岂其多好,好奇也欤,抑其不试,故艺也。"① 关于文同在诸种艺事之间自由腾挪的现象,苏轼于此有说焉:"与可之文,其德之糟粕。与可之诗,其文之毫末。诗不能尽,溢而为书。变而为画,皆诗之余。其诗与文,好者益寡。有好其德如好其画者乎?悲夫!"② 苏轼的愤懑在于世人习惯于买椟还珠,他们不知道,画只是文同的椟,德才是他的珠。撇开只有勾连起德,"文"才拥有意义的士大夫思路不说,这段话说出一个重要事实:诗、文、书、画乃至琴、棋其实是一回事,它们无非是"文人"的德或者才情的流溢,"文人"腾挪其中,求仁得仁,要是专注于某一领域,倒显得偏狭,甚至是可鄙的。③ 苏轼多次对比不同画家境界之高下,评判标准都是画家专注抑或"无心"于绘事:1. 在《王维吴道子画》一诗中,苏轼先说,"何处访吴画?普门与开元。开元有东塔,摩诘留手痕。吾观画品中,莫如二子尊",摩诘与道子好像是并列的。但是,到了诗的结尾,他作出判断:"吴生虽妙绝,犹以画工论。摩诘得之以象外,有如仙翩谢笼樊。吾观二子皆神俊,又于维也敛衽无间言。"太"工"则离"匠"近,去"文人"远,"文人"作画是吟咏心性的,哪有闲工夫在技术上精益求精?所以,苏轼有一个著名的论点:"论画以形似,见与儿童邻。"(《书鄢陵王主簿所画折枝二首其一》)2. 为了突出正面标杆松陵人朱象先,苏轼先拿唐代绘画大师阎立本做反面教材。他说,阎立本刚开始"以文学进身",起点很高,可惜后来过度钻研绘画,"卒蒙画师之耻"。一个"耻"字,道尽"文人"对于匠人的蔑视。而朱象先就不一样了,他"能文而不求举,善画而不求售。曰:'文以达吾心,画以适吾意而已。'"④ "适意"之画不过是另一种"达心"之文,此论上承张璪的"外师造化,中得心源"说,下启邓椿的文、画一体观:"画者,文之极也,故古今文人,颇多着意……其为人也无文,虽有晓画

---

① [宋]苏轼:《文与可飞白赞》,《苏轼文集》(卷21),孔凡礼点校,中华书局1986年版,第614页。

② [宋]苏轼:《文与可画墨竹屏风赞》,《苏轼文集》(卷21),孔凡礼点校,中华书局1986年版,第614页。

③ 棋岂是小道,棋的境界是道家,也是兵家。琴的典故,有嵇康的"广陵散绝",有王维的"独坐幽篁里,弹琴复长啸",有白居易的"丝桐合为琴,中有太古声",有岳飞的"欲将心事付瑶琴。知音少,弦断有谁听",琴声从来就是君子或者高士的心音。

④ [宋]苏轼:《书朱象先画后》,《苏轼文集》(卷70),孔凡礼点校,中华书局1986年版,第2211页。

者，寡矣。"① 以诸多艺事为"达心"和"适意"之具却并不为其所缚，这样的"文人"就大抵是一些杂家、通人。"文人"的典范，除了上面论及的苏轼、李渔，再如在诗文、书画、戏曲乃至军事等领域均有天才创制的徐渭。就算到了现代，"文人"也还是要在诸多领域俱有胜场的，否则他的境界终究不得飞扬。比如，白石老人以画名，但他书工篆隶，治印自成单刀刻法，题画诗也超尘出世，就像那首《画怪石水仙花》："小石如猿丑不胜，水仙神色冷如冰。断绝人间烟火气，画师心是出家僧。"要知道，此诗于苏轼的赞语深有会心："竹寒而秀，木瘠而寿，石丑而文，是为三益之友。"② "三益之友"不正是在映衬一颗如同出家僧一样的清冷的画师心？

三、"文人"汪曾祺

1905 年 9 月 2 日，袁世凯、张之洞奏请立停科举，推广实学。朝廷诏准，至此，绵延了一千多年的科举制寿终正寝。废除科举的重要后果之一，就是士大夫身份的瓦解——实学取代了"道统"，还怎么做"道的承担者"？"学而优则仕"路断，又如何当"社会管理者"？于是，知识分子只能在"社会教化者"（不再是阐释和传授圣人著述的师，而是类似于盗火者、临床医生的启蒙者）和"文人"的角色下达成自我的完成或者干脆就是讨生活。不过，断裂的另一面从来就是不断的藕断丝连："道统"的绝对先验性被推翻，"绝对之域"③却留存了下来，知识分子好像还是这个实际上空空荡荡的领域的守护者。正因为知识分子守护着这个似有若无的神圣领地，他们就在一定程度上承续着士大夫的精神优越感，哪怕是"零余者"的啼饥号寒，骨子里也透着"文人的高傲"，所以，倪婷婷总结，"五四"知识分子占据了时代精神领袖的地位，"在这种无以伦比的精神优越感背后，正蕴涵着中国千百年文化传统对于文人以及文人所代表

---

① ［宋］邓椿、［元］庄肃：《画继·画继补遗》，黄苗子点校，人民美术出版社 1963 年版，第 113 页。

② ［宋］苏轼：《文与可画赞》，《苏轼文集》（卷 21），孔凡礼点校，中华书局 1986 年版，第 614 页。

③ 这个概念来自德国的马克斯·舍勒，他在《绝对域与上帝理念之实在设定》一文中说："'有一绝对之域'这样一种事态，以及'有一绝对的存在域'这样一个实事事态，以及'有一绝对的价值域'这样一个价值事态，并不是人可有可无的'信仰'，也不是人能以某种方式'怀疑'的可能的问题事态，而是一种自明的、完全适当的、以这一事实事态的自行给予性为依据的知识——先于一切信仰和无信仰，先于一切'问题'……"见《死·永生·上帝》，孙周兴译，中国人民大学出版社 2003 年版，第 115 页。

的文化一以贯之的尊重"①。这一代知识分子又多是从旧营垒里打出的,他们的豪气或者"闲情"还可以在文之外的林林总总的"文"中充盈、荡漾,他们依然是"文人"。单以书法为例,不提鲁迅、沈尹默、台静农这些在传统文化中浸淫经年的书家,就是貌似质朴少文的赵树理,据他在《说说唱唱》的同事汪曾祺说,毛笔字也"极潇洒,而有功力"②。但是,到了1949年,这一切渐次终结,终结的根本原因在于,在刚刚涌现出来的崭新的时代氛围里,豪气和"闲情"是冗余,更是必须剪除的骄、娇二气,知识分子作为战士、文艺工作者被分派到各条文艺"战线"(照搬苏联而来的文联内的各个协会和大学里的各个学科),他们的使命就是以自己所擅长的艺事讴歌崭新的共和国。"中得心源"的"心源"干涸了,文艺工作者就再也没有能量在各项艺事中游刃有余,他们一般术业有专攻,这个术业成了他们的职业,而从前的"文人"是最厌恶职业的,因为职业意味着匠气。还是说书法。王德威可以把台静农的文与书对读,得出"国家不幸书家幸"③的结论,你能从哪个职业书法家写出来的字里看出家国的创痛?

中国人暌违"文人"太久了,他们甚至都已忘记,不管何种艺事,都是要"达吾心"和"适吾意"的,否则只是某种意志的传声筒或者匠人的手艺活罢了,等而下之者,就是奇技淫巧。于是,当花甲之年的汪曾祺以人们太陌生因而极受震动的"文"的方式大放异彩时,人们由衷地欢呼:消失的"文人"又出现了。汪曾祺就是一个"文人"。暂且不说这个"文人"所写的"行云流水"④的好文章,他还会写字,他小时候"日课大字一张,小

---

① 倪婷婷:《"名士气":传统文人气度在"五四"的投影》,《文学评论》1999年第6期。

② 汪曾祺:《赵树理同志二三事——〈早茶笔记〉之四》,《汪曾祺全集》(第5卷),人民文学出版社2019年版,第246页。

③ [美]王德威:《国家不幸书家幸——台静农的书法与文学》,《中国现代文学研究丛刊》2011年第4期。

④ 苏轼常以流水比喻文章由"心源"中流出的丰沛、灵动,此境界令汪曾祺神往并一再征引。比如,《〈汪曾祺短篇小说选〉自序》一文大段引用苏轼的文论:"我不喜欢布局严谨的小说,主张信马由缰,为文无法。苏轼说:'大略如行云流水,初无定质;但常行于所当行,常止于所不可不止。文理自然,姿态横生'(《答谢民师书》);又说:'吾文如万斛泉源,不择地而出,在平地滔滔汩汩,虽一日千里无难。及其与山石曲折,随物赋形而不可知也'(《文说》)。虽不能至,心向往之。"《汪曾祺全集》(第9卷),人民文学出版社2019年版,1522页。他甚至用文如流水的比喻来评论外国作家,比如吴尔芙:"我倒喜欢弗吉尼亚·吴尔芙,喜欢那种如云如水,东一句西一句的,既叫人不好捉摸,又不脱离人世生活的意识流的散文。生活本是散散漫漫的,文章也该是散散漫漫的。"见《谈散文》,《汪曾祺全集》(第10卷),人民文学出版社2019年版,第421-422页。

字二十行。大字写《圭峰碑》、小字写《闲邪公家传》"①,稍长,临《张猛龙碑》,终成兼采众妙的一家,能写"飞扬霸悍"的"体兼隶篆"的大字,也能写"颇清秀,似明朝人书"的行书。能画画,喜欢青藤、白阳和复堂,却不太受他们影响,他的画"不中不西,不今不古,真正是'写意',带有很大的随意性"②。懂美食,他的经验是,"要多吃,多问,多看(看菜谱),多做"③。谙戏曲,奚派名剧《范进中举》即是由他编剧,《沙家浜》的多段经典唱词出自他的锦口绣心,他还爱唱戏,唱青衣,"嗓子很好,高亮甜润"④。熟博物,他看王磐的《野菜谱》,翻吴其濬的《植物名实图考》和《植物名实图考长篇》,这既是感动于他们在为植物画图、作传时流露出来的"哀民生之多艰"的"人民性"⑤,也是一种源自"采诗"时代"多识于鸟兽草木之名"(《论语·阳货》)的"文人"风。这些"文人"之"文"一起组构成的汪曾祺的创作世界如同由"骀荡"春风催发出来的一朵"侧枝花"⑥。"侧枝花"不与百卉争妍,也无从"闹"出盎然春意,就像汪曾祺的小说无法成为时代的主流,矗立在文学期刊的头条,它们就绽放在人间的某一个角落,随风自俯仰,它们不也是春消息的一个部分?"侧枝花"一样的创作世界,起码具备如下两个特点:1."行云流水"般的"随便",当行则行,当止则止。汪曾祺说:"小说的结构的特点,是:随便。"⑦这个"随便"说,只有放在"达吾心"与"适吾意"而已的"文人"传统之下才是可以理解的,因为"随便"就是一派天真,就是"中得心源"以后充盈到不得不"不

---

① 汪曾祺:《自得其乐》,《汪曾祺全集》(第 10 卷),人民文学出版社 2019 年版,第 176 页。

② 汪曾祺:《自得其乐》,《汪曾祺全集》(第 10 卷),人民文学出版社 2019 年版,第 178 页。

③ 汪曾祺:《自得其乐》,《汪曾祺全集》(第 10 卷),人民文学出版社 2019 年版,第 180 页。

④ 汪曾祺:《多年父子成兄弟》,《汪曾祺全集》(第 5 卷),人民文学出版社 2019 年版,第 261 页。汪曾祺回忆,昆明读书时,他参加陶光(重华)组织的"晚翠园曲会",数论专家许宝騄先生教他"刺虎","完全是正旦唱法"。《晚翠园曲会》,《汪曾祺全集》(第 6 卷),人民文学出版社 2019 年版,第 258 页。

⑤ 汪曾祺:《王磐的〈野菜谱〉》,《汪曾祺全集》(第 10 卷),人民文学出版社 2019 年版,第 28 页。

⑥ 汪曾祺为宗璞画牡丹,只占纸的一角,题曰:"人间存一角,聊放侧枝花,欣然亦自得,不共赤城霞。"此诗可以看作夫子自道。见《自得其乐》,《汪曾祺全集》(第 10 卷),人民文学出版社 2019 年版,第 179 页。

⑦ 汪曾祺:《小说笔谈·结构》,《汪曾祺全集》(第 9 卷),人民文学出版社 2019 年版,第 169 页。

择地而出"。"随便"是一种生活态度,就是做菜,汪曾祺也要追求"从容不迫,若无其事"的潇洒;也是一种文艺观,他支持郑燮对于"成竹在胸"的质疑,他认为,"写字、作诗、作画,完成之后,不会和构思时完全一样。'殆其篇成,半折心始'"①;更是一种世界观,就像他以"随遇而安"的心境度过了苦涩的右派生涯。其实,吾心安处哪里还会苦涩?在画马铃薯图谱的日子里,他写过一首诗,其中有两句:"坐对一丛花,眸子炯如虎。"②"炯如虎"的眸子正说明心的绝对充盈,这样的充盈只需要一丛花来开启,时代的凄风苦雨,其奈我何?汪曾祺的"发往军台效力",简直可以比拟于王阳明的"龙场悟道"。2. 创作必先"自娱",自己都得不到快乐,又如何"有益于世道人心"?所以,他提倡李渔的"闲情",把它提升到国运的高度:"人有闲情逸致,说明国运昌隆。"③他力主"胡闹":"……胡闹是不易学的。这需要才能,我们的胡闹才能已经被孔夫子和教条主义者敲打得一干二净。我们只有正经文学,没有胡闹文学。再过二十年,才许会有。"④他向往陶弘景的"自怡悦":"山中何所有?岭上多白云。只可自怡悦,不堪持赠君。"⑤——"不堪"不是不能、不许,而是如登一座"高而安,深而明,夏凉而冬温"的"超然台",由衷而发一声"乐哉游乎"⑥的喟叹,此景此情已是圆满无缺,夫复何求?不过,就算"独乐乐"不也在朝向"众乐乐"打开,并等待它来丰润自身?

孙郁说,二十世纪八十年代的年轻作家都在忙创新,可他们的文体总是有些生硬,而"汪先生的作品不是这样,一读就觉出很中国的样子;而且那么成熟,简直是我们躯体的一部分。我也正是通过他的小说,发现了

---

① 汪曾祺:《创作的随意性》,《汪曾祺全集》(第 10 卷),人民文学出版社 2019 年版,第 307 页。

② 汪曾祺:《散文四篇·马铃薯》,《汪曾祺全集》(第 5 卷),人民文学出版社 2019 年版,第 4 页。

③ 汪曾祺:《云南的茶花》,《汪曾祺全集》(第 4 卷),人民文学出版社 2019 年版,第 338 页。

④ 汪曾祺:《童歌小议》,《汪曾祺全集》(第 9 卷),人民文学出版社 2019 年版,第 417 页。

⑤ 汪曾祺说,陶弘景一辈子哪怕只留下这四句诗,也足以不朽,可见他对"自怡悦"之境的钟爱。见《书画自娱》,《汪曾祺全集》(第 10 卷),人民文学出版社 2019 年版,第 173 页。

⑥ [宋]苏轼:《超然台记》,《苏轼文集》(卷 11),孔凡礼点校,中华书局 1986 年版,第 352 页。

现代以来文化遗失部分的复苏"①。孙郁所说的"文化遗失部分"大概就是指"文人"之"文",这样一些既"随便"且"自娱"的"文"曾经蔚为大观,以至于好像就是"我们躯体的一部分"。当消失了三十年的"文"被汪曾祺的小说轻轻带出时,人们一来感到惊诧,小说还能这样写?因为对于一直强调严肃和有用,执着于写什么、为谁写的当代文学来说,他的小说就是一种"别裁伪体"②。二来觉得熨帖,因为这是"复苏",是失而复得,就像干涸已久的河床上又有清泉在活活地流。略觉遗憾的是,人们把这个"文人"误认为"中国最后一个士大夫"。其实,仔细体会一下这个断语中"最后"这个修饰语就会发现,我们与其把这个断语当作一个事实判断,不如视为一种情绪宣泄:谁也没有考证汪曾祺之后还有没有这样的"文人",人们只是要表达一种类似于原以为就要断了香火现在却有了一个十世单传的婴儿一样的喜出望外,以及毕竟只有这一个根苗,说不定就断了,断了就再也没有了的担忧。

四、抒情——"文人"汪曾祺研究的路径

接下来的问题是,我们该缘着什么样的路径走入"文人"汪曾祺的创作世界?我的答案是,抒情。王德威标举"作为一种文类,一种主体想象,一种文化形式,一种审美理想,一种价值和认识论体系"③的"现代性下的'抒情传统'"。这里讨论抒情,却无关乎源远流长的"抒情传统",也不是要揭示"岁有其物,物有其容;情以物迁,辞以情发"④这一情感的生成和抒发机制,而是试图回到汪曾祺的"中国式的抒情的人道主义者"的语境里,探究抒情与"文人"之"文"的关联,由"文"生发出来的抒情为什么一定是中国式的,思考抒情是一种什么样的"在世界之中"的方式,这样的方式如何必然通达人道主义。明乎此,我们对于"文人"汪曾祺也就"思过半矣"。

很多时候,汪曾祺厌弃抒情,按时间顺序,胪列几则他的言论如下:

---

① 孙郁:《革命时代的士大夫:汪曾祺闲录》,生活・读书・新知三联书店2014年版,第4页。
② 汪曾祺:《〈茱萸集〉题记》,《汪曾祺全集》(第9卷),人民文学出版社2019年版,第421页。
③ [美]王德威:《抒情传统与中国现代性:在北大的八堂课》,生活・读书・新知三联书店2010年版,第44页。
④ [南朝梁]刘勰著,王运熙、周锋撰:《文心雕龙译注》,上海古籍出版社1998年版,第415页。

"抒情就像菜里的味精一样，不能多放。"① "二三十年来的散文的一个特点，是过分重视抒情。"② "自 40 年代至 70 年代几乎没有'美文'，只有政论。偶有散文，大都剑拔弩张，盛气凌人，或过度抒情，顾影自怜。这和中国散文的平静冲和的传统是不相合的。"③ 这些言论有一个他不愿明言的指向——杨朔、秦牧、刘白羽的"十七年"散文的抒情范式。在他看来，"十七年"散文的抒情是化理为情，把时代主旨（类似于政论）浇筑（所以过度）进读者心里，就像大水漫灌。他所钟情的抒情则是，含情的主体以有情的方式进入客体去开启客体内嵌着的情，客体被开启出来的情反过来浸润主体，使之"倾心和气愤"（"气愤"是因为所"倾心"的被毁灭，它是"倾心"的另一面）④，如此浑然一体的世界里哪里还有主客之分，他们莫不是主体，涌动着一汪深情。正是在此意义上，他说沈从文所做的文物工作是"抒情考古学"，因为沈从文在陶瓷、漆器、丝绸、服饰等"物"中看到的是"人的聪明，人的创造，人的艺术爱美心和坚持不懈的劳动"，他开启出"物"中沉睡着的"人"，又反过来为之"倾心"，"兴奋激动，赞叹不已，样子真是非常天真"。⑤ "抒情考古学"的命名真不是空穴来风，沈从文自己有过类似的阐明："浓厚的感情，安排得恰到好处时，即一块顽石，一把线，一片淡墨，一些竹头木屑的拼合，也见出生命洋溢。"⑥ 从"物"中看出生命的"洋溢"并由此"洋溢"让自己的生命"洋溢"起来，这就是抒情了，抒情者就是人道主义者，或者说，人道主义者对世界一定是情动于衷的。抒情者不老，就像汪曾祺说："在任何逆境之中也不能丧失对于

---

① 汪曾祺：《说短——与友人书》，《汪曾祺全集》（第 9 卷），人民文学出版社 2019 年版，第 192 页。

② 汪曾祺：《关于散文的感想》，《汪曾祺全集》（第 9 卷），人民文学出版社 2019 年版，第 482 页。

③ 汪曾祺：《谈散文》，《汪曾祺全集》（第 10 卷），人民文学出版社 2019 年版，第 422 页。

④ 汪曾祺在《〈晚饭花集〉自序》中说：李小龙对于美好事物的"倾心"以及美好事物被污染的"气愤"，"大概就是我自己称之为抒情现实主义的心理基础"。见《〈晚饭花集〉自序》，《汪曾祺全集》（第 9 卷），人民文学出版社 2019 年版，第 287 页。

⑤ 汪曾祺：《沈从文的寂寞——浅谈他的散文》，《汪曾祺全集》（第 9 卷），人民文学出版社 2019 年版，第 224 页。

⑥ 沈从文：《短篇小说》，《沈从文全集》（第 12 卷），北岳文艺出版社 2002 年版，第 504 页。

生活带有抒情意味的情趣，不能丧失对于生活的爱。"①"物"都能让抒情者"倾心"，何况人？于是，在中国文学史上，锡匠、挑夫、和尚、相公、车匠、卖熏烧的、卖熟藕的、拉皮条的等贩夫走卒者流第一次不是以被代言、被启蒙、被服务的物化方式被呈现同时被遮蔽，汪曾祺走进他们，他的生命被他们生命之"洋溢"激发得越发"洋溢"起来，他这才发现，他们真美啊，他们"都是正经人"②——你能体会到"正经"一词"洋溢"着一种妩媚的庄严吗？其实，汪曾祺的写作也可以视作一种"抒情考古学"，因为他的人物一直被遮蔽得好像深埋于地下，是他让他们以本来的面目与人们相见的，我想，每当他"考掘"出一个"正经人"的时候，他的样子也一定跟他老师一样，是"非常天真"的。

"文人"天然就是抒情者："文人"丰沛的"心源"一定要持续地涌向人间，一枝一叶总关情，而一枝一叶又反过来把"心源"越淘越深。"文人"汪曾祺当然不单以小说、散文、旧体诗等文的方式抒情，他还要在戏曲、书画、美食、博物等"文人"之"文"中开掘出生命的"洋溢"，这些艺事相互影响、彼此渗透，形成一个浑成的、不容割裂的"文人"汪曾祺。也就是说，汪曾祺的"淡淡"文章、"萧萧"书画以及充分肯定现世的剧本、令人垂涎的美食、"一花一世界"的博物，一道构筑成一个有情的人间，这个有情的人间正是"文人"汪曾祺之于世界的最美的馈赠。而我们倘若只是着眼于他的文学创作，就只能看到有情的人间之一角而已。于是，本课题的研究就不只是局限于汪曾祺的文学创作，而是要把他看作与"吾书第一，诗次之，文次之，画又次之"的徐渭、"三绝诗书画，一官归去来"的郑燮一样的"文人"，来对他的诗、文、书、画、戏曲、美食和博物作一次整体性的探寻。

对"文人"汪曾祺做整体性研究，具有如下意义。1. 汪曾祺研究的广度的拓展：建构出一个整体而非局部的，作为"文人"而不单单作为作家的汪曾祺形象，他在太多领域的尝试和成就第一次得到集中展示；2. 汪曾祺研究的深度的掘进：作为"文人"的汪曾祺在任一领域所取得的成就、所具有的意义都可以在其他领域的映衬和补充之下得以生长和完满，不考虑到诸多领域之间的互文关系，我们对于任一领域的理解都可能是片面

---

① 汪曾祺：《两栖杂述》，《汪曾祺全集》（第9卷），人民文学出版社2019年版，第200页。

② 《受戒》说，荸荠庵的和尚经常打牌，"牌客除了师兄弟三人，常来的是一个收鸭毛的，一个打兔子兼偷鸡的，都是正经人"。

的、浅薄的;3.突破现代文学研究的固有范式:把一位"文人"在多重领域的实践当作一个整体来研究,是古典研究的常规,现代文学研究却往往执着于研究对象的文学成就,而忽略文学可能只是对象表达自我的诸多手段之一种,对汪曾祺作整体性研究,可以为鲁迅、周作人、沈从文、张爱玲、钱钟书等经典作家的研究提供借镜;4.为专业化、科层化的现代社会提供整合的可能:作为杂家、通才的"文人"在现代社会的分工体系中基本绝迹了,阐发这样一位"文人"的生命世界、艺术世界,对于我们突破现代性的困局,当不无助益。

第二章 "文人"汪曾祺的淑世情怀

第一节 文学就是要给你一杯"不凉不烫的清茶"
——论《受戒》

1980年8月,正值花甲的汪曾祺写定《受戒》。10月,《受戒》辗转发表于《北京文学》,并获该年度北京文学奖。次年,《大淖记事》发表于《北京文学》4月号,并获该年度全国优秀短篇小说奖。一时间,汪曾祺犹如出土文物般重放异彩,引来大批崇敬者、模仿者、阐释者。有人说,汪曾祺的小说"用一种轻快欢乐的调子朗诵了一首又一首关于劳动人民人情美和人性美的颂诗"[①],也有人说汪曾祺的创作深得京派文学神韵,为新时期文学汲来四十年代文学的活水[②]。这些观点都不错。但是,汪曾祺为什么会在一片"伤痕"和"反思"的愁云惨雾中,着力铺排里下河地区优美的风俗画面,摹写小儿女们纯美得近乎圣洁的情态?有违常理的创作究竟隐含着什么样的衷情?时过四十多年,彼时的喧嚣早已落定,我觉得我完全可以凭借时间赠与的后见之明,深究这个为什么。本节的讨论大抵以《受戒》为例。

一、

我最起码可以找到三点致命的理由,来证明《受戒》的不真。

首先,从细节描写上说,《受戒》严重美化了水乡高邮的生存状态。比如,小说这样写栽秧、车高田水、薅头遍草、割稻、打场等重活:

> 这地方兴换工。排好了日期,几家顾一家,轮流转。不收工钱,但是吃好的。一天吃六顿,两头见肉,顿顿有酒。干活时,敲着锣

---

① 陆建华:《动人的风俗画——漫评汪曾祺的三篇小说》,《北京文学》1981年第8期。
② 黄子平在《汪曾祺的意义》中说:"历史好像有意要保藏他(汪曾祺——引者注)那份小说创作的才华,免遭多年来'写中心'、'赶任务'的污染,有意为八十年代的小说界'储备'了一支由四十年代文学传统培育出来的笔。"《作品与争鸣》1989年第5期。

鼓，唱着歌，热闹得很。其余的时候，各顾各，不显得紧张。①

这哪里是什么沉重的农活，不正像《边城》中赛龙舟、捉鸭子的端午狂欢？有酒有肉，酒神来到人间，醉倒了大批狂酣的民众；有歌有鼓，鼓点敲打出、蛊惑着生命的律动。而低田上水，只要十四轧的水车，两个人车半天就够了。明海和小英子伏在车杠上，不紧不慢地踩，轻轻唱三师父教的各处山歌。这就更不是农活，而像抒情的夜曲，使躁动的身体宁静，使狂喜的心灵平息，生命柔美的诗意于是汨汨流溢。就这样，狂酣和宁静有张有弛、天衣无缝地构建起一个暖融融的现世里的洞天福地。

汪曾祺在《故乡水》等散文中，对农活特别是车水却别有一番真实得惨烈的描写：

"一到车水，是'外头不住地敲'——车水都要敲锣鼓；'家里不住地烧'——烧吃的；'心里不住地焦'——不知道今天能不能把田里的水上满，一到太阳落山，田里有一角上不到水，这家子就哭咧，——这一年都没指望了。"

农时紧、成本高，还在其次，更要命的是高强度的劳动摧毁了一个个棒小伙的身体：

"看看这些小伙，好像很快活，其实是在拼命。有的当场就吐了血。吐了血，抬了就走，二话不说，绝不找主家的麻烦。这是规矩。还有的，踩着踩着，不好了：把个大卵子怎下来了！（小肠气——引者注）"②

吐了血或得了小肠气的人，就基本丧失了劳动能力。有些人自暴自弃，就成了游手好闲的二流子。1981年10月，汪曾祺阔别高邮四十多年后首度还乡，车到车逻（高邮近郊），一个乞丐挤上车来，死皮赖脸、玩世不恭地一边念叨"修福修寿！修儿子！修孙子"，一边伸出肮脏的手，

---

① 有关《受戒》的引文，均出自《汪曾祺全集》（第2卷），人民文学出版社2019年版，第90—106页。

② 汪曾祺：《故乡水》，《汪曾祺全集》（第4卷），人民文学出版社2019年版，第267页。

向旅客要钱。汪曾祺罕见地一改温柔敦厚的态度，出离愤怒地痛责："这个人留给我的印象是：丑恶；而且，无耻！"后来知道，这个乞丐原是车水的一把好手，得了小肠气才混成这般模样。农活的艰难和酷烈，原来是故乡人愚昧和麻木的根源。或者说，农活如一把锋利的犁铧，在故乡人的心灵划过一道道血淋淋的伤口。只有大兴水利，实现了自流灌溉，才把故乡人从地狱里拯救出来，这一道道伤口才渐渐愈合。汪曾祺怎能不礼赞这项惠泽万民的浩大工程？怎能不劫后余生般轻松、愉快地说"再见，水车"？

如重轭般套在故乡人身上的农活，如刑具般拷打故乡人身心的水车，为什么会如此抒情性地出现在《受戒》里，成为开启狂喜或诗意的魔棒？这是因为散文和小说截然不同的文体暗示？是因为汪曾祺故意地瞒和骗？抑或是因为他有着太深刻的隐而难彰的苦衷？

其次，从人物设置、情感基调上看，《受戒》严重美化了少年记忆。

《受戒》结尾说："一九八〇年八月十二日，写四十三年前的一个梦"，但汪曾祺忘了，荸荠庵的故事如果真是"四十三年前的一个梦"的话，这个梦已经有一个拓本发表在 1946 年 10 月 14 日的《大公报》上，而这个拓本和 1980 年拓本的立意、基调相差极大。1946 年拓本叫《庙与僧》。《庙与僧》同样描述了小庙里一个小和尚和三个大和尚一如在家人的凡俗生活，讲到了赌钱、过年杀猪、盂兰会放焰口，讲到了干干净净、清清爽爽的二师母，讲到了上书"一人一世界，三邈三菩提"的小门。但是，《庙与僧》与《受戒》有三点根本性的差异。1.《受戒》是封闭、自给自足的世界，外物无法侵扰，时间也没有流过，人性如繁花，自然、优雅地开落。《庙与僧》却是峻切、惫怠的叙事人"我"草草数笔勾画出的素描，素描中的风景、人物莫不是"我"消沉、厌倦的心境的写照。2.《受戒》中明海面如朗月，声如钟磬，聪明记性好，深受大家宠爱。《庙与僧》里的小和尚却没有名字，没有玩伴，只能含含糊糊地念经，或是赤着脚跟黄狗在天井里玩。当家和尚常常打他，一挨打，"他就伏在门口布袋和尚脚下悠悠的哭，一哭半天"。小和尚就像万卡，汪曾祺想表达契诃夫式的隔膜和孤独。①
3.《受戒》不仅写了荸荠庵，还写了庵赵庄，写了仙女般的两姐妹："这两个丫头，这一头的好头发！通红的发根，雪白的簪子！娘女三个去赶集，一集的人都朝她们望。"正是这种"向阳门第春常在，积善人家庆有余"式健康、优美的烟火气息弥漫全篇，使得庵里杀猪吃肉、赌咒发誓的世俗生活显得可以相信，可以接受。《庙与僧》却根本没有描写在家人世界。缺少了在家人生活氛围的烘染，庙里的生活便如空穴来风，显得可怪，甚至可鄙。

　　两个拓本相别云泥，究竟哪个拓本更真实可信，更接近原梦？抑或这个梦压根就不存在，只是汪曾祺一个善意的谎言？我的看法是，梦的真、假姑且存而不论，根据汪曾祺的多次自述，这种生活是确实存在的，而《庙与僧》是这种生活相对忠实的写照。原因有二。1.1937年，为躲避抗日战火，汪曾祺和祖父、父亲到一个乡下小庵里住了半年，了解了和尚的日常起居。《庙与僧》距离这段生活只有九年，这段生活还是真切的，可以打捞的。《受戒》却是隔着四十三年悲欣交集的云雾，去追忆早已漫漶、斑驳的旧事，旧事一定被长长的悲欣浸湿、染透。2.汪曾祺后来回忆，那个庵子里没有明海。"倒是有一个小和尚，人相当蠢，和明海不一样。"② 以这个相当蠢的小和尚为标尺，《庙与僧》里的无名、寂寞、老挨打的小和尚更接近事实，明海显然经过了汪曾祺有意为之的美化、拔高。

　　最后，《受戒》全篇洋溢的内在欢乐根本不符合汪曾祺彼时的心境。愤懑之人如何奏出清新、柔美之音？

---

　　① 汪曾祺在《自报家门——为熊猫丛书〈汪曾祺小说选〉作》里说，读西南联大中国文学系时，"外国作家我受影响较大的是契诃夫，还有一个西班牙作家阿索林"。《汪曾祺全集》（第5卷），人民文学出版社2019年版，第107页。他甚至认定，契诃夫是现代短篇小说的开创者："契诃夫开创了短篇小说的新纪元。他在世界范围内使'小说观'发生了很大的变化，从重情节、编故事发展为写生活，按照生活的样子写生活。从戏剧化的结构发展为散文化的结构。于是才有了真正的短篇小说，现代的短篇小说。托尔斯泰最初很看不惯契诃夫的小说。他说契诃夫是一个很怪的作家，他好像把文字随便地丢来丢去，就成了一篇小说了。托尔斯泰的话说得非常好。随便地把文字丢来丢去，这正是现代小说的特点。"见《谈风格》，《汪曾祺全集》（第9卷），人民文学出版社2019年版，第316页。正是在此意义上，他宣称："我的小说观念大概还停留在契诃夫时代。"见《一个过时的小说家的笔记——曾明了小说集〈风暴眼〉代序》，《汪曾祺全集》（第10卷），人民文学出版社2019年版，第245页。汪曾祺如何接受契诃夫影响的问题，后文还将专门论述。

　　② 汪曾祺：《关于〈受戒〉》，《汪曾祺全集》（第9卷），人民文学出版社2019年版，第145页。

第二章 "文人"汪曾祺的淑世情怀　　45

据汪朗回忆,"四人帮"倒台,汪曾祺非常高兴,十分活跃地写标语、大字报以及揭批"四人帮"的诗词散曲。"他觉得,历次运动他都沾了点边,惟独这一次清查'四人帮'分子与他无关,因为他是受害者。"可是,在很多人看来,一个摘帽右派竟受到江青重用,上了天安门,如果不是卖身投靠,哪能如此风光?更有甚者,有人揭发,"四人帮"倒台前曾组织"第二套班底"潜伏下来,徐图大计,汪曾祺可能就是骨干成员。于是,1977年4月,北京京剧团给汪曾祺贴了第一批大字报。有张大字报这样写道:"我们总怀疑有些曾被江青重用过的人在干扰运动的大方向"①。很快,汪曾祺成为重点审查对象,被勒令交代和江青、于会泳的关系。审查历时两年多,交代材料写了十多万字。这期间,汪曾祺上班时老老实实,回家后脾气很大,天天喝酒,喝完酒就骂人,还常说要把手指头剁下来"明志"。审查略松后,他稍稍平和,开始提起搁置已久的画笔作画:

　　他画的画都是怪里怪气的,瞪着眼睛的鱼,单脚独立的鸟。画完之后还题上字:八大山人无此霸悍。他是借画抒发自己心中的闷气。②

当全国作家都理直气壮地炫耀着自己身上的伤痕,苦难成为无形资本的时候,自己却被打入另册,被怀疑为制造苦难的帮凶,心高气傲的汪曾祺怎么受得了?一腔怒气、怨气发而为画,就成为怪鱼异鸟,发而为文,也应该是屈原骚、相如赋。可是,《受戒》里却除尽了火气和感伤主义。我们能说《受戒》是作家彼时真实心态的反映吗?他真的会天真到认为生命没有烦恼,人心皆无纤尘?

如此,我可以认定,《受戒》从基本事实到情感基调,都是不真的。那么,汪曾祺为什么不惜扭曲、粉饰现实,在谣诼、猜忌纷扰的现世执拗地唱一首首牧歌?这是明目张胆的瞒和骗,还是深藏着某种不得已的衷情?

二

《受戒》一出炉,唐挚(唐达成)就撰文盛赞:《受戒》的意义在于赞

---

① 陈徒手:《汪曾祺的文革十年》,《人有病　天知否:一九四九年后中国文坛纪实》,人民文学出版社2000年版,第353页。

② 汪朗、汪明、汪朝:《老头儿汪曾祺——我们眼中的父亲》,中国人民大学出版社2000年版,第142页。

美"人间的、自然的、充满生命力的现实世界",大胆挑战"出世的、非自然的、充满虚妄的神的世界",其威力"绝不下于一篇宣扬无神论的檄文"[1]。其实,《受戒》眷顾现世,排拒神秘的写法和倾向并非独创。鲁迅于1936年4月1日就曾写下《我的第一个师父》,深情回忆龙师父"剃光了头发的俗人"[2]式琐屑生活。或许,他们都服膺"但尽凡心,别无圣解"的禅意,相信妙道尽在日常居处之中?初看《我的第一个师父》,人们大抵会讶异:纠缠如蛇、执着如鬼的鲁迅,怎么会如此慈眉善目地追忆一种俨乎其然的"做戏"生活?更何况彼时鲁迅正深陷于"两个口号"论争等左翼文学团体的矛盾漩涡之中,哪有这份闲暇?但是,如果我们联想到,鲁迅自1936年3月2日旧病复发至10月19日去世,半年中陆续写下《我的第一个师父》《"这也是生活"……》《关于太炎先生二三事》和《女吊》等一系列温情、眷恋的小品,我们就能明白,正是将死的恐惧赋予他"第二视力"。他第一次强烈地体会到,现世的一草一木,那些过往的人、事,是多么地温暖人心。他深情地写下:

> 街灯的光穿窗而入,屋子里显出微明,我大略一看,熟识的墙壁,壁端的棱线,熟识的书堆,堆边的未订的画集,外面的进行着的夜,无穷的远方,无数的人们,都和我有关。我存在着,我在生活,我将生活下去,我开始觉得自己更切实了,我有动作的欲望——但不久我又坠入了睡眠。[3]

如果说,彼时的鲁迅是将死,而1980年的汪曾祺却早已死过多次,只是这死是指失业时想自杀、被打成右派、在江青控制下战战兢兢如履

---

① 唐挚:《赞〈受戒〉》,《文艺报》1980年第12期。
② 鲁迅:《我的第一个师父》,《鲁迅全集》(第6卷),人民文学出版社2005年版,第597页。在此文中,鲁迅回忆起龙师傅的爱情"传奇":龙师傅年轻时是一个漂亮、能干的和尚,交际广,认识各路人,有一天,乡下做社戏,他和戏子相熟,便上台帮忙敲锣,"精光的头皮,簇新的海青,真是风头十足"。但有些观众以为和尚只该念经拜忏,便骂起来,他回骂,战争开幕,甘蔗梢头雨点似的飞来,他只好逃。慌不择路,他就近躲进一户人家,这人家只有一位年青寡妇,这寡妇后来就成了龙师母。鲁迅还说,龙师傅有四个儿子,这几个儿子也陆续有了家小,但他们严守秘密,单就这一点,即可看出他们的"道行"远不及师父。有次他用和尚应守戒律的古话来嘲弄三师兄,三师兄竟一点不窘,立刻"金刚怒目",大喝一声:"和尚没有老婆,小菩萨那里来!?"种种与在家人并无二致的生活细节,都温暖且幽默,令人不禁莞尔。
③ 鲁迅:《"这也是生活"……》,《鲁迅全集》(第6卷),人民文学出版社2005年版,第624页。

薄冰地写样板戏、"挂"起来接受审查等一系列厄运。站在死亡门槛的另一边，汪曾祺用"第二视力"一下子看穿了"伤痕"中浅薄之至的火气和感伤，看透了"反思"中人人急于洗刷自己、把罪责推诿给别人的真相，更如将死的鲁迅，真切地感知到现世烟火的温馨和熨帖，认识到优美、健康的人性的可贵和难得。于是，他回忆起火辣辣的山歌，"姐儿生得漂漂的／两个奶子翘翘的／有心上去摸一把／心里有点跳跳的"①，描摹着夏天夜晚，明海和小英子一起看场，听青蛙打鼓，听寒蛇唱歌，看萤火虫飞来飞去，看流星划过的动人画面，以此酿一壶又一壶人性的美酒。这一创作心理机制，用他自己的话说就是：

> 不是十年"文化大革命"的惨痛教训，不是经过三中全会的拨乱反正，我是不会产生对于人道主义的追求，不会用充满温情的眼睛看人，去发掘普通人身上的美和诗意的。不会感觉到周围生活生意盎然，不会有碧绿透明的幽默感，不会有我近几年的作品。②

十年浩劫是死，死使汪曾祺憬悟到生之美好，三中全会则是浴火重生，重生使他有机会从容地记叙下憬悟，《受戒》《大淖记事》《岁寒三友》就这样一篇篇地创作出来。这些篇什看似优美、圣洁，其实背后潜隐着太多死时的血泪和创痛。或者说，正是由血泪和创痛打底，汪曾祺对优美和圣洁才会有着久别重逢的欣喜和感动。不过，这里还是没有解释清楚《受戒》为何近乎失真地美化现实，因为书写生之美好并不必然地要求美化和粉饰。

有人问汪曾祺，他是如何熬过二十年右派生涯的。他的回答是四个字：随遇而安。"'遇'，当然是不顺的境遇，'安'，也是不得已。不'安'，又怎么着呢？既已如此，何不想开些。"他很清楚地认识到，随遇而安看似潇洒、放旷，实则"不是一种好的心态，这对民族的亲和力和凝聚力是会产生消极作用的"。而他和许多同代人之所以随遇而安，是因为多年的

---

① 这首山歌出自刘半年编选的《扬鞭集》，文字稍有差异，《扬鞭集》版为："大姐走路笑笑底，一对奶子翘翘底；我想用手摸一摸，心中总是跳跳底。"沈从文《雨后》引用了这首民歌，《受戒》的引用当是受到沈从文的影响。沈从文非常喜欢《扬鞭集》，《萧萧》里花狗通过小丈夫传唱给萧萧听的山歌同样出自它："天上起云云重云，地下埋坟坟重坟，娇妹洗碗碗重碗，娇妹床上人重人。"

② 汪曾祺：《我是一个中国人》，《汪曾祺全集》（第9卷），人民文学出版社2019年版，第273页。

磨难使他们对世事看淡了，对现实疏离了，他们再也无法恢复从前的天真和热情。用他的比喻说就是，人的心如瓷器，是脆的。"受过伤的心总是有璺的。"① 只有内心有"璺"的人才会痛悟到人心是何等脆弱，需要我们小心轻放，才知道碾压人心是一件多么罪恶的事情，因为碾压是一时，破碎是永久。于是，内心有"璺"的汪曾祺喋喋不休地强调文学要有益于世道人心，作家要有社会责任感。他真的害怕粗暴、愚蠢的文学打破了任一件瓷器，害怕玩世、厌世的文学侵染了任一片净土，更害怕迫使自己随遇而安的那些荒诞不经的往事，如黑洞般吞噬任一个心灵。所以，他小心翼翼地掩藏起那些幽暗、冰冻的事实，勉为其难地调和那些无法调和的矛盾，掩盖那些无法掩盖的毛刺，托出一片纯美的时空。他说：

> 我想把生活中真实的东西、美好的东西、人的美、人的诗意告诉人们，使人们的心灵得到滋润，增强对生活的信心、信念……我觉得我作品的情绪是向上的、欢乐的……生活是美好的，有前途的，生活应该是快乐的，这就是我所要达到的效果。②

但是，真实的东西一定是美好的东西吗？生活中又有多少美好的东西值得告诉别人呢？不得已，汪曾祺只有美化、拔高现实，编织一个个原本子虚乌有的旧梦。《受戒》的不真就源于这一良苦用心：农活明明废掉了一个个生命，我偏要说这是生命的狂喜或宁静；小和尚明明愚蠢、孤独，我偏要说他"一十三省数第一"；我明明忧心、苦闷，却偏要装作气定神闲。人心如此脆弱，世事又是如此多艰，为什么还要拿过量的苦难和酷烈去击打人们呢？《受戒》确是不真实的，但是我们领会了作家的衷情后，还怎能忍心指责？《受戒》确是一个梦，只是这个梦不是四十三年前的旧梦，而是惊魂未定的 1980 年的新梦。出于同样的创作心理，汪曾祺让巧云从一个姑娘变成一个能干的小媳妇，挑着紫红的荸荠、碧绿的菱角，风摆柳般穿街过市。他更在小说结尾自问自答："十一子的伤会好么？会。当然会！"这一祈愿与发表于 1979 年的《骑兵列传》的情感基调是一样的："但愿这些老同志平平安安的。但愿以后永远不搞那样的运动了。但愿不再

---

① 汪曾祺：《随遇而安》，《汪曾祺全集》（第 5 卷），人民文学出版社 2019 年版，第 290 页。

② 汪曾祺：《美学感情的需要和社会效果》，《汪曾祺全集》（第 9 卷），人民文学出版社 2019 年版，第 243 页。

有那么多人的肋骨、踝骨被打断。"①看到这一连串最低限度的可怜的"但愿",我十分难过,仿佛看到了那个惊弓之鸟般悚惧的人,扪到了那颗残损的心。从这个角度说,《受戒》《大淖记事》与"伤痕"并无二致,只是前者要蕴藉、负责任得多。还是林斤澜深味老友的衷情,并痛感读者的粗心:"也许'心平气和'是作家的难得的'气质'。但研究家却要面对绝不平和的现实⋯⋯"②

许多人都以为,汪曾祺以美好和诗意引人向善的功利主义文学观,出自儒家的诗教传统。汪曾祺也自我总结:"有何思想,实近儒家。人道其里,抒情其华。"其实,用哲学帽子来扣汪曾祺可能是略觉粗暴的,这一独特的文学观只是一颗被现实击破却温情依旧的心灵的本能选择。不过,内心有"垩"的人,或者说是一盆"奇形怪状的老盆景"③的文学选择可能是无瑕的吗?单单表现美好和诗意是不是另一种偏至?说水母娘娘联系到"四化",忆吃食不忘世道人心,是不是一朝被蛇咬、十年怕井绳的恐惧心理作祟?但汪曾祺的的确确是新时期以来最美好、温暖的作家。有了他,我们不会觉得寒冷。

三、

那么,汪曾祺用以滋润人心的美好和诗意主要是指什么呢?

一般认为,《受戒》的主人公是明海和小英子。《受戒》英译本的标题是 The Love Story of a Young Monk(一个小和尚的恋爱故事),显然译者认为主人公是明海。我却认为,主人公只有一个,小英子。小英子和明海的关系不对等,小英子是主动的,明海是受动的。我甚至要说,在这场恋爱故事中,小英子一直启发着、诱导着明海,明海只有受了小英子的"戒"后才成为"人"。

从头至尾,明海没有主动做过一件事情。舅舅和爹、娘商议,决定让他去当和尚,"他当时在旁边,觉得这实在是在情在理,没有理由反对"。在自己的命运即将被决定的关键性时刻,明海竟然未赞一词,这一方面说明当和尚是与箍桶、弹棉花一样的正当职业,另一方面也说明了他的懵

---

① 汪曾祺:《骑兵列传》,《汪曾祺全集》(第2卷),人民文学出版社2019年版,第60页。

② 林斤澜:《〈汪曾祺全集〉出版前言》,《汪曾祺全集》(第1卷),北京师范大学出版社1998年版,第7页。

③ 汪曾祺:《一种小说——魏志远小说集〈我以为你不在乎〉序》,《汪曾祺全集》(第10卷),人民文学出版社2019年版,第128页。

懂。初见小英子，是小英子主动问他："是你要到荸荠庵当和尚吗？"他只是点点头。小英子又问："当和尚要烧戒疤呕！你不怕？"他只是含含糊糊地摇摇头。小英子不停地提问，甚至是明知故问、没话找话说，说明她对他颇有兴致，而他只是点头或者摇头，则充分说明他没有与小英子进一步交流的意愿，只要能够准确地回答她的提问，就够了。泼辣的小英子哪里会善罢甘休，她肯定会进一步问的："你叫什么？"他这才不得不开口，挤出两个字："明海"。小英子追着问："在家的时候？"他回了三个字："叫明子"。请注意，"叫明子"比"明海"多了一个"叫"字，而"叫"是非必需的，去掉它，完全不影响表达，正是这一个非必需字的出现，标明他的板结的内心在她的火辣辣的攻势之下出现了些许松动，只是这样的松动还不足以让他有勇气和力量去反问一句："你叫什么？"如此，小英子就不得不自我介绍了："明子！我叫小英子！我们是邻居。我家挨着荸荠庵。"女孩如此主动，是因为生性活泼，还是一见明海，情窦便开？男孩如此木讷，是因为生性内向，还是没有开窍？不管怎样，他们性格和人生"境界"的分野已是一目了然。后来，明海为大英子画花样，画得跟活的一样，大英子喜欢得了不得，大娘也高兴，摸着明海的和尚头说："你真聪明！你给我当一个干儿子吧！"原本一句戏言，小英子却立刻捺住明海肩膀，说："快叫！快叫！"明海跪在地上磕头，叫了干妈。小说没有心理描写，我们却能够一眼看穿小女孩的机心：先做个干儿子，以后佳偶天成，做个真儿子。小英子如何地主动、勇敢啊，只可惜小和尚还是不明就里。秋天过去了，地净场光，小英子拉明海一起收荸荠。"她老是故意用自己的光脚去踩明子的脚"，明海仍然不解风情。直到他看到柔软的田埂上小英子留下的一串脚印，才傻了，心里痒痒的，"这一串美丽的脚印把小和尚的心搞乱了"。小和尚的心到现在才乱，却不知小女孩早已心乱如麻。明海去善因寺受戒，小英子划船接他。"她一路问了明子很多话，好像一年没有看见了。"——这才是真正的"一日不见如隔三秋"啊。可是，明海却沉浸在要当沙弥尾，以后说不定能做方丈、管善因寺的喜悦里。在他的宏阔憧憬中，压根没有爱情的丁点位置。他告诉小英子这件事，也不是与爱人商量，请她拿主意，而是陈述事实。小英子急了，但要一个女孩子开口说"爱"是一件多么困难的事啊。"划了一气"，小英子终于鼓足勇气说："你不要当方丈！"严格分析，这是一句有问题的话，因为谁让他当方丈了，要知道，就连当沙弥尾都还是八字没有一撇的事呢，而这样的口误恰恰透露出她的焦虑之所在——这之前，她是他唯一的适婚对象，他再木讷一些也不碍事的，他迟早是她的；这之后，他就要做沙弥尾，做了沙弥尾就有可能做方丈了，而善因寺方丈可是地方名流，做了名流的他还会喜欢一个农家的姑娘吗？更要命的是，善因寺现任方丈石桥可是有小老婆的，小老婆才十九岁，还"都说好看"，那么，当上方丈的明海难道不可能成为另一个石桥？所以，坚决不能让他做方丈。明海是没有主见的："好，不当。"走向方丈宝座的第一步是沙弥尾，所以，她接着说："你也不要当沙弥尾！"明海照例答应："好，不当。"但是，这块木头还是没有领会女孩的一片深情，脱口说出"爱"字。冷场。"又划了一气"，小英子知道，等一辈子也等不到他的主动表白了，要想抓住一生的幸福，只有自己说。于是，她"忽然"放下桨，孤注一掷地趴到明海耳边说："我给你当老婆，你要不要？"小和尚吓坏了，"眼睛鼓得大大的"。小英子更急了："你说话呀！"明海这才似是而非地说："嗯。""什么叫'嗯'呀！要不要，要不要？"明海终于大声说："要！"至此，一场漫长的引导才算大功告成，小英子为明海受了"戒"。

《大淖记事》中十一子同样是块木头。巧云换湿衣裳，"月光照出她的美丽的少女的身体"，十一子仍懦弱得不敢有任何举动。巧云不禁怨恨："你是个呆子！"破了身的巧云觉得自己做错了什么事，对不起十一子，终于勇敢地找到十一子，说："晚上你到大淖东边来，我有话跟你说。""他们在沙洲的茅草丛里一直呆到月到中天。月亮真好啊！"十一子被打得昏死过去后，巧云更勇敢、坚强得如同女神。

早在1982年，汪曾祺就在题为《媚态观音》的诗中说，佛像造形，多取意于儿童少女，因为"少女无邪，儿童无虑，即此便是佛意"。儿童崇拜可以理解，外国有卢梭对童真的颂扬，中国有李贽的"童心说"。少女崇拜则实属汪曾祺的杜撰。紧接着，他又说："我于是告天下人：与其拜佛，不如膜拜少女！"他不动声色地拿掉儿童，单单提出"膜拜少女"。他真正悬心不已的还是少女举手投足间透露的真意。

举了这么多例子，我们可以清楚地看到，在汪曾祺眼中，男人大抵木讷、胆怯，女人则天性里有股豪情、大气。女人天生就是神，就是"佛意"。男人即便"太聪明，长得又太好看"，也是为了衬托女人。美丽、勇敢的女人的心上人怎么能一脸蠢相呢？只有在小英子、巧云这些女人的启发下，男人才会觉醒、壮大。只有遍洒女人的温情和勇敢，龟裂、懦弱的世界才会丰润、蓬勃。汪曾祺用以滋润人心的美好和诗意，其荦荦大者，原来就是女人的美丽和勇敢。① 至此，我可以肯定地说，汪曾祺崇拜女性，他的写作是阴性写作。阴性写作不能混同于女性主义写作。女性主义写作以男性压迫、歧视女性，女性是"第二性"，应该在全人类范围内实现男女平等为理论前提，大抵是激越的，血脉贲张的，仍可归入阳性书写的范畴。

  从解放区文学开始，中国文学被收纳进作为"总体性"而存在的无产阶级革命，成为神圣事业的一部分。"十七年""文革"时期，理论家更加强调文学为政治服务，突出文学的工具属性，陆续提出"写中心""赶任务""两结合"和"三突出"之类的口号。如此风潮之下的文学被注入过量的雄性激素，是阳性文学。在阳性书写的庞大阵容中，即便偶尔出现一些略显阴柔的作品，比如茹志鹃的《百合花》和孙犁的《铁木前传》，阴性的美丽也被现实或历史的革命主旨吸收，成为无关紧要甚至需要提防的装饰。"四人帮"倒台，"伤痕""反思"以相当陈腐的模式迎合"拨乱反正"的时代主潮，仍是阳性书写。汪曾祺也未能免俗，写下《骑兵列传》《塞下人物记》这样的主旋律小说。但是，汪曾祺参与了多部样板戏的创作，目睹了"三突出""主题先行"等理念的诞生，太明白这种阳性文学的坚硬、排他，以及创作者被主题、任务拘囿的苦痛。当他能够自由地思索、写作，找到自我时，阳性的躁动、分裂不见了，中国人暌违数十年的阴性文学终于破土而出，早已习惯了战斗、献身，很辛苦、很疲惫的中国读者终于可以坐下来歇一会，品一杯"不凉不烫的清茶"②——阴性的美丽。

  《受戒》实在是新时期文学的一剂安魂汤啊！

---

  ① 称之为"荦荦大者"，是因为汪曾祺所提供的美好和诗意，并不只是女人的美丽和勇敢，还有那个时代急缺的其他一些东西，比如友谊。《岁寒三友》中的"三友"并非传统文化中的君子或者高士，而是"三个说上不上，说下不下的人。既不是缙绅先生，也不是引车卖浆者流"。这样的人需要的不是松、竹、梅这些精神上的伴侣或者投射，更害怕时代的苦寒，因为风刀霜剑"逼"不出他们的梅花香，只会把他们冻伤、冻死。他们渴望的只是苦寒中来自友谊的温暖，他们只有在友谊的搀扶下才能跟跄地走下去。其实，刚刚走出"文革"的汪曾祺难道不知道"文革"已经把友谊摧折殆尽？但正因为他实在太清楚友谊的不可能，才越是要无中生有地创造出友谊，来给孤独、猜忌、寒冷的人们以慰藉。

  ② 汪曾祺：《我的创作生涯》，《汪曾祺全集》（第10卷），人民文学出版社2019年版，第74页。

第二节　我们拿什么渡过苦难？
——论《大淖记事》

我们在论述 1980 年的《受戒》、1981 年的《大淖记事》这些温暖、美丽、纯洁的篇章时，一定不能忘记，当时汪曾祺刚刚从迫使他"随遇而安"的一系列不顺的"遇"中挣脱。六十年的生命中，汪曾祺遭遇了过量的苦难，也稀里糊涂、哄自己"玩"地渡过了这些苦难。当然，温和的汪曾祺不会用"苦难"这样太过凄厉、苦涩的言辞。他会说："喧嚣扰攘的生活使大家的心情变得很浮躁，很疲劳，活得很累，他们需要休息。"① 生活不过"喧嚣扰攘"而已。但"活得太累"的喟叹却无意中道出苦难给他带来的击打和屈辱。② 于是，当他能够重新提笔，从容地写下一己心境时，他一定会思索：苦难缘何而生？我们为什么会陷溺于苦难？我们拿什么渡过苦难？苦难是他绕不开、躲不掉的心结，也是我们看取他的创作世界的立脚点。《大淖记事》就是这样的在苦难之水中泡过，死而复生的作品。

一、匿名的世界

《受戒》是一个有名有姓的世界。小和尚法号明海，在家时叫明子。小姑娘叫小英子，姐姐叫大英子。庄叫庵赵庄，庵叫菩提庵，讹称荸荠庵。庵里的师爷爷叫普照，师父分别叫仁山、仁海、仁渡。名字就是一束光照，使原本晦暗不明的人、物有了明暗，有了跃动，有了属己的过去和未来。就是这些神采奕奕的人和物，一起组建成"受戒"这个神采奕奕的典型世界。可是，这个世界越是典型，越是玲珑剔透，就越是挣出了芜杂现世的牵绊，成为既缥缈又夺目的梦。③ 当然，梦是现世的倒影，与现世痛痒相关。

《大淖记事》却是一个匿名的世界。

有论者指责《大淖记事》前三节记淖边风情，第四节才着重写人，比

---

①　汪曾祺：《〈汪曾祺小品〉自序》，《汪曾祺全集》（第 10 卷），人民文学出版社 2019 年版，第 208 页。

②　汪曾祺时常在若不关己处，感慨生命多难，在夫子自道时却故作轻松、旷达，所以我们要仔细辨析他的情不自禁和言不由衷。比如，他在《我的母亲》一文的结尾这样说到继母："我对任氏娘很尊敬。因为她伴随我的父亲度过了漫长的很艰苦的沧桑岁月。"他很罕见地，不顾语义重叠，一连用了几个形容词来修饰"岁月"。这是不是也浇了自己胸中的块垒呢？见《汪曾祺全集》（第 6 卷），人民文学出版社 2019 年版，第 78 页。

③　见上一节的论述："不是四十三年前的旧梦，而是惊魂未定的 1980 年的新梦"。

例有失重之嫌。汪曾祺"于此有说焉":"只有在这样的环境里,才有可能出现这样的人和事。有个青年作家说:'题目是《大淖记事》,不是《巧云和十一子的故事》,可以这样写。'我倾向同意她的意见。"① 也就是说,汪曾祺与那位"青年作家"一致认为,这篇小说的主脑是大淖,是淖边的风俗画面,人物与此画面悠然相契。反过来,人性的优美与健康也使此画面灵动起来,栩栩有生意。这种风景与人物相生相成、相看两不厌的关系,犹如中国的山水画。那么,我们就先看大淖。"淖,是一片大水。说是湖泊,似还不够,比一个池塘可要大得多……"② 大淖原来就是大水。这能算一个正经的名字吗?这个可能源于元朝的奇怪的名字,竟是如此若不经意、若有若无。"大淖记事"的世界就围绕着这个面目模糊的地点展开,整个世界都显得含混不清、影影绰绰。于是,我们看到,除了黄海蛟、黄海龙这两个不重要的人物,其他人物都未经命名。锡匠头就叫老锡匠,号长就叫刘号长。男主人公在家大排行第十一,就被马马虎虎称为十一子。女主人公"七月生的,生下的时候满天都是五色云彩,就取名叫做巧云"。这个名字就像翠翠一样,只是拾取的一个"近身"名字。巧云的妈妈叫莲子,"这地方丫头、使女多叫莲子",命名也就是没有命名。打巧云主意的分别是炕房的老大,浆坊的老二,鲜货行的老三,这简直是信口道来的,人物的眉眼不清不楚。就这样,模糊的景,模糊的人,一起构成一个芦花如絮、月华如水的匿名的世界。

但是,这些锡匠,挑夫,卖紫萝卜的,卖风菱的,卖山里红的,卖熟藕的,宝应来的卖眼镜的,杭州来的卖天竺筷的,又以各自职业很准确地组合成一个完整的前现代市井生活。而且,这个世界被以一沟、二沟、三垛、马棚湾、兴化等真实地点勾画成的地图牢牢锚定。所以,大淖世界又是真实的。此种真实之所以可能,正是源于此一世界的匿名状态。因为命名就是化凡俗为神奇的典型化、传奇化,武侠小说、鸳鸯蝴蝶派甚至聊斋鬼故事中的人物都在名字的光照下,有板有眼地搬演着传奇人生。就是荸荠庵里看似普通得不得了的现世烟火,在"出家—在家"的紧张中,也尽显出奇异和灵动。而匿名状态中,一切都是未经拔高的,平均的,普通的,习焉不察的,因而也是真切的。写作就使此种真切的、习焉不察的

---

① 汪曾祺:《〈大淖记事〉是怎样写出来的》,《汪曾祺全集》(第 9 卷),人民文学出版社 2019 年版,第 186 页。

② 有关《大淖记事》的引文,均出自《汪曾祺全集》(第 2 卷),人民文学出版社 2019 年版,第 148—164 页。

状态被"察"出。所以，大淖世界是汪曾祺抛弃戏剧性的光照，杜绝扭曲，近距离地考量、体认人性本然状态的基点。在这个基点中，"炕房门外，照例都有一块小小土坪"，风物是"照例"（"照例"，多么典型的沈从文用语啊！）而非特异的、突兀的。十一子昏死过去后，人们川流不息地来看他，"把平时在辛苦而单调的生活中不常表现的热情和好心都拿出来了"。人物是平常而非高大的，好心是不常有的。就是十一子和巧云的爱情，也只是"很应该，很对"，自然而然而非感天动地的惊艳。当然，写作必然包含修辞，修辞必然会腐蚀本然状态。比如，汪曾祺说十一子"太聪明，长得又太好看"，用《陌上桑》的方式说巧云去泰山庙看戏，"台上的戏唱得正热闹，但是没有多少人叫好。因为好些人不是在看戏，是看她"。[①] 不过，这些修辞只是出于汪曾祺的爱意和炫技之心，还不足以使人物跃出本然状态，走进典型，走成传奇。

既有求真的冲动，汪曾祺就不是以小说，而是以笔记[②]甚至学术论文的方式营构大淖世界的。于是，他会在小说开头以整段的篇幅考证"淖"字，会以脚注的方式细说什么是蒌蒿、饺面，会以数十个括号来解释浆粉、熟藕、柳球、"窝积"等风物。考证、脚注、括号，莫不是求真的方式。这些脚注和括号不介入故事进程，自成一体地各各蔓延开去，铺展出一片风情，种种风情又反过来丰润了大淖世界。相比较而言，《受戒》没有考证和脚注，只在两处不解释读者就无法理解的地方使用了括号。所以，《受戒》没有实证性的重物压住，飘了起来，成为一个纯美的梦。更能说明大淖世界真实性的是，这里的每一个人、每一件物都确确实实地存在着，都把自己的根深深扎入泥土。于是，写完《大淖记事》多年后，汪曾祺都能信手抓起淖边的一个人或物，捋一捋他／它的根须，娓娓道来大

[①] 汪曾祺认为，用文字来为人物画像，吃力不讨好，因为文字哪有绘画、摄影来得直接？正因为此，传统小说中的"美人赞"均是套话，伟大如《红楼梦》亦不能免俗。要描写人物之美，大概有两个办法，其一是写其神情意态，其二则是不写本人，而写别人看到后的反映，使读者产生无边的想象，他称之为"美在众人反映中"。他举了几个例子来证明此说：《伊利亚特》中诸元老见到海伦的惊艳；《陌上桑》里的"行者见罗敷，下担捋髭须。少者见罗敷，脱帽著帩头。耕者忘其犁，锄者忘其锄。来归相怨怒，但坐观罗敷"；《佛本行经·瓶沙王问事品》所记，释迦牟尼入王舍城时，"抱上婴孩儿，口皆放母乳。熟视观菩萨，忘不还求乳"。见《美在众人反映中——老学闲抄》，《汪曾祺全集》（第10卷），人民文学出版社2019年版，第125-127页。

[②] 汪曾祺很喜欢笔记。他多次自述，在张家口劳动期间，他大量阅读了《癸巳类稿》《十驾斋养新录》《容斋随笔》等笔记。笔记的短小、求真、涉笔成趣等特点深深影响了他的小说创作。到了晚年，他更尝试创作笔记体小说。

淖世界里的另一桩往事，比如《卖眼镜的宝应人》《熟藕》。《受戒》这片梦境则不具备这样的可生发性。

那么，大淖世界与地理高邮是什么关系？从这个世界的匿名性说，它与地理高邮没有什么瓜葛，关注的是普适的、平凡的人性。从这个世界的真实性说，它的一草一木都取材自地理高邮，好事者可以一一考证。我的看法是，当汪曾祺试图毫无挂碍地窥测真切人性时，高邮是再合适不过的地基。"近事模糊远事真"，年少往事还历历在目。离开家乡四十多年，已经没有任何人事的缠绕，他又能够去除感伤和火气，心平气和地想象、思索。顺理成章的追问就是，汪曾祺假借高邮看出的人性、人的命运是什么样子的？

二、优美、健康的人生

《大淖记事》极像《边城》。同样的一片大水，一个中老年男子领着一只孤雏，一对年轻男女同样地满蕴着心思，又同样地"像一片薄薄的云，飘过来，飘过去，下不成雨"。[1] 沈从文说《边城》意欲表现一种"优美，健康，自然，而又不悖乎人性的人生"[2]。汪曾祺同样在匿名的大淖世界里拔除了外来的击打和桎梏，还尽可能校正了观察视角不得已的误差，让淖边人的生命充分舒展，从而洞观生命本相。从这个角度说，汪曾祺在做一种精神实验——创造一种绝对环境，看你（或者说我们）能得到一个什么样的命运。

拔除了桎梏，远离了扰攘，大淖世界显得如此新异：

  这里的颜色、声音、气味和街里不一样。这里的人也不一样。他们的生活，他们的风俗，他们的是非标准、伦理道德观念和街里的穿长衣念过"子曰"的人完全不同。

这段话稍觉用力。但汪曾祺于此过分用力正说明他的在意，他的珍视。在这"完全不同"的世界里，生命俯仰皆有丰姿。生命的第一个特点是优美。这里有着分明的四季，交织着紫红色、灰绿色、雪白、黑漆、松

---

[1] 汪曾祺：《大淖记事》，《汪曾祺全集》（第2卷），人民文学出版社2019年版，第157页。

[2] 沈从文：《习作选代序》，《沈从文全集》（第9卷），北岳文艺出版社2002年版，第5页。

花黄,你能数得清那么多明媚、缭乱的颜色吗?这里有毛茸茸、挨挨挤挤、啾啾乱叫的小鸡小鸭,浆过的衣服穿在身上还会沙沙作响,就连鲜货行、鱼行、草行这些名字也朴素得可爱,有着小地方虽简陋又自豪的气派。这里的姑娘媳妇都梳一个油光水滑的发髻,插一个柳球,一丛艾叶,一朵栀子花。这里就是打制香炉、痰盂、水壶,也不用铜的、铁的,而用锡的。因为"锡是软的,打锡器不像打铜器那样费劲,也不那样吵人"。你能忍受十一子是个铁匠或铜匠吗?这里还有一个鱼网前、雪白的芦席上的苗条身子,更有那一轮"真好"的月亮。生命还是健康、自然的。七八个小家伙在码头上齐齐站成一排,把一泡泡骚尿哗哗地撒到水里,看谁尿得最远。大淖东头的女人们也像男人一样挑担子挣钱,走起来一阵风,坐下来两条腿叉得很开。她们也用男人骂人的话骂人,打起号子来也是"好大娘个歪歪子咧"。她们甚至敢脱了衣服,跳到淖里扑通扑通洗澡,就为"老骚胡子"叔公的一碗饺面。她们和男人好,还是恼,"只有一个标准:情愿"。你能感觉到她们生命的欢恣,以及欢恣中隐隐透出的浸满了汗味的体香吗?

　　仔细分析起来,淖东和淖西又不一样,用老锡匠的话说:"她们和我们不是一样的人!"如何不一样?淖东是女性的,却又泼辣,爽朗,直来直去。淖西是男性的,却又安安静静,凡事忍让。汪曾祺对两性的褒贬一目了然。但淖西的安静绝不是蔫,忍让绝不是窝囊。锡匠们很讲义气,扶持疾病,互通有无。老锡匠更是常常教导:"不要怕事,也绝不要惹事。"气定神闲中竟不经意间透露生命的庄严,和和气气中也能窥见傲骨。于是,在十一子和巧云好上后,师兄们才会瞒着老锡匠,偷偷给他留门,在门窝子里倒水。在十一子被打伤后,锡匠们才会默默地、却又咄咄逼人地游行,并进而"顶香请愿"。就这样,淖西和淖东各以属己的方式,流露着生命的健康和尊严,对抗着、消解着那个"子曰诗云"的世界。

　　就是水上保安队也不是锐利的、异己的、丑恶的力量,而是自有一番生机,如雪融于水,了无痕迹地化入了大淖世界。当他们得胜归来,铁板划子靠岸,吹着军号,荷枪实弹直奔县衙报喜时,实在很神气。最妙的是:

　　　　被绑着的土匪也一律都合着号音,步伐整齐,雄赳赳气昂昂地走着。甚至值日官喊"一、二、三、四",他们也随着大声地喊。大队上街之前,要由地保事先通知沿街店铺,凡有鸟笼的……都要收起来,因为土匪大哥看见不高兴,这是他们忌讳的……

土匪也可以是"大哥",也可以是大淖一景嘛。这里不是没有规训者的颠顶,被规训者的麻木和迎合,以及规训与被规训的角色相互倒换等血淋淋的真相可供揭示,一如卡夫卡于《在流放地》中所作的一样。但是,汪曾祺不愿刻薄地揭露,凌厉地指责,而愿善意地欣赏他们虚张声势中的单纯,雄赳赳气昂昂时的妩媚。一切仍是那样的健康、自然。保安队员们实在是一群抖着冠子、摇着尾巴、自鸣得意的大公鸡。于是,你可以想见,当一只美丽的公鸡来到一家门外,咳嗽一声,走进去,门就关起来时,女主人的"情愿"。就连破了巧云身的刘号长也不是一个混球。不信你看,"这刘号长前后跟大淖几家的媳妇们都很熟"。"很熟"说明这几家媳妇都很"情愿"。我们可以推测,在十二个"衣着整洁,干净爱俏","手面很大方,花钱不在乎"的号兵里,号长该是个什么样的棒角色,媳妇们能不"情愿"吗?更加诡异的是,汪曾祺在"很熟"前加了个"都"字。我们不禁浮想联翩:"都"字包括巧云吗?刘号长后来不是常常来,只是在他下乡时,巧云才有机会找十一子吗?当然,汪曾祺告诉我们:"巧云看见他(刘号长——引者注)都讨厌,她的全身都是冷淡的。"巧云并不"情愿"。但她不"情愿"是因为另有所思,并不能反证出刘号长的可憎。我们甚至可以想,大淖东边,"姑娘在家生私孩子;一个媳妇,在丈夫之外,再'靠'一个,不是稀奇事",那么,如果十一子和刘号长能够和平共处,巧云为什么不会和他们保持这种关系呢?难怪巧云爹知道后,"只是长长地叹了一口气",邻居知道了,并未多加议论,只骂了句:"这个该死的!""该死的"空洞得几无咒骂之意。也许,该死只是因为和媳妇们尽可以"很熟",巧云还是个姑娘?("没出门子的姑娘还文雅一点,一做了媳妇就简直是'姜太公在此百无禁忌',要多野有多野。")于是,本然状态中的生命虽则优美、健康,却不得不带着点苦味,有点无力,有点无奈,就像傍晚淖边低矮屋檐下飘出来的"甜味而又呛人的炊烟"。也许,生命就是那一蓬蓬"半干不湿的"柴草?

三、苦难的花朵

生命自在任运,本能恣肆挥洒,尽显出优美和健康,却微微有点呛人。还不单单是呛人。自在可能就是不自觉、不自主,本能也可能潜藏着魔性,时时威胁着大淖世界的安妥。

比如,大淖世界里的人,事事都争个面子。为好面子的本能耸动,而不是由理性之心权衡,淖边人便常常互相伤害。比如,刘号长听说巧云和十一子的事,并不特别愤慨,"本来,他跟巧云又没有拜过堂,完过花烛,闲花野草，断了就断了"。（"又没有拜过堂，完过花烛"，清楚地说明，刘号长与巧云"熟"到了什么程度。）但是这口气咽不下呀："一个小锡匠，夺走了他的人，这丢了当兵的脸。太岁头上动土，这还行！"说来说去，他关心的不是人，是"脸"，这"脸"还不是自己的，而是"当兵的脸"。就连保安队的弟兄们"也都觉得面上无光，在人前矬了一截"。于是，他们简直是气鼓鼓地、理直气壮地捆上十一子，搂头盖脸一阵打。他们并不真的要打他，他们只要他服个软，给他们一个面子，好就坡下驴。他们打着打着，都怕了，都哀求他了。不信你看：

　　他们要小锡匠卷铺盖走人，回他的兴化，不许再留在大淖。
　　小锡匠不说话。
　　他们要小锡匠答应不再走进黄家的门，不挨巧云的身子。
　　小锡匠还是不说话。
　　他们要小锡匠告一声饶，认一个错。
　　小锡匠的牙咬得紧紧的。

　　他们的要求一次比一次低，都低得有点低三下四了：你就张下嘴吧，让我们有点面子，我们也好过关。面子就像个魔鬼，唆使着他们应差一样，硬着头皮打下去。最终，小锡匠的"硬铮"彻底撕去了他们的面子，释放了、激发了他们的魔性。他们把他打死过去。他们的心理、行为极像《陈小手》中团长一枪打下陈小手，还觉得"怪委屈"，说："这小子，太欺负人了！日他奶奶！"本能的魔性就这样毁了"活人多矣"的陈小手，毁了十一子。生命的本然状态竟是昏聩的，酷烈的，暴殄天珍的。

　　锡匠、挑夫们何尝不好面子呢？他们逼得商会会长出面邀集承审、副官、老锡匠等，在一家大茶馆里会谈，"来'了'这件事"。"了"字说明，这是一件各方都不愿深究，过于尴尬、麻烦的事，各方都希望找到一个大家都能接受、都觉得有面子的方法，把它给"了"掉。当商议决定，十一子的医药费由保安队负担，刘号长驱逐出境时，各方都松了口气。老锡匠觉得："这样就给锡匠和挑夫都挣了面子，可以见好就收了。"原来，锡匠们那么威严、决绝，只是为了面子。他们的逻辑和打人凶手有什么区别？汪曾祺还幽默地用个括号注明"实际是商会拿钱"，但急于"了"事的锡匠管不了那么多。他们不会真的在意十一子被打时异乎寻常的倔强、勇敢，以及为倔强、勇敢付出的惨重代价。威严其实就是懦弱，决绝就是苟且，生命的本然状态又是如此得过且过，松松垮垮，经不起分析的。

生命除了这些令人泄气的面相之外，还是隔膜的，神秘的，恐怖的。

巧云一年年地大了。十五了，十六了，十七了。一年又一年像幽冥的鼓点，推着人走向未来。谁知道未来会有多少风雨啊！长大竟是一件惶恐的事，可怖的事。果然，巧云父亲摔断腰，瘫痪了。巧云和十一子"一家要招一个养老女婿，一家要接一个当家媳妇，弄不到一起"。其实，这种不测又有什么关系呢？真正的难处还是隔膜，最深爱的人之间的隔膜。《边城》里，翠翠和二老如何深爱着啊，但他们从来没有相互问过一句："我爱你，你爱我吗？"仿佛有种奇异的力量横亘在他们中间。此一力量同样魇住了巧云和十一子。他们我帮你拉风箱，你帮我吮吸指头肚子的血（你能体会到十一子的沉迷吗？手指被放大成了手指肚子。你能体会到十一子的胆怯吗？他只敢这样若不经意地体味爱人的身体。），却没有勇气开口说爱。汪曾祺特意安排巧云落水，让十一子救她。巧云昏迷不醒，十一子横抱着她，"像抱一个婴儿似的"。只有在巧云昏迷时，十一子才会勇敢、强大地抱她如抱婴儿。当巧云醒来，将湿的、软的、热的身子紧紧地挨着他时，他却"心怦怦地跳"了。当巧云换湿衣服，月光照出她的美丽的少女的身体时，他更紧张了，给她熬了半锦子姜糖水，"就走了"。巧云躺下了，"她好像看见自己躺在床上的样子"。这是极具性意味的想象。她用谁的目光看着自己躺在床上的样子？十一子。在十一子的凝视下，自己的身体舒缓地打开，该有多么娇艳啊，她甚至感觉到了他的心跳，他的喘息，他的蠢蠢欲动。但是，一切只是"好像"。她不禁心生埋怨："你是个呆子！""她说出声来了"，毕竟还是欢喜的那种恼。正是隔膜以及隔膜导致的延宕，使刘号长乘虚而入，生命平添几多磨难。

巧云破了身。汪曾祺不用"奸污"[①]，相当收敛地说成"破身"，表明他关注的是"破身"这一生理事件给人带来的身心巨变。破了身的巧云有长长一串意识流。其中三个意象极具意味：新娘子穿粉红色的缎子花鞋，妈妈用胭脂给她点眉心红，十一子给她吮手指上的血。这些意象都是红色的。为什么红色意象在她脑海中飘动？是因为破身见红？是因为红隐隐飘荡着神秘和恐怖的气息，就像生命的幽昧、不可捕捉，而破身使巧云猛地触摸到生命的此一面相？这些意象本身也是五味杂陈的。比如，新娘子意

[①] 汪曾祺在《我是一个中国人——散步随想》中说："……《大淖记事》里写巧云被奸污后第二天早上的乱糟糟的，断断续续，飘飘忽忽的思想，就是意识流。"在这里，他非常明确地使用了"奸污"一词。不同文体对作者的暗示是相当强大的。见《汪曾祺全集》（第9卷），人民文学出版社2019年版，第273-274页。

象夹杂着多少哭泣和欢笑，疼痛和快乐，恐惧和憧憬啊。而血是生命之液，却是咸的，辛酸的。汪曾祺敬畏地看着一个少女变成女人，并深味其中集中彰显的生命之谜。

生命本然状态既是昏聩的、隔膜的、神秘的，并因此困厄重重，那么，汪曾祺必定会思索：我们拿什么渡过苦难？汪曾祺不会求救于耶，也不会逃遁于道，而是返诸生命自身：生命是苦，生命却也潜藏着战胜苦难的力量。

汪曾祺说，巧云的原型之一是戴姓轿夫的妻子。她原本邋遢、萎靡。轿夫得了血丝虫病。汪曾祺不禁为她忧虑："她怎么办呢？"让他吃惊的是，她一下子变了一个人，头发梳得光光的，衣服很整齐，一百五十斤的担子挑起来嚓嚓地走。更让他吃惊的是，"她原来还挺好看"[①]。正是苦难激出沉睡的力量，使她美丽、从容、庄严地渡过苦难。巧云同样如此。她喜欢十一子，却不好意思表白。此时，她还不是自主的。她破了身，"她拿起镜子照照，她好像第一次看清楚自己的模样"。破身使她第一次体验到生之幽昧，也使她第一次看清了自己的模样，达成自我确认。她成了"人"。成"人"的她才有勇气找到十一子，对他说："晚上你到大淖东边来，我有话跟你说。"当十一子被打得昏死过去，巨大的苦难更使她焕发出所有的华彩。她是那么温柔，捧着尿碱汤给十一子喝，"不知道为什么，她自己也尝了一口"。她是那么冷静，锡匠们抬着十一子往淖西走，她说："不要。抬到我家里。"她是那么坚强，找出爹用过的箩筐，磕磕尘土，就去挑担挣"活钱"去了。她简直成了女神。汪曾祺激动地说："她从一个姑娘变成了一个很能干的小媳妇。"姑娘美则美矣，却是脆生生的，透明的，单薄的。小媳妇则多了分苦难和由苦难长养出的力量，是丰润的，柔中有刚的，近于完美了。十一子也是如此。他原本怯懦，正是心上人被破身等苦难使他变得那样无畏，就是被打死也决不讨饶。小说结尾，他们有着这样一段对话：

"他们打你，你只要说不再进我家的门，就不打你了，你就不会吃这样大的苦了。你为什么不说？"

"你要我说么？"

"不要。"

[①] 汪曾祺：《〈大淖记事〉是怎样写出来的》，《汪曾祺全集》（第9卷），人民文学出版社2019年版，第184页。

"我知道你不要。"
"你值么？"
"我值。"
"十一子，你真好！我喜欢你！你快点好。"
"你亲我一下，我就好得快。"
"好，亲你！"

那片飘来荡去的云彩终于下成了雨。你能体会到这段对话的轻松、安稳和恬静吗？正是苦难使他们有力量冲决隔膜，自自然然地开口说爱。苦难浇灌出最美丽的花。

沈从文借《边城》看取人性的本然状态，发现了苦难。汪曾祺在大淖世界的精神实验中也迎面撞上苦难。但汪曾祺相信，苦难击打生命，也使生命坚强，从而优雅地渡过苦难。他实在是一个乐观的人，相信人性本身。他的乐观又不是盲目、清浅的，而是建立在对人性之恶、苦的洞观的基础上的。

在粉碎"四人帮"未久的1980年思考那我们该拿什么渡过苦难的问题，汪曾祺的现世关怀之深切，怎么估量都是不过分的。

第三节　回归常识：生命由什么砌成？
——论《异秉》

1980年5月20日，汪曾祺根据三十二年前的旧稿写就《异秉》。《异秉》受到叶至诚、高晓声的激赏，却被更多人质疑："如果发表这个小说，好像我们没有小说好发了。"[①] 后来还是主编力排众议，《异秉》才得以发表于《雨花》1981年第1期。正由于这一延宕，创作时间稍晚发表时间却略早的《受戒》成了汪曾祺春来老树绽出的第一粒新芽。人们在津津乐道于《受戒》给新时期文学带来的审美震动时，大抵忽略了《异秉》之"异"。这一"异"不仅是相对于彼时的文学潮流而言，更直指当下：小说可以这样写？这样写的意义何在？这样的小说与散文有什么区别？精读的意义就在于，我们可以挣脱文学史被或然性左右的势利眼光，直面汪曾祺二十多年前借着《异秉》向我们提出的审美和生命难题。

---

① 程绍国：《林斤澜说》，人民文学出版社2006年版，第147页。

一、与遗忘拔河

　　一块铜，一把线，一脉清流，一声迷濛晓气中的呼唤，在沈从文都是幕幕"圣境"。"圣境"不离不弃生命，却总透着点清坚决绝。汪曾祺每每把老师的"圣境"偷换成"安静而活泼，充满生气的'人境'"[①]。他不会要求人们向生命的远景凝眸，而是把目光收回来，真切体察这个饱食暖衣、保全首领尚且不能的瑟缩人生。目光的收回不是懦弱和苟且，而是对于真切生命的尊重和无限逼近。

　　要关切生命，汪曾祺便不由自主地走回童年，走回故乡高邮那一条条碎砖铺就的小巷。忘川中打捞起来的回忆，总会滤尽火气和感伤，其中的生命看起来就如隔岸观火般分外分明。总是念念不忘逝水的更直白的理由，汪曾祺也有表述："我写的人大都有原型，这就有个问题，褒了贬了都不好办。我现在写的旧社会的人物的原型，大都是死掉了的，怎么写都行。"[②] 理直气壮的背后却是无数次运动历练后的狡黠和不狡黠又能怎样的无奈。汪曾祺看似目下无尘，底色毕竟是世事洞明。

　　诸多原因使汪曾祺专注于故人往事，那么，他真的能够复现出真切的过去来吗？或者说，当现在成为过去，它还原封不动地矗立在某个地方，等待我们去触摸吗？我们即便触摸到了它，它还是曾经从我们的心脏划过，从我们的肌肤擦过的栩栩欲活的现在吗？昆德拉说："人被与过去分开（即使只是几秒钟前的过去），是由于两种马上就开始工作并通力合作的力量：遗忘的力量（它在抹去）和记忆的力量（它在转化）。"[③] 也就是说，回忆的敌人不仅是遗忘，更是它自身：回忆是立足当下的回视，在此回视中，过去早已遵循透视原则被逐一放大、缩小甚至省略，更何况过去如泡影般并没有多少确凿性呢。忆起的只能是当下的过去而已，而不会是曾经的那个现在。回忆其实是遗忘的一种形式。但是，《异秉》确实让我们感觉岁月并没有流逝，印记并没有烙下，过往的一切各以曾经的姿态充分地舒展开来，缠绕的缠绕，疏离的疏离。汪曾祺究竟有怎样奇异的保鲜术，使过去历久弥新？他究竟有如何的奇能，敢跟遗忘拔河？

　　和《受戒》《大淖记事》相比，《异秉》的真实度极高。汪曾祺说："像

---

① 汪曾祺：《沈从文的寂寞》，《汪曾祺全集》（第9卷），人民文学出版社2019年版，第221页。

② 汪曾祺：《回到现实主义，回到民族传统》，《汪曾祺全集》（第9卷），人民文学出版社2019年版，第246页。

③ ［法］米兰•昆德拉：《帷幕》，董强译，上海译文出版社2006年版，第191页。

《异秉》里的那个药店'保全堂',就是我祖父开的,我小时候成天在那里转来转去。"①王二后人看了小说后,对汪曾祺儿子说:"你爸爸写的我爸爸的事,百分之八十是真的。"②就在这种复现的诚恳中,岁月的帷幕徐徐拉开,过往的人、物和事在文字中永生。于是,我们听见后街上男人揪着头发打老婆,女人拿着火叉打孩子,老太婆用菜刀剁着砧板诅咒偷鸡贼。这些鸡零狗碎、汤汤水水的吵闹如密的针线,织出一个热气腾腾的现世。这一现世由文字重构,且和我们隔着遥遥的时空,便涤除了琐屑、腻滞和腐臭,成为优美的、熨帖人心的世界。我们还看见玻璃匣子里装着黑瓜子、白瓜子、盐炒豌豆、油炸豌豆、兰花豆、五香花生米,看见长板上罗列开回卤豆腐干、牛肉、蒲包肉、猪头肉。我们甚至能看见蒲包肉上一条条蒲包的痕迹,能觉出这些吃食加一把青蒜,浇一勺辣椒糊后的奇香。③汪曾祺实在有恋物癖好,兴冲冲地轻拂去岁月之尘,一一展露物件最细密的纹路,最炫目的光彩。这些被复现、突出的物件,犹如招魂仪式上的圣物,道道灵光滑过,一段逝去的时光悠然浮现。

汪曾祺一一钩沉旧物时,更倾心于那些最能印证人事迁异的关键性物件,因为它们事半功倍地使过往的气息重新在场。比如,王二的生意"起来"了,标志是他撤掉长罩煤油灯,挂起一盏汽灯。汽灯的"白亮"烛透了满浸着煤油灯昏黄光线的传统时代,汽灯的"呼呼作响"穿破了闪烁着如豆灯火的小城的宁静和寂寞。王二悖乎时势的红运由一盏灯全盘托出。

汪曾祺打捞进而铺排过往的人、物和事时,每每切入它们诗意的、神秘性的内里,让神秘的光辉静静弥漫。这光辉刺透岁月之流的幽暗,让过去显得那么澄明、敞亮。对诗意和神秘的切入不是浪漫化(浪漫每每是对对象的闪避),而是开掘对象隐而难彰的真相。比如,说到王二媳妇天不亮就起床,梳完头就推磨磨豆腐,磨了豆腐就烧火时,汪曾祺特意加了一句:"火光照得她的圆盘脸红红的。"④没有浪漫化的凌厉或甜腻,只有如上紧发条的钟表般的勤谨、按部就班,以及再苦再忙也遮不住的对富庶的满

---

① 汪曾祺、施叔青:《作为抒情诗的散文化小说》,《汪曾祺全集》(第11卷),人民文学出版社2019年版,第365页。

② 汪曾祺:《〈菰蒲深处〉自序》,《汪曾祺全集》(第10卷),人民文学出版社2019年版,第200页。

③ 汪曾祺还会告诉我们,刨烟师傅身上到处是黄的,染坊师傅的指甲缝里都是蓝的,碾米师傅的眉毛总是白蒙蒙的。

④ 有关1980年版《异秉》的引文,均出自《汪曾祺全集》(第2卷),人民文学出版社2019年版,第80—89页。

足和对未来的自信。这几乎就是现世最安详、有生机、有诗意的画卷。汪曾祺紧接着又说:"附近的空气里弥漫着王二家飘出的五香味。"这种稳妥的现世烟火溢出王二家,铺满《异秉》的角角落落,使之有了最坚实的内核,从逝水中稳稳地凸起,屹立。

这些人、物和事并不是一盘散沙似的摊开,兀自释放一己的信息,而是被编织进一个关系网络中,看似松松垮垮却极井然有序地完满着一段过去。小说这样开头:"王二是这条街的人看着他发达起来的。"一句话就奠定了全篇的结构:王二是这段过去的焦点,这焦点由"这条街的人"看取,于是,发达与破败的消长,发达的必然与破败的定数等等众生相才是汪曾祺关注的重心,众生相又不会芜杂、散乱,而被王二这个焦点紧紧地系住。就这样,一段过去就如汪曾祺最神往的"行云流水","初无定质,但常行于所当行,常止于所不可不止"地潇潇洒洒流淌开去。

二、回归日常之路

汪曾祺精心构织出过去,让生命于其中充分显影。那么,生命究竟由什么砌成?

汪曾祺热情过度似的细细碎碎地描写一个"走旺字"的人的生活状态。他唠唠叨叨地告诉我们,王二的家住在哪里,什么格局,家里几口人,妻子怎么样,孩子如何。他更兴致勃勃地勾画王二一家的生活密度。他家起得非常早,备料,烧煮,推磨,不得一刻稍闲。后来王二喂了一头小毛驴,他媳妇才不用围着磨盘转,省出时间做针线,"一家四口,大裁小剪,很费功夫"。到了傍晚时分,不管下雨下雪,王二来到保全堂廊檐下出摊,拿了刀不停地切,"很少有歇一歇的时候"。一直忙到九点多钟,他才用热水擦一把脸,吃晚饭。王二不会停下脚步,反思陀螺似的生活有什么意义,从而体味出荒诞。就连王二一家生命其实就像那头小毛驴般空转的真相也被汪曾祺轻轻略过。他实在太喜欢这种密不透风却又生意盎然的生活,喜欢这种殷实人家用汗水浇灌生活的自豪和乐观。面对如此结实的生命,他甚至有点敬畏,不敢拿出文人的清高稍稍指摘。比如,他告诉我们,这地方把做买卖的用具叫作"生财",王二的"生财"包括两块长板,两张三条腿的高板凳,好几个玻璃匣子。"生财"寄放在药店过道里,挨墙放着,上面就是赵公元帅(财神)的神龛。他不会厌弃王二以及这个地方所有人对"财"的向往,更不会责怪他们一身铜臭,而会感动于他们紧紧把攥住生活的努力和一颗向上的心。再比如,"生意三春草,财源雨后花"本是陈词滥调,他却于滥调中发现现世最殷切动人的祈愿,并恍然大悟般欣喜：王二的生意"真是三春草、雨后花一样的起来了"。在他心中，王二就是生命的典范，大家都应该像他那样勤谨、乐观，因为健康的生命就是由不停歇的劳作和对财富的梦想密密砌就的呀。这其实是积存在中国人心头的常识，无数世代的中国人就像王二一样燕子衔泥般经营人生。但是，在主流意识形态炮制的高调语言中浸泡太久的人们，早已习惯了大话、假话、空话，根本不会留意平凡生命的平凡梦想。新时期之初，作家激烈批判这种高调，却没想到自己原来如此驯顺，被它紧紧拴住，批判的理路和苦想出的对策同样是高调，真切的生命依然处在他们的视野之外。回归日常之路是难的。汪曾祺没有被高调牵着鼻子走，更小心避开被高调污染极深的岁月，回到宁静、舒缓的童年，写出《异秉》。"近事模糊远事真"，"真"事中形形色色的生命次第打开，真相于焉浮现。

汪曾祺还不厌其烦地开列出保全堂陈相公一天的流水账。陈相公比王二更辛苦，生活密度更大。他起得比谁都早，起来就把先生们的尿壶倒了涮干净控在厕所里，然后扫地，擦桌椅，擦柜台，到处掸土，开门（这里的"铺闼子门"可有讲究），晒药、收药、碾药、裁纸、摊膏药，晚上十点多钟把尿壶放到先生们床下，背两篇《汤头歌诀》，最后抱头睡在店堂里。他每天还有两项例行的公事：上午搓纸媒子，下午擦灯罩。陈相公不停歇地奔忙，却不像王二的生涯芝麻开花节节高。他学一年多生意了，还老挨打。挨打，汪曾祺并不为他叫屈，只是淡淡地说："学生意没有不挨打的"，"挨打的原因大都是因为做错了事：纸裁歪了，灯罩擦破了"。他甚至找到了不得不打的原因："这孩子也好像不大聪明，记性不好，做事迟钝。"这一生命实在卑微之极。但是，就是如此卑微的生命，只要辛苦、有梦想，同样会有一个未来可以期待。汪曾祺写到初一、十五陈相公给赵公元帅、神农爷上香："陈相公对这二位看得很熟，烧香的时候很虔敬。"敬财神是对生活蒸蒸日上的梦想，敬药神是对职业的勤勉，梦想是勤勉的明灯，勤勉是梦想的根底。正是由梦想和勤勉支撑，陈相公才能度着困厄生涯，并能在晚上呜呜哭了半天后，向远在故乡的母亲说："妈妈，我又挨打了！妈妈，不要紧的，再挨两年打，我就能养活你老人家了！"汪曾祺斩斩分明地想，陈相公以后也能"走旺字"。他是王二的前身，王二是他的今世啊。这段倾诉来自契诃夫的《万卡》。不同的是，万卡的绝望向谁去诉说呢？乡下爷爷注定收不到他的信，陈相公虽然处处潜辛酸，却有着独独属于中国人的生的坚韧和希望。这是汪曾祺为劫后中国开凿出的力量的源泉。比之后几年"寻根文学"寻出的缥缈、芜秽的"根"，此一源流要平实、切近了许多。

汪曾祺相信，王二、陈相公的辛劳和乐观是现世最坚固的基石，相形之下，百事通张汉轩则是稳定生活之上的浮沫。小说这样介绍他："这张汉是对门万顺酱园连家的一个亲戚兼食客，全名是张汉轩，大家却都叫他张汉。大概是觉得已经沦为食客，就不必'轩'了。此人有七十岁了，长得活脱像一个伏尔泰……"《受戒》里打兔子兼偷鸡的都可以是"正经人"，张汉轩却受尽调侃，汪曾祺的不屑可见一斑。他是一个什么样的"伏尔泰"呢？他确实见多识广，什么都知道。他会告诉你烟有五种，水、旱、鼻、雅、潮，酒有山东黄、状元红、莲花白，茶有狮峰龙井、苏州碧螺春、云南"烤茶"、福建工夫茶。他知道云南如何放蛊，湘西怎样赶尸。他亲眼见过旱魃、僵尸、狐狸精，有时间，有地点，有鼻子有眼睛。他还读过《麻衣神相》《柳庄神相》，会算"奇门遁甲""六壬课""灵棋经"。但是，这些见识除了做谈资，和真切人生有什么关系呢？他什么都不想做，情愿寄人篱下，被人蔑称为张汉。这个"伏尔泰"让我们想到沈从文笔下的"托尔斯太"。沈从文坐船上行还乡，一个白须满腮、牙齿脱落的老头抢着拉纤：

  小船已完全上滩了，老头子又到船边来取钱，简直是个托尔斯太！眉毛那么浓，脸那么长，鼻子那么大，胡子那么长，一切皆同画上的托尔斯太相同……看他那数钱神气，人那么老了，还那么出力气，为一百钱大声的嚷了许久，我有个疑问在心："这人为什么而活下去？他想不想过为什么活下去这件事？"①

托尔斯太式容貌越发反衬出老头的不自觉，他是处于历史意义之外的生物，令沈从文心生无言的哀戚。张汉轩如伏尔泰般的博学多闻同样鲜明反衬出那颗心的虚浮和空洞，他处于勤勉、乐观的人生之外。"伏尔泰"实实在在是汪曾祺对他的讥刺。汪曾祺还若不经意地说道："他总要到快九点钟时才出现（白天不知道他干什么）……"他是夜的游魂，日常生活的鬼。鬼的阴影烘托出王二、陈相公踏实生命的丰富、浑圆的层次来。

三、仁爱的世界

  勤勉的生命世界还是一个仁爱的世界，处处符合儒家的规范和理想。

---

 ① 沈从文：《湘行书简》，《沈从文全集》（第 11 卷），北岳文艺出版社 2002 年版，第 184 页。

这不是因为汪曾祺概念先行，本着儒家要义重构了过去。在《异秉》中，汪曾祺力避先见，让过去自行呈现。那么，唯一的可能就是，中国人本然的生命状态先天地契合于儒家要义，儒家就是从此状态中提炼出来的哲学。汪曾祺深深喜欢并敬畏这样的生命，便天然地接近儒家，成为仁者。他对此有清楚的表述："中国人必然会接受中国传统思想和文化的影响。我接受了什么影响？道家？中国化了的佛家——禅宗？都很少。比较起来，我还是接受儒家的思想多一些。"①

《异秉》是怎样一个仁爱的世界呢？

首先，《异秉》关注并承认普通人对富庶生活的追求，并从中发现了令人动容的坚韧和乐观。这种追求不是贪婪的，无节制的，而是谦抑的，一步一个脚印的。所以，汪曾祺略过了"保我黎民，全登寿域"的保全堂，略过了"生涯宗子贡，贸易效陶朱"的大字号，比如布店，单单去写王二的"超摊子准铺子"。只有这个"超摊子准铺子"才能承载普通人的小康梦。小康梦在如脱兔如飞矢般狂奔的现代社会显得过分保守和迂腐，却契合普通人的生命本然，契合儒家原初的、未被污染的理想。孔子很少言利，甚至说："君子喻于义，小人喻于利"（《论语·里仁》）。不过，他又认识到，义利之辨是君子的事，对于普通人来说，"足食"才是头等大事，先要"富之"，方能"教之"。孟子更细致勾画了植根于小康梦之上的"王道"："五亩之宅，树之以桑，五十者可以衣帛矣。鸡豚狗彘之畜，无失其时，七十者可以食肉矣。"（《孟子·梁惠王上》）王二就是"王道"最勤勉、陶然的子民。

其次，汪曾祺醉心于"多年父子成兄弟"的平等境界，但是，当他细细思索平等、自由的现实可能性时，悲哀地发现这些现代理念十分高蹈，之于现世就如油游离于水，现世不得不以"君君、臣臣、父父、子子"等秩序维系着，成为一个长幼、尊卑有序的等级体系。《异秉》就是一张等级分明的大网。保全堂雇员共分四等：一等的叫"管事"（吃饭总是坐在横头末席，以示代表东家奉陪诸位先生），二等的叫"刀上"（薪金最高，在店中地位也最尊，吃饭坐上首的二席，——除了有客，头席总是虚着的），三等的叫"同事"（"是没有什么了不起的"，每年都有被辞退的可能），最末等的是学生意的"相公"。这条街上的风气亦然。以前王二去听书要费一番踌躇，主要考虑到与身份不相称：一个卖熏烧的，常常听书，怕人议

---

① 汪曾祺：《我是一个中国人——散步随想》，《汪曾祺全集》（第9卷），人民文学出版社2019年版，第272页。

论。打麻将多是社会地位相近的，推牌九则不论，谁都可以来。但汪曾祺还是用括号补充了一下：除了陶先生和陈相公。汪曾祺不是腐儒，死死抱着纲常教诲不放手。他是沉潜入现世生活的内里，发现这些秩序的合理性、必然性，更发现正是它们组构起了现世的安稳。所以，他愿意不愤懑、不激狂，平平和和甚至带点幽默地道来等级网络的枝枝蔓蔓。

等级是两面的，既维系着社会的安稳，又使之僵化、分化，甚至导致压迫。儒家对此有十分奏效的消毒剂：恻隐之心和忠恕之道。汪曾祺显然深谙个中三昧。陶先生咳嗽痰喘，已有三次要被请到上席辞退了，终于没有坐上去，是因为同事纷纷说情："辞了他，他上谁家去呢？谁家会要这样一个痰篓子呢？这岂非绝了他的生计？"陈相公把一匾筛泽泻翻到了阴沟里，许先生用闩门的木棍没头没脸地把他痛打一顿，是老朱一句话劝住："他也是人生父母养的！"人人皆有的一念之善和"推己及人"之心，使得分化的社会重又柔软、交融起来，每个人都不会真的被抛弃，人间处处潜小温。值得一提的是，一语"他也是人生父母养的"，既可以看作贩夫走卒的俚俗语，也能够追索出深远的源头——陶渊明。陶渊明就任彭泽县令，没有带上自己的家眷，送给家人一个佣人，同时修上家书一封："汝旦夕之费，自给为难，今遣此力，助汝薪水之劳。此亦人子也，可善遇之。"① "此亦人子也，可善遇之"清楚揭示出，陶渊明在"飘飘然"和"金刚怒目"之外的仁者一面。

最后，王二、陈相公勤勉、庄重地度过挨挨挤挤的生涯，却不为这生涯死死缚住，每每竭力跃出，"偷得浮生半日闲"，稍稍放纵一己心性，竟也有了从心所欲的潇洒。王二的潇洒是想听书了，就到小蓬莱、五柳园去听，过年赌五天钱，把五吊钱稳稳地推出去，心不跳，手不抖。陈相公潇洒的层次要高得多。爬梯子到屋顶晒、收药材是他一天最快乐的时候：

> 他可以登高四望。看得见许多店铺和人家的屋顶，都是黑黑的。看得见远处的绿树，绿树后面缓缓移动的帆。看得见鸽子，看得见飘动摇摆的风筝。到了七月，傍晚，还可以看巧云。七月的云多变幻，当地叫做"巧云"。那是真好看呀：灰的、白的、黄的、橘红的，镶着金边，一会一个样，像狮子的，像老虎的，像马、像狗的。

---

① [梁]萧统：《陶渊明传》，见《陶渊明集译注及研究》，孟二冬著，昆仑出版社 2008 年版，第 327 页。

《大淖记事》中，汪曾祺叙及巧云名字来历时，只是淡淡地说："七月生的，生下的时候满天都是五色云彩"，哪像这里精雕细刻巧云的色和形啊。他实在不愿放过陈相公枯燥生命中一丁点的光彩，他甚至愿意过度渲染这一光彩，使得陈相公"心旷神怡"的一刻永驻。这刹那的忘乎所以不就是"莫春者，春服既成，冠者五六人，童子六七人，浴乎沂，风乎舞雩，咏而归"（《论语·先进》）吗？有了这样的潇洒，生命不再凝滞，而灵动了，飞扬了，再刻板冗繁的生涯都可以承受了，再缥缈不居的未来都可以预期了。

四、短篇小说的灵光

《异秉》在复现的诚恳中，让过往的人、物和事一一浮现，从而构筑出一个勤勉、仁爱的生命世界。但是，这种小说写法潜伏着致命的危险。其一，一大堆各不相干的意象如何才能有条不紊地铺排开去？这些意象缺乏粘连，会不会被自身的重量压垮，从而把小说生生撕裂？其二，汪曾祺一直提倡文体互渗："我们宁可一个短篇小说像诗，像散文，像戏，什么也不像也行，可是不愿意它太像个小说，那只有注定它的死灭。"[①] 但是，我们还是要问一声：《异秉》为什么是小说，而不是散文？小说和散文之间毕竟是有边界的，而复现本是散文的德性啊！在"像与不像"之间，如何呈现一个俨然可感的区度？

其实，汪曾祺早已悄悄埋设一系列戏剧性比照。

首先是王二与"这条街的人"走势的比照。这是一个末世："近几年，景况都不大好。有几家好一些，但也只是能维持。有的是逐渐地败落下来了。先是货架上的东西越来越空，只出不进，最后就出让'生财'，关门歇业。"汪曾祺特别说到原本有四个师傅、四副床子刨烟的源昌烟店，如何步步败落，敞亮的店堂变黑暗了，牌匾上的金字也无精打采了，给颓势一个触目的例证。在这普遍的颓势中，偏偏"王二的生意却越做越兴旺"，盘来源昌的半边店堂。汪曾祺不仅不吝笔墨，用种种细节坐实王二正"走旺字"，更竭力叙写陶先生、陈相公的悖时，进一步描粗画黑这"旺"字。人们当然好奇：万物皆颓，王二何以占尽春光？好奇是极妙的助推力，使各种意象流畅地铺排下去，也使我们兴致盎然地穿行于意象的河流，去寻一个答案。意象更如劈柴，越积越高，我们隐隐地兴奋：该有一场何等美

[①] 汪曾祺：《短篇小说的本质——在解鞋带和刷牙的时候之四》，《汪曾祺全集》（第9卷），人民文学出版社2019年版，第13页。

丽的燃烧？张汉的到来犹如火星溅进柴垛。他说人生有命，异人必有异相，汉高祖股有七十二黑子，明太祖五岳朝天，樊哙能生吞整猪腿。猛地话锋一转，向王二道："即以王二而论，他这些年飞黄腾达，财源茂盛，也必有其异秉。"柴垛冒烟了，快燃着了，答案呼之欲出了。王二诚恳地欠一欠身说："我呀，有那么一点：大小解分清。"这一"异秉"卑琐、荒唐，却因易行和王二让人眼红的旺势，击中了每一颗蠢蠢欲动的心，被放大成一簇圣火。人们皆怀着一份敬畏，巴望能举一举它，分有它的圣洁和荣耀。陈相公、陶先生便纷纷上厕所，"本来，这时候都不是他们俩解大手的时候"。就这一点荒唐、一点可敬、一点调侃，一把把圣火掷入柴垛。柴垛燃旺了，每个意象都在火焰中恣意翻腾。这里不会淤滞、杂乱，只有燃烧的沉酣。这里不再是散文式的复现，而是一种烧灼，一种冶炼，扑鼻全是属于小说的香。

　　其次是张汉神聊的世界和勤勉世界的比照。前面已经说到，张汉是夜的游魂，日常生活的鬼。但深想下去，我们又发现，每晚九点他的到来竟是勤勉世界的节日，他的一阵天南地北竟能暂时性地摧毁等级体系，带来绝无仅有的欢快和平等，就连陈相公摊废了膏药，也"不会被发现，不会挨打"。更重要的是，他的神聊虽属道听途说，毕竟勾画出一个寥廓、深远、庄重得多的大世界来。相形之下，以王二为代表的勤勉世界显得太过渺小、局促，就是"大小解分清"比起五岳朝天来，也压根端不上台面，哪里像什么异秉。于是，那个大世界成了光鲜的所在，勤勉世界反而陷溺进暗影。暗影中，人人各守本分，却皆有向上的心，但再怎么向上，大世界的种种终如说书先生口中的起承转合，让人着迷，却全无干系，他们欣羡的焦点只是王二的"超摊子准铺子"，他们心目中的伟人证只是"大小解分清"，他们的生命注定在暗影里打转。汪曾祺戏谑似的道来这一切，背后却是难抑的悲哀。难怪他自陈，《异秉》带有一种对命运无可奈何转化而来的"苦味的嘲谑"[①]。正是嘲谑腐蚀掉勤勉世界的确凿性、唯一性，使我们置身于有点惶惑又有点欢快，撸袖攮臂跃跃欲试的相对性中。需要强调的是，腐蚀不是否定，而是温润和丰富了勤勉世界，使之不干枯、僵化，成为捆缚我们的桎梏。勤勉和向上，到底还是生命的基石。嘲谑挣出的这片暧昧却极富生长性的空间，使小说充满了弹性和余香。嘲谑其实就是《异秉》的灵光啊。

---

　　① 汪曾祺：《〈汪曾祺自选集〉自序》，《汪曾祺全集》（第9卷），人民文学出版社2019年版，第397页。

在汪曾祺看来，短篇小说"是一种思索方式，一种情感形态，是人类智慧的一种模样"①，情节（汪曾祺称为"事"）倒是愈益淡化的。《受戒》《大淖记事》虽轻情节而重风物，情节毕竟是有迹可寻的。特别是后者，巧云、十一子的恋爱故事称得上跌宕起伏。《异秉》则彻底摒除了情节，与遗忘拔河，让过往的意象自行呈现，并以一种松散却有力的戏剧性比照箍住这些意象，让它们展露出生命的肌理，表现出作家的敬畏和悲哀。所以，我可以肯定地说，《异秉》是最汪曾祺的短篇小说。

第四节　微缩的全景，微苦的生命
——论《八千岁》

从 1980 年以《受戒》惊艳文坛到 1997 年去世，汪曾祺看取世界的眼光和创作风貌一直在变。比如，1985 年，他在《八仙》中明白无误地说："我不认为八仙在我们的民族心理上是一个消极的因素。"②1987 年，他发了篇同题散文，却斩决地宣判八仙式"自在神仙"是一种庸俗的生活理想，"在中国的民族心理上，是一个消极的因素"③。短短两年时间，他何以截然改变了对于八仙的看法？此一改变是否透露出他的生命态度的某种本质性变化？仔细甄别这两种论调，我发现他赞许八仙是有前提的——我们这个民族身受的过量苦难。他说："八仙是我们这个劳苦的民族对于逍遥的生活的一种缥缈的向往。我们的民族太苦了啊，你能不许他们有一点希望吗？"④八仙原来是深渊里的补偿性想象。当"反右""文革"和"挂"起来审查两年多等苦难记忆愈益远去，他能够较从容、自我地体认世界、抒发心性时，便觉出了八仙崇拜散发出的阵阵腐臭。看法的改变原来根源于苦难底色的由浓转淡。所以，苦难的远近、浓淡应该是考察汪曾祺创作嬗变成因的重要出发点。

由此启示观照汪曾祺的小说，该有何种收获？他刚复出时，"文革"诸苦仍如毒蛇咬啮着他，此时的《受戒》《大淖记事》《异秉》等小说看似冲淡、温馨，其实被苦难紧紧缚住，潜隐着太多的辛酸、恐惧和祈望。这

---

① 汪曾祺：《短篇小说的本质——在解鞋带和刷牙的时候之四》，《汪曾祺全集》（第 9 卷），人民文学出版社 2019 年版，第 16 页。

② 汪曾祺：《八仙》，《汪曾祺全集》（第 4 卷），人民文学出版社 2019 年版，第 285 页。

③ 汪曾祺：《八仙》，《汪曾祺全集》（第 4 卷），人民文学出版社 2019 年版，第 341 页。

④ 汪曾祺：《八仙》，《汪曾祺全集》（第 4 卷），人民文学出版社 2019 年版，第 285 页。

些在苦难之水中泡过太久的优美篇什对于彼时作者、读者的心理安抚，就如八仙的逍遥自在对于"太苦"的国人的慰藉。但是，当他越发名重，苦难阴影渐次消退后，便不再编织那么纯美的梦境使人们忘却苦难，不再小心翼翼地开拓力量之源使人们战胜苦难，而能够专注于文体之美，能够更舒展地、多角度地切入真切人生。

1983 年的《八千岁》，即是转变之始。

一、复现出一个时代的变迁来

《八千岁》结体极佳，最能证明"我大概是一个文体家"[①] 的说法，绝非汪曾祺的自吹自擂。

小说犹如人物列传，先说八千岁，然后讲宋侉子，再提虞小兰，最后写八舅太爷。这些人物传记又不是松松垮垮地堆垒到一处，而是用巧妙的勾连，一个带出一个来，就像大家手牵着手，鱼贯而出。比如，八千岁专章结尾处，说到那两匹大黑骡子，是八百现大洋从宋侉子手里买来的，自自然然地引出宋侉子。宋侉子交待完了，若不经意地说一句"宋侉子每年挣的钱不少。有了钱，就都花在虞小兰的家里"，[②] 顺畅地转入虞小兰的故事。从虞小兰长得像水蜜桃，路人见了，不禁放慢脚步好生看上几眼，就连"八千岁也曾看过"，再次进入八千岁的传记。介绍完八千岁富庶却极悭吝的生涯后，用"八千岁万万没有想到，他会碰上一个八舅太爷"，把八舅太爷拉出场，并在他的传记中，让大家交集。这种写法，很像《水浒传》割开篇幅一环套一环地分说林冲、武松、宋江等好汉，等他们全都啸聚水泊后，再讲述一个绿林乌托邦的陆沉；也像鲁迅所论述的《儒林外史》："惟全书无主干，仅驱使各种人物，行列而来，事与其来俱起，亦与其去俱讫，虽云长篇，颇同短制；但如集诸碎锦，合为帖子，虽非巨幅，而时见珍异，因亦娱心，使人刮目矣。"[③] 汪曾祺看似极现代的构思，其实有十分悠远的依托。

各色人等的列传相勾连，便能摹写出时代总貌。《水浒传》为我们描画出一幅上到皇帝达宦下至贩夫走卒的北宋末年的社会全景图。《儒林外

[①] 汪曾祺：《认识到的和没有认识的自己》，《汪曾祺全集》（第 9 卷），人民文学出版社 2019 年版，第 490 页。

[②] 有关《八千岁》的引文，均出自《汪曾祺全集》（第 2 卷），人民文学出版社 299—312 年版，第 490 页。

[③] 鲁迅：《中国小说史略》，《鲁迅全集》（第 9 卷），人民文学出版社 2005 年版，第 229 页。

史》让官师、儒者、名士、山人、市井细民，一一现身纸上，给后世留下一段亦庄亦谐的"外史"。我们自然会想：《八千岁》如此结体，也应复现出一个时代来吧？只是，短篇小说如此逼仄的篇幅怎能容得下一个时代的风云？汪曾祺该要有何等老辣的手腕，才能于方寸之间掀起惊雷？

汪曾祺自有几十篇桐城派古文锻出的一手洗炼文笔[①]，能以闲笔不动声色地暗示出时代的翻云覆雨。全景图也是可以微缩的。只是他跟鲁迅一样，非常罕见地以古典之"文法"为小说，即不以讲故事为旨归，处处讲求风骨，注重微言大义，留心前呼后应，甚至以用典的方式达成意义的增殖。所以，我们若不以读古文的耐心和审慎，留意他潜心埋设的一个个纽结，就只能错过这幅二十世纪二三十年代高邮的"清明上河图"，更无从理解图中吐纳的时代风云。

汪曾祺大致勾画出彼时彼地三种势力的消长。

第一股势力是勤俭发家的手艺人、生意人，用汪曾祺的话说，就是市民。他一直迷恋这类人。1948年版《异秉》已经写到王二如何辛辛苦苦十多年，盘来隔壁旱烟店的半边门面，"擢升"为"二老板"。1980年版《异秉》更扎扎实实、绵绵密密地揭出王二勤勉生涯内蕴的温暖和诗意。到了1985年，他意犹未尽，在《故人往事·如意楼和得意楼》里写到辛劳、节俭、正"走旺字"的胡老二，为他向上的努力而心生敬畏和喟叹："一个人要兴旺发达，得有那么一点精神。"有趣的是，他们都行二。汪曾祺曾说过："大哥笨、二哥憨，只有老三往往是聪明伶俐的。中国语言往往反映出只可意会的、潜在复杂的社会心理。"[②]而王二、胡老二这些"二哥"心无旁骛地经营家业的"憨"劲，正是他最珍视的。八千岁同样靠节俭和汗水，从八千钱起家了。他的身家可不只是王二的"超摊子准铺子"，也不只是胡老二"本小利微，经不起风雨"的如意楼，而是门面黯淡却极殷实的米店。人们都说："八千岁是一只螃蟹，有肉都在壳儿里。"他甚至已经有钱到，多家店铺贴有"僧道无缘""概不做保"的字条，独独他家贴了，"就不免引起路人侧目，同行议论"。富裕至此，还一毛不拔，岂不是为富不仁？八千岁的发达实在是市民处处谦抑却又步步逼人的鸿运的鲜明写照。

时势总是此起彼落的，市民世界三春草、雨后花地起来了，耕读传

[①] 汪曾祺：《我的创作生涯》，《汪曾祺全集》（第10卷），人民文学出版社2019年版，第71页。

[②] 汪曾祺：《〈水浒〉人物的绰号——鼓上蚤和拼命三郎》，《汪曾祺全集》（第5卷），人民文学出版社2019年版，第255页。

家的世家却急剧衰萎下去。败落世家的代表是夏家："夏家原是望族。他们聚族而居的大宅子的后面有很多大树，有合抱的大桂花，还有一湾流水，景色幽静，现在还被人称为夏家花园，但房屋已经残破不堪了。"败落的明证更是夏家把祠堂租给八千岁做仓廒。儒家以血缘关系为纽带，组构出等级分明却又谦恭礼让的社会，孝当然是核心德行。《论语》中弟子经常向孔子"问孝"。孔子说："生，事之以礼；死，葬之以礼，祭之以礼。"(《论语·为政篇》)孝原来必然联系到祭祀，联系到祖先崇拜。曾子甚至说："慎终，追远，民德归厚矣。"(《论语·学而篇》)祭祀竟有"再使风俗淳"的奇能。于是，供奉祖先牌位、举行祭仪的祠堂，便成了保持家族认同、维系伦理秩序的神圣场所。如今，夏家竟然租出神圣场所，改作仓廒，甚至一任显考显妣的牌位东倒西歪，落满鸽子粪，可见已经败落到了何等凄凉的程度，也可见礼教自身已经溃散、调零，连最忠实的信徒——世家——都弃之如敝屣了。这时，"五四"闯将直捣孔家店、重估一切价值的热潮刚刚退去。"新文化运动"在国人灵魂里闹革命，竟有如此成效？汪曾祺不切入此种火爆议题，一径淡淡地讲故事：城中地主收了租稻，并不过目，直接送到熟识的米店，由他们代为保管经营。"这些人家的大少爷，是连粮价也不知道的，一切全由米店店东经手。粮钱数目，只是一本良心账。"夏家说不定就是这样的地主，他家大少爷说不定也不知道粮价，败落实属必然。(想想《异秉》中的"张汉"，年轻时做过"幕"，走过很多地方，想来也是个儒生，如今一样地什么都不会干、不愿干，沦为食客。)而"良心账"实在是对双方的反讽：米店的良心是世家子弟聊以自慰的幌子，也是米店盘剥世家的借口。巨大的财富从世家源源不断地输入米店，八千岁的鸿运挡都挡不住的。就这样，需要用长河般的篇幅才能说清楚的各阶层的盛衰轨迹及原因，被汪曾祺轻轻点出。举重若轻的本领，算是登峰造极了吧。于此也可看出，礼教的分崩离析是由于"新文化运动"独占了话语空间，更由于世家丧失生存能力，礼教失去了现实基础。意识形态的大用，从来是知识分子一厢情愿的夸大。

汪曾祺说宋侉子"也是个世家子弟，从小爱胡闹，吃喝嫖赌，无所不为；花鸟虫鱼，无所不好"。"也"字不正说明，包括夏家在内的世家子弟，大抵是吃喝嫖赌、荡尽家财的败家子？汪曾祺的字里行间，都填得满满当当的。宋侉子一等父母弃世，就卖掉所剩田产，做起骡马贩，从世家坠落为市民。汪曾祺还特意说起他贩来两匹大黑骡子的传奇。传奇之"奇"更加乖离了"不偏之谓中，不易之谓庸"的中庸之道。而他有钱了就住在虞小兰家，"朝朝寒食，夜夜元宵"，没钱了就行走江湖，就彻底是个浪荡子，世家的不肖子孙了。当然，说他是不肖子孙并无贬义，只是一种描述而已。或者说，汪曾祺从不以道德臧否人物，而是心怀爱意地发掘人善。于是，他从宋侉子的放浪中发现了率性之美："在一起时，恩恩义义；分开时，潇潇洒洒。"宋侉子的破落史在别的作家手中，比如师陀，就成了《无望村的馆主》那样的满纸凄凉和怨恨。人的心性，真的各个不同。

虞小兰的遭遇则是世家败落的另一种方式。她母亲本是盐务道关老爷花四百两银子从堂子里买来的姨太太。关老爷死后，母女被赶出家门，母亲只能再次"扫榻留宾"，其后，母业女承。盐务道的骨血竟然做了妓女，关家人竟然不愿干涉也无力干涉，可见世家已败落到什么程度。

市民取代世家成为时代砥柱，虽有巧取豪夺的嫌疑，却也是聚沙成塔，勤勤恳恳的。世家倾颓，分明是气数已尽，也就不怨天、不尤人。于是，兴旺的、破落的各按本分过下去，竟也形成新的安稳，一个祛魅的、讲实利的市民世界渐次成型。需要强调的是，汪曾祺意义上的市民世界虽已挣出礼教束缚，却还未进入现代，而是处于从宗法社会向现代社会过渡的阶段。很快抗战军兴，第三股势力——军阀——横空出世，安稳又被打破。算来算去，市民世界只能在二十世纪二三十年代昙花一现。汪曾祺的复现弥足珍贵。

八舅太爷从小就是个浪子。相比较宋侉子的旧式颓靡，他多了份时髦和匪气。他篮球打得漂亮，读过体育师范，上过美专。他初三就写恐吓信敲诈，后来在上海入了青帮，辗转进了军队，成了旅座，抗战时入驻里下河地区。有趣的是，他时髦却又不忘传统：喜欢京戏，时常约来名票名媛，吹拉弹唱一整天；匪气却又风雅："他的画宗法吴昌硕，大刀阔斧，很有点霸悍之气。"不过，时髦与传统，匪气与风雅并未相激相荡，深深拓开他的生命厚度，而是各不相干地杂陈着，越发显出他的浅薄和四不像——时髦和传统都取皮毛，风雅只是附庸，就连匪气都收敛了杀气。汪曾祺又闲中着色地说到他的两方压角图章。一方是"戎马书生"，他竟把鱼肉一方当成"醉里挑灯看剑"般生涯，无知到了清浅，粗豪得略略妩媚。一方是"富贵英雄美丈夫"，《紫钗记·折柳阳关》里的词句，看来他又自比陇西才子李益。汪曾祺不怀好意地说："他认为这是中国文学里最好的词句。"汪曾祺自己肯定不这样认为，故意让一个没有资格认为却又自负、颟顸地以为自己肯定有资格认为的人去认为，反讽之意毕露。但是，八舅太爷自顾自地真那么认为了，不又有些憨态可掬？就这么个稀里糊涂的家伙，大剌剌地成了彼时高邮最气焰熏天的势力。汪曾祺一路说来，有点厌弃，有点喜欢，有点调侃。此一含混之至的叙事态度，正是小说最迷人的地方。清晰是现代小说之敌。

汪曾祺还说，在上海时，八舅太爷曾穿一套铁机纺绸裤褂拉黄包车。别人不敢坐，长三堂子的妓女、舞女可不在乎。她们想："俫弗是要白相相吗？格么好，大家白相白相！又不是阎瑞生，怕点啥！"这段似乎寻常的描写，却暗藏玄机。1920年，上海某洋行职员阎瑞生嗜赌成性，挥金如土，身负重债，便设计谋杀名妓"花国总理"王莲英，后被处以极刑。此案披露后，轰动洋场，各种文艺体式纷纷跟进。文明戏《阎瑞生》久演不衰，麒麟童（周信芳）主演连台本戏《枪毙阎瑞生》，文坛也出现"阎热"。1921年的电影《阎瑞生》，更因"素材的新闻性和视觉处理方式的纪实性"，产生了"颇为轰动的营业效果"①。这场在上海发生的谋杀案及其引发的一浪高过一浪的"阎瑞生热"，无法嫁接入高邮的"故人往事"里。汪曾祺便把它焙制成一个典故，不着痕迹地插入八舅太爷和妓女的调笑中。彼时高邮的风物人情便不再是一隅的、孤立的，而被插入由"阎瑞生"三个字暗示出的大背景中。此一背景不仅有洋行、赌博、花魁、凶杀等元素组构成的海上艳异的繁华，更有报业、文明戏、电影的勃兴勾画出的中国现代性历程。八千岁、宋侉子后来的霉运，看似东风无意吹皱了一池春水，其实是现代性在战火助推下入侵宁静小城后必然引发的动荡。《异秉》《大淖记事》虽也杂写三教九流，却未兼及现代性背景，只能呈出一个封闭、退色的小城。只是，此种用典纯属"文"的做法，考验着读者的细心和知识面。读懂《八千岁》，是难的。

悉心摹写彼时彼地社会各阶层势力的损益、圆缺，并把它牢牢铆入现代性变迁史，一部丰满、扎实的民族志便诞生了。《八千岁》不像汪曾祺所推崇的短篇小说样式，"是一种思索方式，一种情感形态，是人类智慧的一种模样"②，而是以短篇小说的篇幅容纳了长篇小说的广阔世界。而且，正因篇幅的短小，使得此种容纳不是长篇式的铺排，而是深文周纳、处处留白。就这样，汪曾祺把短篇小说文体抻了又抻，极大地拓展了它的表现

---

① 陆弘石、舒晓鸣：《中国电影史》，文化艺术出版社1998年版，第10页。汪曾祺似乎非常钟爱阎瑞生的故事，《露水》中的"她"，唱的就是《枪毙阎瑞生·莲英惊梦》的一段，汪曾祺还详尽解释了故事的来龙去脉。值得一说的是，2014年上映的姜文执导的电影《一步之遥》，也取材自阎瑞生案。此外，邵元宝于2017年发表数篇文章论述汪曾祺小说世界中的上海以及上海对于高邮的影响，亦可参看，特别是《上海令高邮疯狂——汪曾祺故里小说别解》，《文学评论》2017年第6期。

② 汪曾祺：《短篇小说的本质——在解鞋带和刷牙的时候之四》，《汪曾祺全集》（第9卷），人民文学出版社2019年版，第16页。

力。汪曾祺能够专注于此种文体实验，并复现出一个时代的变迁来，应该归因于他开始挣出苦难阴影，自在地切入了短篇小说文体和生命世界。创新从来离不开心态的从容。

二、"辛劳、笃实、轻甜、微苦的生活气息"

汪曾祺说，小时候上学要经过一条大街，一条弯弯曲曲的小巷，他喜欢一路看看两边的店铺、作坊：

> 我到银匠店里去看银匠在一个模子上錾出一个小罗汉，到竹器厂看师傅怎样把一根竹竿做成笆草的笆子，到车匠店看车匠用硬木车旋出各种形状的器物，看灯笼铺糊灯笼……这些店铺、这些手艺人使我深受感动，使我闻嗅到一种辛劳、笃实、轻甜、微苦的生活气息。①

这段追忆极似《从文自传》。这种相似并不能否定这段话的可靠性，而是表明，正是沈从文的追忆和塑造开凿出了汪曾祺相似的童年记忆，并使后者把这一记忆点染成一个温润的艺术世界。下面想问的是，市民世界的运势不正芝麻开花节节高吗，它的生活气息为何是辛劳、笃实、轻甜又微苦的？市民世界的风貌究竟怎样？

首先，市民世界专注于劳作时，美丽得近乎神圣。

汪曾祺很少写农民。酷烈的农活对于农人身心是极大的斫伤，是完全异己的。而锡匠、挑夫、卖熏烧的、卖水果的、车匠、皮匠等手艺人沉浸于劳作时，对于对象则有种"以神遇而不以目视"的契合。我甚至称之为"相遇"，一种把全部感情投注入工作的手艺人和带着人的手泽和体温的工具（而非冷冰冰的、与人相疏离的机器）之间的"相遇"。在此"相遇"中，手艺人的生命慢慢打开，打开到蓬勃，蓬勃得灿烂；工具则开启着、引导着这一打开，并在此打开中，获得了自身的辉耀。于是，王二切熏烧的两只手，也可以"像做着一种熟练的游戏，流转轻利，可又笔笔送到，不苟且，不油滑，像一个名角儿"。汪曾祺还觉得不够似的，在《故人往事·戴车匠》里，更让戴家车匠店地势比左右高出一截，如小小戏台，"戴车匠就好像在台上演戏"，演出一片天女散花的风情，让一帮孩子傻子似的一"看"半天：

---

① 汪曾祺：《自报家门——为熊猫丛书〈汪曾祺小说选〉作》，《汪曾祺全集》（第 5 卷），人民文学出版社 2019 年版，第 105 页。

戴车匠踩动踏板，执料就刀，镟刀轻轻地吟叫着，吐出细细的木花。木花如书带草，如韭菜叶，如番瓜瓤，有白的、浅黄的、粉红的、淡紫的，落在地面上，落在戴车匠的脚上，很好看。

　　八千岁每天生活非常单调，无非量米、看稻样。但是，当"前头"没事，来到后身时，如此枯燥的人也有了一场美丽的"相遇"。这地方大部分米店改用机器轧米了，他还用碾子。因为他舍不得这副碾子，舍不得这五匹大骡子。一连两个"舍不得"，道出人与工具撕扯不开的交融。在此交融中，八千岁何等欣悦和沉酣啊。他喜欢碾坊暗暗的光，喜欢骡子粪的味道，喜欢看碾米师傅牵出大黑子或二黑子（多么亲昵的称呼啊！），喜欢看它们撒尿，喜欢看碾子转，喜欢这种不紧不慢的呼呼的声音（多么舒缓的前现代声音啊！），还喜欢细糠的香味。从一长串叠加起来的"喜欢"中，你能体会到八千岁无关乎事功的迷醉吗？能感觉到他忘情于劳作时，整个对象世界向他散发出的神秘性光辉吗？能领悟到其中竟有一种宗教性的庄严和力量，这原来是一宗"爱的事业"吗？

　　其次，市民世界的优美和庄严并不流于空洞和高蹈，而是由辛劳和笃实打底的。沉甸甸的汗水，使得优美和庄严更添几分生之厚重。

　　八千岁的左邻赵厨房会做满汉全席，祖传一套五福拱寿油红彩的满堂红的细瓷器皿，右舍则专做粗面少油的"草炉烧饼"。《晚饭花·三姊妹出嫁》里，秦老吉的馄饨担子都可以好像是"《东京梦华录》时期的东西，李嵩笔下画出来的玩意儿"，那么，汪曾祺没有理由放过这套细瓷器皿，放过赵厨房做菜时近乎辉煌的美丽。但是，他只敷衍地说，"每天听得见左边煎炒烹炸的声音，闻得到鸡鸭鱼肉的香味"。相反，他这样描写右舍："也闻得见右边传来的一阵一阵烧饼出炉时的香味，听得见打烧饼的槌子击案的有节奏的声音：定定郭，定定郭，定郭定郭定定郭，定，定，定……"烧饼能有什么香味呢，何况在鸡鸭鱼肉香味的映衬下？但他就坚定地说"也"闻得见，还兴致勃勃地模拟打烧饼的声音。那一连串拟声词该是他童年记忆里最动人的声音吧？那么轻快，那么确凿，简直是生的欢歌。他对右舍的偏爱一目了然。为什么？就因为"这种烧饼便宜，也实在"，食取果腹嘛。简朴的自奉、笃实的劳作，才能铸就坚实的生命，生命才能弥满美丽和庄严。

　　八千岁的"二马裾"也既便宜又实在："衣取蔽体，下面的一截没有用处，要么么长干什么？"八千岁正是"草炉烧饼"一样的人啊。汪曾祺对他的生命态度的肯定，同样一目了然。他的辛劳、精明都不用说了，汪曾祺还竭力渲染他的悭吝，以表明他对自身辛劳的过分珍惜，从而进一步夯实这份辛劳。此地兴"吃晚茶"，大都是干拌面。他家在"万"不能省的情况下，一人两个烧饼。他是"大都"之外的。早上有客，一般上茶馆吃一笼"杂花色"，他也循"例"待客，自己却不吃包点，还是带两个烧饼去。他是"例"外的。就连米店养鸽子是通"例"，他也踌躇良久才同意儿子养。他仍在"例"外。"例"是市民世界辛劳、笃实的惯例，他处身"例"外，就是把这份辛劳和笃实加重了好几倍。也许，这就是他能够成为市民世界标杆的原因吧。

最后，如此美丽、实在的生命，却不得不带点苦味。苦味的由来有三。

其一，汪曾祺不禁会想，八千岁的生命又有什么意义呢？生命的价值就是从八千钱一下子跳到米店，过程可以一任日复一日的辛劳和锱铢必较空洞化？小说开头，他郑重其事、啰里啰唆地为我们反复换算，八千钱就是两块七角钱，还煞有介事地问："为什么整整是八千钱，不是七千九，不是八千一？"这一毫无意义的琢磨以戏拟的方式瓦解掉市民世界的生命逻辑，瓦解掉八千岁一砖一瓦细细砌就的大厦。那么笃实的世界竟如此脆弱，生命如何不苦？他的生命在八舅太爷眼中更显卑琐："他肯花八百块钱买两匹骡子，还不能花八百块钱买一条命吗？"人命还真的不一定比骡子值钱。还是虞小兰一针见血："这个人一辈子省吃俭用，也怪可怜的。"生命不仅微苦，还可怜。

其二，礼教零落，市民世界初步成型，却又被战火和现代性的重锤击破，新市民宋侉子和老市民八千岁皆无还手之力。小说一再比照宋侉子的荒唐怪诞和八千岁的笃实克己，似乎颇为欣赏前者。比如，宋侉子钱全花在虞小兰身上，八千岁也认为她"长得是真好看"，不过又想："为一个姑娘花那么多钱，这值得么？"再如，宋侉子说麻雀是下酒的好东西，八千岁可不吃，"这有什么吃头！"但是，这些差异有什么意义呢？八舅太爷到来，"一见虞小兰，相见恨晚"。"相"字暗示，"恨晚"绝不是单方面的。她成了他的红人，他调防前那么隆重地"别姬"，更说明"姬"的情愿。"在一起时，恩恩义义；分开时，潇潇洒洒"只是欢场游戏罢了，根本不能当真。而爱人移情，宋侉子无能为力；当八舅太爷讹去踢雪乌骓，他也只得顺水推舟，假意慷慨。他的率性之美只是对于戏台上、小说里那些香艳故事的粗陋模仿而已，同样当不得真。他和八千岁的区别只是，都被敲了竹杠，人们这样劝他："你就当又在虞小兰家花了一笔钱吧"，连慰藉都这么香艳；这样劝八千岁："只当生了一场夹气伤寒"，全然吝啬鬼的思路。

而"是儿不死,是财不散"这一哄自己玩的精神胜利法,却是一样的。不哄自己玩,又能怎样呢?苦味由此而生。

汪曾祺一再说中国人心理"皮实",实在有太多自嘲、嘲人的苦味。

其三,汪曾祺那么喜欢市民世界的劳作,喜欢那些略略笨拙却又笃实、温润的工具,却不得不看到,这些很快就要消亡,世界将充斥机器的轰鸣。你看,大部分米店都用机器轧米了,八千岁的古典法子还能维持多久?赵厨房的细瓷器皿已锁在箱子里好些年,办满汉全席也是"多年没有的事了",就是办了,也买不到鸽子蛋,"就这几个,太小了"。就连戴车匠也如哲人般有了远忧:"车匠这一行恐怕不能永远延续下去。"果然,1981年,汪曾祺还乡,"戴家车匠店已经没有痕迹了。——侯家银匠店,杨家香店,也都没有了"。也许,戴车匠是"最后一个车匠"了,那种欣悦和沉酣再也不会有了。面对市民及其劳作世界的消逝,汪曾祺还能相对豁达。但是,细细想来,还是微苦的。

一个"辛劳、笃实、轻甜、微苦"的市民世界就这么过去了,世界不复宁静和从容。我们不禁担忧:八千岁们能跟得上世事的翻转吗?汪曾祺明白无误地说,能。变故后,八千岁刮去"僧道无缘""概不做保",穿上阴丹士林长袍,晚茶时把儿子拿来的烧饼往账桌上一拍,大声说:"给我去叫一碗三鲜面!"(比干拌面要高级啊!)以后,他还会有更多随时势起舞的地方吧。中国人是"韧"的。只是,"一拍""大声"等处透出太多的幽默和嘲谑:犯得着嘛,不就一碗三鲜面?汪曾祺说:"这种幽默出自于痛苦。唯痛苦乃能产生真幽默。唯有幽默,才能对万事平心静气。"[1]《八千岁》还是没有完全走出苦难阴影的笼罩。更大的变化,还在后面。

第五节 爱,所以远;亲,所以淡
——论《侯银匠》中的父女情

汪曾祺《侯银匠》一开头引用了一首童谣:"白果子树,开白花／南面来了小亲家／亲家亲家你请坐／你家女儿不成个货／叫你家女儿开开门／

---

[1] 汪曾祺:《平心静气——〈布衣文丛〉代序》,《汪曾祺全集》(第10卷),人民文学出版社2019年版,第398页。

指着大门骂门神／叫你家女儿扫扫地／拿着笤帚舞把戏……"①童谣所唱，是婆婆对亲家母痛诉自己的儿媳妇、对方的女儿的诸般劣迹，在婆婆口中，这个儿媳妇根本"不成个货"。不过，揆理度情，对一个母亲数落她的女儿的不是，无异于当面打脸，而打人不打脸恰恰是熟人社会的底线，这位婆婆如果确实打了亲家的脸的话，她就是一个撒泼、霸道的女人，撒泼、霸道的女人也许就是容不得人的恶婆婆，在恶婆婆那里，再怎么好的儿媳妇，也还是不堪的。所以，童谣也许另有所指。先看第一句，"白果子树，开白花"，这是起兴，由美好的意象所引出的歌咏对象一般是令人思念、神往的，就像由"蒹葭苍苍，白露为霜"引出"所谓伊人，在水一方"，也像此处引出了"南面来了小亲家"。亲家让她思念，突然间，就来了，真是喜出望外，欢喜之不足，还要给亲家冠上一个"小"字，"小"字所透露的，就是亲，她们原本就是亲的。甚至有理由设想，"摽梅"之前，她们就是闺蜜，当年的闺蜜后来成了亲家，是亲上加亲。于是，对如此亲的人说她女儿的不好，哪里是痛诉，分明是在以骂的方式表达太多、太满所以无以表达的宠溺：你看看，你把女儿惯得不像样子，让我一点办法都没有，我能有什么办法呢，谁叫我那么疼她？真是疼她啊，以至于在婆婆的描述中，这个骂门神、舞把戏的姑娘竟像是一个美艳凌人的花旦在满台翻飞。如果用多入声字的高邮话来读，童谣是锵锵、朗朗的，听得出这个滔滔不绝的婆婆有多自负：多么好的姑娘，她是你女儿，我儿媳妇。

　　那么，这个姑娘为何如此刁蛮？答案是，她是一个有妈的孩子，她是妈妈的宝。京剧《锁麟囊》一开幕，薛湘灵把偌大一个薛府闹得鸡飞狗跳，她就是要闹嘛，你能说得清一个待嫁姑娘的心是憧憬、渴望，还是不舍，甚至恐惧？无数说不清、道不明，乱麻一样纠结在一处的情绪，只能一闹了之，闹了，也不怕，因为她有妈。闹到妈都受不了，就拿出一堆宝贝，还有一只"锁麟囊"，说，女儿女儿你别闹，妈妈什么都给你。其实，女儿要的哪是什么宝贝，她只是在宣泄一股连妈妈都未必能够理解的无名目的"气"。果然，于归之日，"春秋亭外风雨暴"，她随手把"锁麟囊"赠给贫女赵守贞，不以为意地说："分我一枝珊瑚宝，安她半世凤凰巢。"被宠

---

① 童谣当然不是汪曾祺信手拈来，而是植根于他的童年记忆。1940 年，20 岁的汪曾祺写出小说《翠子》。小说并无足观，但它已经写到"晚期"汪曾祺将要大写特写的薛大娘，还说到了两首童谣。其中，"白果树，开白花，南面来了个小亲家"，与《侯银匠》开头的童谣高度吻合。此外，"板凳板凳歪歪，菊花菊花开开"，大概就是侯菊名字的由来——"菊花菊花开开"，无端地有一种素净的美好。有关《侯银匠》的引文，均出自《汪曾祺全集》（第 3 卷），人民文学出版社 2019 年版，第 330—333 页。

坏了的女儿原来有着一颗透明的心，刁蛮则是透明的另一面，没有刁蛮，透明就不够透、不够明。翁偶虹回忆，程砚秋要求他根据焦循《剧说》所转《只麈谭》的"赠囊"，写一部喜剧，在他看来，"程先生所需要的喜剧，并不是单纯地'团圆'、'欢喜'而已，他需要的是'狂飙暴雨都经过，次第春风到吾庐'的喜剧意境"[1]。这里不辨析喜剧概念的是非，只想说明，"狂飙暴雨都经过，次第春风到吾庐"有着一种骨子里的安稳、自信，而薛湘灵和童谣中姑娘的安稳、自信，源自她们生命的完整，她们都是被妈妈宠坏了的女儿。

至此，我们终于可以明白，汪曾祺为什么要在侯银匠、侯菊父女的故事前面加上这么一个看起来毫不相干的楔子，他就是要让楔子与正文之间形成一种彼此对话、参照的张力，于是，有妈的女儿越是刁蛮，读者就越是有兴趣知道：没妈的女儿呢？她和她爸爸的生活又会是一种什么样的状态？

在汪曾祺看来，最美好的亲情只能存在于（祖）父（孙）女，特别是老鳏夫与小小雌孤雏之间。除了侯银匠和侯菊，《大淖记事》里巧云的妈妈在她很小的时候就跟人跑了，他老师沈从文的名篇《边城》，翠翠也只有一个爷爷，他喜欢的京剧《打渔杀家》[2]，同样是老萧恩与女儿萧桂英相依为命。如果调换一下，寡母与独子度日，情况则可能是非常不堪的，有他的《百蝶图》为证。卖绒花的货郎（能有多大出息？）小陈三跟王小玉好上了，小玉是个美人，手又巧，能绣《百蝶图》。小陈三向寡母提出要把小玉娶过来，她大喊，不行，小玉太好看，太聪明，太能干，是个人尖子，她家绝对不能有个人尖子，她宁可要一个窝窝囊囊的儿媳妇，否则，把她往哪儿搁？他把这种感情径自归入"恶毒"："她为什么有如此恶毒的感情，连她自己也莫名其妙。"

下面说正文。第一段是对侯银匠工作状态的描写。在汪曾祺笔下，车匠、切熏烧的、做锡器的、编芦席的，这些手工业者与对象融为一体的时

---

[1] 翁偶虹：《知音八曲寄秋声》，《翁偶虹编剧生涯》，同心出版社2008年版，第126页。
[2] 汪曾祺多次谈及《打渔杀家》中感人至深的"父女之爱"。他说，小时候听梅兰芳的唱片，梅先生一念到"孩儿舍不得爹爹"，"我的眼泪刷地一下子下来了"。一般演员则演不出这样的效果，因为他们把握不准人物的关系："萧恩和桂英不是通常的父女。桂英幼年丧母，父女二人，相依为命。萧恩又当爸，又当妈，风里雨里，把桂英拉扯大，他非常疼爱这个独生女儿。由于爸爸的疼爱，桂英才格外的娇痴——不懂事。桂英不懂事，更衬托出失势的英雄萧恩毁家报仇的满腔悲愤。"见《打渔杀家》，《汪曾祺全集》（第9卷），人民文学出版社2019年版，第463页。

候,俱有一种沉浸和飞扬,是美的,汪曾祺不由感慨:"一个人走进他的工作,是叫人感动的。"不过,侯银匠拿着一把小锤子,一天到晚丁丁笃笃地敲,哪里谈得上什么美不美,他毋宁是琐屑的、沉闷的,一如他琐屑、沉闷的鳏夫生涯,他所能做、要做的,不过是一锤子一锤子,燕子衔泥般为他女儿敲出一个还算是过得下去的生活。

第二段说花轿,汪曾祺还明知故问,"银匠店出租花轿,不知是一个什么道理"。这是为下文打一个伏笔,此处不提。为了夸赞菊子能干,第三段用了很多最高级的副词,比如,"很能干""全撑了起来""事事都做得很精到"。以"淡淡"文章自诩的汪曾祺罕见地连用多个最高级的副词,当然是要表达怒赞,更是在曲折地传递疼惜:谁家的女儿不是父母的心头肉,凭什么让菊子这么能干,而且,还是在别的同年的女孩子"还只知道"梳妆打扮、抓子儿、踢毽子的时候?不过,她怎么可能不能干,总不能把这些活丢给爸爸干,她是不得不能干,她越能干,就越让人心酸。有的女孩子躲懒贪玩,妈妈会骂:"你看人家侯菊!"这是对自己孩子的责备,也是对菊子的心疼:没妈的孩子真是可怜。就是这么一个能干到让人难过的小姑娘和她的一天到晚丁丁笃笃敲着银器的爸爸,一起组构成一个寒素的家,这个家里别无长物,有的只是父女彼此的体恤,他们一定要把自己分内的事情做到最好,不让对方有一丁点牵挂和分心。

接下来说到菊子的婚事。头几年就不断有媒人来提亲,银匠总是说,孩子还小,大概是都不太中意吧,就这么一个女儿,她必须有一个尽可能好的归宿,她受一丁点伤害,在自己这里是要加上好几倍的。终于,看定一家,粮行陆家的老三。粮行意味着殷实,这倒在其次,重要的是这个人。这个人是老三。说"拼命三郎石秀"时,汪曾祺评论:"'拼命'和'三郎'放在一起,便产生一种特殊的意境,产生一种美感。大郎、二郎都不成,就得是三郎。这有什么道理可说呢?大哥笨、二哥憨,只有老三往往是聪明伶俐的。中国语言往往反映出只可意会的、潜在复杂的社会心理。"[1] 想想《家》里的觉新、觉民、觉慧,就会知道汪曾祺所言不谬,老三身上总是集万千宠爱的,就连《百蝶图》里的小货郎,明明是个独子,"也许因为他人缘好,长得聪明清秀,这么叫着亲切",有些人就是没道理地喊他"小陈三"——不是这样的人物,怎么配得上王小玉?所以,不必赘言陆老三的种种好处,"只可意会的、潜在复杂的社会心理"已经提示我

---

[1] 汪曾祺:《〈水浒〉人物的绰号——鼓上蚤和拼命三郎》,《汪曾祺全集》(第5卷),人民文学出版社2019年版,第255页。

们，他是一个棒角色，他是菊子命中注定的情郎。银匠问菊子的意见，菊子说："爹作主！""爹作主"不过就是"我愿意"的含蓄表达。银匠又拿出陆老三的小照，菊子终于绷不住，噗嗤一声，笑了："他是我们学校的老师，教过我英文。"这就是大声喊出的"我愿意"了。想象一下，大几十年前，一个"果园城"一样寂静、沉闷的小城，教英文的老师该是多么清爽、摩登的角色啊，现在，汪曾祺说，就是他，只能是他，就要迎娶菊子了，汪曾祺对这个没妈的女儿真是充满着爱意，老银匠一样的父爱。

  侯菊十六那年订了婚，陆家不断派媒人来催办婚事，因为老大、老二媳妇没生养，陆老头想早点抱孙子。汪曾祺用了两个"三天一催，五天一催"。蹊跷的是，菊子"有点不耐烦"。在银匠店做姑娘的时候，她哪里可能不耐烦，她不耐烦，不就是找爸爸的麻烦？嫁到陆家后，她成了当家媳妇，陀螺一样转，她又怎么可能不耐烦，她不耐烦，整个陆家就转不起来。但是，就在她将嫁未嫁的当口，她既不属于侯家也不属于陆家，侯家、陆家都把她当心头肉，当座上宾，她这才第一次也是唯一一次做成一个被宠溺的女儿，她也可以是刁蛮的、骄娇的，你看，她不耐烦了！不过，不耐烦是程度最浅的刁蛮，何况她给出的理由还是"总得给人家一点时间准备准备"——就算在人生仅有的短暂的刁蛮时刻，她也是有分寸的，说到底，她还是那个能干、耐烦的女孩子。

  准备什么呢？两点。其一，银子过时了，且大嫂、二嫂家里都是有钱的，金子戴不完，她想要一点金首饰，人来客往的，不显得寒碜，"侯银匠知道这也是给当爹的做脸，于是加工细做，心里有点甜，又有点苦"。谁不想给自己的女儿一座金山银山呢，可他只有这么一点金子，这么一点金子就是"有点苦"的现实；只有这么一点金子，他也可以"加工细做"，做出世界上最美的首饰，他好像已经看到菊子戴着它们出嫁，她是最美的新娘，他还看到菊子戴着它们迎来送往，她是最美的主妇，他的心里又"有点甜"。"有点甜，又有点苦"，是汪曾祺对于寻常人家生活状态的概括，更是提炼、升华，它既是又不是寻常人家的生活状态，它带上了属于汪曾祺的清醇、透亮，或者说，汪曾祺从寻常人家的生活状态出发，开启出一种崭新的美好得令人心痛的境界。其二，她要那顶花轿，花轿是紫檀木的，骨架都还好，她要把它变成一顶新的。汪曾祺花了一整段的篇幅描写菊子如何装扮她的花轿：轿顶绣了丹凤朝阳，下面一圈鹅黄丝线流苏走水（汪曾祺不禁赞叹："'走水'这词儿想得真是美妙，轿子一抬起来，流苏随轿夫脚步轻轻地摆动起伏，真像是水在走。"），最出色的是轿前的飘带，"纳锦"的，"纳"的是两条金龙……汪曾祺说林斤澜："他常常是虚则实之，实则虚之；无话则长，有话则短。"①说的是林斤澜，实则是夫子自道。就像这段描写，在一般作家那里是无话可说的，但是，别人越是无话可说，他越是有话要说，因为菊子装扮花轿，跟银匠"加工细做"金首饰的心思是一样的，怎么可以不大说特说：她就这么点东西，只能用尽自己的巧思去装扮它，它是她对于自己今后婚姻生活所有想象的集中点，不能有半点瑕疵的。菊子还让爸爸给轿子安上两个银铃，"轿子一动，银铃碎响"，一路碎响的正是一颗清脆的女儿心。对比一下薛湘灵出嫁吧，那是豪奢的一路，花团锦簇，却少了一些人气——人气缘物而生，那些与人心连手、手连心的物。

转过来年，春暖花开，菊子出嫁，临上轿，菊子说，爹，您多保重，"鞭炮一响，老银匠的眼泪就下来了"。这是典范的"有话则短"：别说老鳏夫，就是一般人家嫁女，父亲都是最难过的那一个，不过，大家都有话要说的时候，何必再去说它，说不说，那股情感的洪流都在，而且，越是拦着不说，就越发汹涌，一决口，没法收拾的。

菊子要花轿，还有另一重打算：大嫂、二嫂有陪嫁，她有花轿，花轿出租（这么鲜亮的花轿，接亲的人家都愿租她的），每月都有进项，这是她的私房钱，想怎么花就怎么花。这就是穷人的孩子早当家了，知道经济独立的重要。更厉害的是，那样的大家庭里，财务一本账，具体到陆老三，是没多少钱的，更不可能允许他在一些无谓的东西上乱开销，她这才可以很豪气地对他说："以后你要买书，订杂志，要用钱，就从这抽屉里拿。"在大家庭看来无谓的东西，却是他的氧气，否则一个学英文的知识青年在那样的小城里怎么活得下去？就这样，她掌握了他的命脉。这点无伤大雅的"驭夫术"是对于《伤逝》的改写，这一次懂得爱必须有所附丽的不再是涓生，而是子君；也是对于张爱玲的呼应，张爱玲说："能够爱一个人爱到问他拿零用钱的程度，那是严格的试验"②，不过，这一次成了男的跟女的拿零花钱。菊子的生命舒舒展展开去，旺盛、蓬勃，真美。

往下是缕述菊子在陆家如何"事事都做得很精到"，汪曾祺用的是民间叙事诗一样的夸饰和铺排：老大爱吃硬饭，老二爱吃软饭，公公婆婆爱吃烂饭，各人吃菜咸淡也不同，菊子就是能在一口锅里煮出三样饭，一个盘子里炒出不同味道的菜……于是，婆婆把米柜钥匙交给她，公公把粮行

---

① 汪曾祺：《林斤澜的矮凳桥》，《汪曾祺全集》（第 9 卷），人民文学出版社 2019 年版，第 406 页。

② 张爱玲：《童言无忌》，《流言》，北京十月文艺出版社 2006 年版，第 4 页。

账簿交给她，她成了陆家的当家媳妇。真好啊，一棵小苗长成了大树，大家都依赖她。但是，汪曾祺轻轻加了一句："她才十七岁。"刚刚夸饰、铺排出来的完满被这五个字一下子戳破了，流溢出绝大的空洞和悲伤：一个十七岁的姑娘凭什么做这么多事，她为什么要做你们的田螺姑娘，她难道不是人生父母养的，她爸爸不心疼吗？

爸爸当然心疼，但爸爸管得着吗？她已经有了她的生活，她和爸爸的生活在她出嫁那一刻就已经分岔，或者说，分岔早已预设在那个地方，爸爸甜蜜又忧愁地等待着分岔的到来，并在分岔到来以后一日日地练习着如何习惯这个分岔，未有已时。于是，银匠常常觉得女儿还在身边，灯碗里的油快干了，就大喊，菊子，拿点油，及至无人应声，才笑了："老了！糊涂了！"糊涂当然不是因为老，而是不习惯，没办法习惯。女儿有时拎两瓶酒回来看他，椅子没坐热就走了，他想让她回来住几天，他知道办不到，陆家一天也离不开她。他也离不开她，更离不开她，不过，离不开，又能怎样？老银匠当然是欣慰的，因为女儿过得很好，越忙，就越好；更是感伤的，越欣慰，就越感伤。感伤的他常常觉得对不起女儿，"让她过早地懂事，过早地当家"。接连两个"过早地"，清楚地标记着银匠和汪曾祺的疼痛：当然要懂事、当家，但怎么可以这么早，晚一点，哪怕就晚一天，让她做一天的刁蛮小公主，不行吗？至此，关于菊子的人生最美也最痛的比喻也就水到渠成地浮现出来了："她好比一树桃子，还没有开花，就结了果子。"平实的一句话，其实是有典故的，就是《诗经·桃夭》。女人的一生，各阶段各有自己的美丽：少女如桃花，"灼灼"地开满枝头；人妇、人母如桃子挂在枝头，又大又多；成了老妇，也有一种静穆的美好，就像桃子摘光后一树"蓁蓁"的桃叶。但是，最美的还是"灼灼其华"的少女时代啊，那么灿烂、那么招摇，就像待嫁时的薛湘灵，也像童谣里那个已经嫁人的姑娘。菊子却跳过这个阶段，直接来到了"有蕡其实"，这是一个巨大的、无法填补的空洞，面对这个空洞，老银匠怎么可以不悲伤？

独自走在自己的岔路上，银匠觉得"有些孤独，有些凄凉"，这些孤独和凄凉，只能由他自己承受，不能告诉女儿，更不能打扰她。他不打牌、不下棋，只喝一点酒，两块茶干、二两酒，就够他消磨一晚上——消磨的是时间，是无法忍受但必须忍受的孤独和凄凉。他无端地想起他曾经在"一封书"样式的银簪子上錾过的两句唐诗，"姑苏城外寒山寺，夜半钟声到客船"，汪曾祺不忘加上一句，"有点文不对题"。说是不对题，就一定非常对题，或者说，难以言传的情绪只能用不对题的方式曲里拐弯地暗示出来，只有在不对题的对象上，银匠才能悯悯地体会着自己和女儿的关系，而这一有点温馨又有点残酷的关系是他平时所不忍深究的。把银匠的心境和诗的意境结合起来，两句诗可作如下解读：姑苏城内一片酣眠，夜半钟声打扰不了他们，反而成了梦的脉搏，沉稳、笃定地跳动着，他们睡得更深了。钟声传到客船，一声声敲打着旅人，他辗转不成眠，只能远远眺望酣眠中的姑苏城，此时，他越发地清楚，他是姑苏城永远的宾客，只能孤独地站在自己的客船。由此诗境回望侯银匠，我们仿佛看到，侯银匠也站在自己的客船上，眺望着菊子辛劳又安稳的婚后生活，但他决不会走下客船，朝菊子走去。他知道，爱她，就只能远远地看着她，亲她，就必须是淡淡的，仿佛自己心肠是硬的，并不太在意她是不是太苦、太累，也仿佛自己一个人过得很好，并不在意她是不是来看自己。

也许不算是题外话：这里说的是侯银匠、侯菊，指向的则是全天下的父女。

第三章 作为杂家、通才的汪曾祺

第一节 以"雅"化"花"
——论戏曲家汪曾祺的内在紧张

1982 年，随着《受戒》等小说陆续问世而"春来老树绽新芽"的汪曾祺作文自剖："我是两栖类。写小说，也写戏曲。"有人建议他专心写小说，因为京剧毕竟是另一种行当，也多多少少糟蹋了才华，他明确表示，还是要"双管齐下"。① 这些说法表明，作为北京京剧团的专业编剧，汪曾祺对于戏曲创作还是未免有情的。一个更应注意的事实是，凡有井水处皆能歌《沙家浜》《杜鹃山》，却未必知道《受戒》《大淖记事》《异秉》为何物，汪曾祺的剧本比他的小说更广泛地影响着中国人的精神生活。② 遗憾的是，一般人说到"汪曾祺"三个字时，所指大抵只是文学家汪曾祺，他的专业编剧身份一定程度上是被忽略和遮蔽的。这种有意无意的忽略，至少带来两个后果：1. 汪曾祺的多部原创或改编剧本以及大量戏论进入不了我们的研究视野，这个"两栖类"之一栖的面貌依旧晦暗不明。2. 他的两栖之间存在着持续、深入的渗透，其中的任一栖弄不清楚，对于另一栖的认知也就必定残缺不全。仅以《大淖记事》为例，我们起码可以从中看到他所钟爱的两部戏的影子：1. 十一子来自《白水滩》中的十一郎，他说，"如果我小时候没有看过《白水滩》，就写不出后来的十一子"③。2. 一个鳏夫领着一只孤雏在水边讨生活的模式，乍看是受《边城》的影响，实则也源于他一再说起的《打渔杀家》。实在是太喜欢萧恩、萧桂英这一对贫贱、患难的

---

① 汪曾祺：《两栖杂述》，《汪曾祺全集》（第 9 卷），人民文学出版社 2019 年版，第 197 页。

② 据陆建华回忆，1981 年高邮县委、县政府邀请汪曾祺还乡，时任县委书记之所以对此计划兴趣浓厚，不是因为《受戒》《大淖记事》和《异秉》正在大红大紫，而是因为"著名现代京剧《沙家浜》的主要执笔者就是汪曾祺"。见陆建华的《汪曾祺的春夏秋冬》，河南人民出版社 2005 年版，第 182-183 页。

③ 汪曾祺：《我是怎样和戏曲结缘的》，《汪曾祺全集》（第 9 卷），人民文学出版社 2019 年版，第 336 页。

父女了，他还写过侯银匠与侯菊之间"有点甜，又有点苦"的父女情。① 李笠翁说：写诗作文时，"必须远引曲譬，蕴藉包含。十分牢骚，还须留住六七分。八斗才学，止可使出二三升。稍欠和平，略施纵送，即谓失风人之旨，犯佻达之嫌，求为家弦户诵者难矣"②。《白水滩》《打渔杀家》不正是汪曾祺在《大淖记事》的文本深处含藏着的六七分牢骚和七八斗才学？至此，我可以总结，不懂汪曾祺看的、写的戏，就无法贴切理解他的小说，更不可能真正走进他的熔诗文、书画和戏曲于一炉的艺术世界。是时候把这个"两栖类"一直面目模糊的戏曲一栖描清楚、画分明，还他一个丰满、立体的本相了，本节正是一种尝试，一次努力。需要说明的是，在概览汪曾祺的剧本、戏论的同时，本节更为关注作为文学家的汪曾祺如何影响着作为剧作家的汪曾祺的创作，两栖状态给他的戏曲观带来哪些内在紧张，他又是怎样处理这些内在紧张的。

一、从汪曾祺对于《一捧雪》的改编说起

京剧《一捧雪》是一本传唱不衰的旧戏，其中的"审头""刺汤"更是生、旦、丑等行当各有胜场，梅兰芳、程砚秋、周信芳等大师俱有经典演绎的名折。改编这样的戏当然要慎之又慎，何处当改、怎样改，何处则一字不可易，都可看出改编者水平的高低以及戏曲观的特点。巧的是，1986年汪曾祺大改特改了《一捧雪》，这些太多、太大的改编处在在透露着他心目中的好京剧应该是什么样子，他对于现实中的京剧又有哪些强烈的不满。先看看汪曾祺本人对于改编情况的说明：

> 我所做的只有三件事。一是把原来《蓟州堂》莫成想起的心事，在前面写成明场。二是在《蓟州堂》与《法场》之间加了一场唱功戏：《长休饭、永别酒》(《五杯酒》)，对莫成的奴才心理作更深的揭示。三是加了一个副末，这个副末不但念，也唱。③

下面按照汪曾祺的说明，逐一论述这"三件事"。

（一）老本《一捧雪》一上来就是"搜杯"，改编本则把莫怀古收留汤

---

① 也许不算是题外话：起步期的贾平凹受到沈从文的影响，他的《小月前本》也是一个鳏夫（王和尚）领着一只孤雏（小月）在水边为人渡船过日，孤雏与两个男人发生爱的纠葛。
② ［清］李渔：《闲情偶寄·词曲部·宾白第四·语求肖似》，江巨荣、卢寿荣校注，上海古籍出版社 2000 年版，第 64 页。
③ 汪曾祺：《一捧雪》，《汪曾祺全集》（第 8 卷），人民文学出版社 2019 年版，第 290 页。

勤、莫怀古进京赴任、太夫人重托莫成、赛希夷为莫怀古和莫成相面、莫怀古把汤勤荐至严府等原本由人物（主要是莫成）唱念交代出来的冲突的前因和伏笔一一写成了明场，于是，"搜杯"之前就多出了"老夫人手捧一杯酒""钱塘江上船""海岱门相面""荐汤勤"四折。用明场交代前因和伏笔当然没什么问题，问题在于汪曾祺又不能不让莫成在《蓟州堂》一折中以独唱的方式把这一切为观众再说上一遍，因为这段独唱足够精彩，而他的改编原则正是"对原来精彩的唱念表演，最好尽量保留"，这样一来，前四折就显得多此一举了。更重要的是，老本登场即是"搜杯"，搜杯的过程中一边是气焰熏天、不得真杯不罢休的严世藩，一边是步步退让却又坚决不肯交出传家宝的莫怀古，中间还夹着一个心怀叵测、不住地煽风点火的汤勤，不可调和而且愈演愈烈的冲突把观众一下子席卷进"戏"的世界，这就好像《雷雨》拉开大幕便已是山雨欲来、管急弦繁。而改编本竟在"搜杯"之前凭空交代了长达四折的前因和伏笔，你能想象《雷雨》如果从三十年前周朴园和梅侍萍的相识、相恋一五一十地道来？从这个角度说，前四折不单多余，更破坏了剧本原本具有的戏剧性和紧张感。以汪曾祺的艺术修养，他当然不会不知道自己可能犯了戏曲创作的大忌，但他仍然出此"下策"的不得已的苦衷在于，他把全戏定格在了《法场》一折，悉数删除其后的"审头""刺汤""柳林会"等观众百听不厌的折子，于是，他就必须在前面加上长长一段铺叙，以确保剧本拥有足够的长度。那么，汪曾祺为什么执意要删掉明明精彩至极的"审头""刺汤"？"审头""刺汤"的绝对主角是汤勤，在这两折中汤勤充分展现出一只中山狼的本性，这一本性在勇于献身的莫成的映衬下显得格外的阴邪和丑陋，由此剧作者才能借着劫后余生的莫怀古之口顺理成章地说出"稀世珍宝换不来阖家团聚，善心助人须提防引狼近身"这一核心训诫。对此训诫，每一位善心的观众都可能心有戚戚焉，这也是《一捧雪》，特别是"审头""刺汤"得以传唱的心理基础。不过，在深受新文学浸染的汪曾祺看来，"农夫与蛇""东郭先生与狼"一类故事所具有的认识作用实在算不上"深刻"，深而又深的他感兴趣的是莫成舍身救主的义举给我们带来的反思："他的奴性，他的伦理道德观念，是我们民族心理的一个病灶。病灶，有时还会活动的。"汪曾祺还是念念不忘于新文学的国民性批判主题。要把一个"庸俗"的道德训诫故事一举"拔高"为一出专注于国民性批判的好戏，汪曾祺就必须果断删除由汤勤主导的"审头""刺汤"，让全戏终止于莫成的引颈就戮，以此成就莫成的唯一绝对主角身份。

（二）《蓟州堂》对于莫成的"救主之心"已有丝丝入扣的揭示，改编本还要加上一折《长休饭、永别酒》，让莫成更淋漓地倾吐他的奴才心声。汪曾祺的高明之处在于，他很清楚一个一味地奋不顾身、甚至压根不知有身的奴才并不足以动人，真正能够打动人的是这个奴才明明有身、惜身却还是义无反顾地献身的纠结过程。于是，他巧妙设置"五杯酒"，让莫成一杯酒吐露一重心事：一杯酒想起大老爷的恩重如山，二杯酒忆起太夫人的殷殷嘱咐，三杯酒可怜"文禄小娇生"有谁照应，四杯酒忿自己"无过犯为什么惨遭非刑"，五杯酒为自己能替主一死而大笑三声。五重心事中有抱怨、忿恨，有牵挂、不舍，但不管如何抱怨和不舍，他还是必须痛痛快快地为主身死，于是，他在酒到酣时大笑三声，这三声大笑既是身而为奴者的疾怒、哀悲，也是人生圆满时刻不可遏止的狂喜——莫成真的是"奴在心"啊。

（三）在中国的戏曲舞台上，莫成这种一心报主的奴才向来抢眼，比如《赵氏孤儿》中的程婴、公孙杵臼，《狸猫换太子》里的陈琳、寇珠，更不必说《宇宙锋》中的赵忠竟然跟莫成一样，都是由于与主人长得太像才能替主赴死的。这些人物有一个共同的好听名字——义仆。义仆之"义"是绝对的忠诚，无我的付出，更重要的是，"义"还要用他们的生命来完满，这种以鲜血染就、重达千钧的凛然大"义"当然具有勾魂摄魄的魔力，能够直取观众的心肝。如此一来，汪曾祺浓墨重彩写莫成的改编方案就潜藏着重大危险：他意欲鞭打莫成的奴才性格，但莫成及其背后的义仆系列天然具有移人情、撼人心的感染力，鞭打极有可能反转成歌颂。对此危险，汪曾祺心知肚明，"为了减弱感情色彩，促使观众思索"，他给剧本增加了一个副末，这个既念且唱的副末不仅负责开场，还要在每一折的结尾对故事或人物作出理性的拷问和评析，比如，"尊卑贵贱几千年，青史斑斑血未干。人命轻于一捧雪，奴才不值半文钱"，不一而足。这些理性评析正是改编者为剧本注入的新训诫，它们同时还具有一种隔离功能，把早已不能自已的观众从莫成感天动地的义举之中硬生生地拉拽而出，从而大大冲淡故事本身所具有的情感冲击力。

论述完以上"三件事"，我们已经很清楚，汪曾祺斩绝地站在老本《一捧雪》的伦理立场和审美原则的对立面，从现代启蒙理性的角度对它作出大刀阔斧的改编——他要的不再是感动，而是思索；不再以陈腐的忠孝节义来移人情（移人情是对观众的催眠），而是用启蒙理性来化人心（化人心则是询唤出观众的独立人格，使他们以自身在场）。也就是说，他就是要跟观众对着干，让他们克服自身的惰性，站起来，动起来，思索起来。一心跟观众过不去的写作态度同样鲜明地体现于戏曲歌舞剧《大劈棺》（1989年）。《宝莲灯》中的三圣母因越轨之爱被打入华山地牢，如同白娘子被永镇于雷峰塔，而沉香劈山救母就好比是一斧子砸烂了那道世世代代捆缚着中国妇女的爱情梦的紧箍咒，她们始终压抑着的爱情梦在斧头劈下去的瞬间得到了想象性的满足。到了《大劈棺》，田氏则是自己举斧劈棺来拯救自己的"一世欢娱"，她岂不是三圣母与沉香一身而二任，比他们二人还要来得光华灼灼？可是，三圣母是为爱受苦，田氏图的却是"枕上绸缪"，哪个观众会在剧场中跟着田氏一起直视自己一向羞于提起的性欲，情动于衷地看着她急煎煎喊出我要？要知道，在世俗的公共空间里，性欲即便不是脏的，也不可能像爱情一样获得不证自明的神圣性，更何况沉香劈开的是冰冷、邪恶的大山，田氏却是要劈棺砸开尸骨未寒的丈夫的脑袋，用他的脑髓来拯救新欢的性命，这种火急火燎、心痒难熬的春情，这一"哪管他千夫所指"的狠劲，观众不被吓坏、羞煞就不错了，还说什么共鸣、移情？正是由于观众（读者）一向羞耻于赤裸、公开的性欲，《大劈棺》的底本，《警世通言》中的《庄子休鼓盆成大道》才会让田氏愧悔自杀，并由她的"耻辱"下场总结出"富贵五更春梦，功名一片浮云。眼前骨肉亦非真，恩爱翻成仇恨"之类的庸俗教训。到了汪曾祺这里，观众是否接受得了根本无足轻重，他眼中的田氏劈棺竟是一桩比沉香救母来得更大胆、更辉煌的壮举，因为它唱出压抑千年的肉体的声音，让人做回最酣畅、最无羁的自己。这一壮举一来呼应着新文学自郁达夫始的性解放主题，二来也是"晚期"汪曾祺所沉迷的"不伦之性"[1]的惊艳一笔——汪曾祺在用写诗作文的方式写戏，戏之于他有时还是一个独抒性灵的工具。

二、"我想把京剧变成'新文学'"

对于汪曾祺来说，戏曲原来不是可有可无的娱乐工具，而是启蒙大众或者独抒性灵的圣器，如此我们便能懂得他所自道的那个初听起来有些不知所云的从事戏曲创作的初衷："在一次齐燕铭同志主持的座谈会上，我曾经说：'我搞京剧，是想来和京剧闹一阵别扭的。'简单地说，我想把京剧变成'新文学'。"[2] 所谓"新文学"，顾名思义应该包括两方面的含义：1. 必须是"文学"的；2. 还要是"新"的，这里的"新"说的不只是手法的更新换代，更是指思想的现代化。正是因为以新文学的标准来要求京剧

---

[1] 详见下一章对于汪曾祺"晚期"风格的论述。

[2] 汪曾祺：《我是怎样和戏曲结缘的》，《汪曾祺全集》（第9卷），人民文学出版社2019年版，第119页。

（戏曲）创作，汪曾祺才会提出一切戏都应该是"现代戏"的论断：

> 经过整理加工、加工得好的传统戏，新编的历史题材的戏，现代题材的戏，都应该是"现代戏"。就是说：都应该具有当代的思想、符合现代的审美观点、用现代的方法创作，使人对当代生活中的问题进行思索。①

在汪曾祺看来，戏曲真是太旧、太老了，它的前途只能在于实现"新"与"现代"的创造性转换，他的进化论文艺史观还是一目了然的。这样的戏曲观显然继承自"十七年"戏曲改革的主流意见，比如田汉就要求对旧戏进行全方位"消毒"：

> ……抛弃其有害于人民的腐朽的、落后的部份，如鼓吹奴才思想的，残酷、恐怖、野蛮、落后的部分，而保存和吸取其有利于人民的健康的、进步的部分，作为优秀传统继承下来，并在新民主主义的基础上加以发展……②

如此说来，汪曾祺还是由"十七年""戏改"所长养起来的一代剧作家，"十七年"文艺及其背后的时代精神对他的深远影响，怎么估计都是不过分的。稍有不同之处在于，汪曾祺所期待的是实现戏曲的现代化，"戏改"则是要锻造出一个作为"新文艺的重要组成部分"的"人民戏曲"，而现代与人民，当然不能画上等号。更多时候，汪曾祺会用"文学性"一词来置换"新文学"的说法，这是因为"文学性"一词具有更大的理论涵盖力：这里的"文学性"在表现手法上要求新颖和准确，在思想上则不仅内置着民主、科学等启蒙理念，还意味着对于现实的批判的张力，更指向对于"人"的全面挖掘、表现、捍卫和提升。这样一来，在汪曾祺的话语体系中，"把京剧变成'新文学'"的更精准、更常见的表述，就是要写出具备高度"文学性"的京剧，"文学性"才是戏曲的精魂。比如，他批评："京剧的文学性确实是很差，很多剧本简直是不知所云。"③他更断定："决定

---

① 汪曾祺：《从戏剧文学的角度看京剧的危机》，《汪曾祺全集》（第9卷），人民文学出版社2019年版，第119页。

② 田汉：《为爱国主义的人民新戏曲而奋斗》，《人民戏剧》1951年第2卷第6期。

③ 汪曾祺：《两栖杂述》，《汪曾祺全集》（第9卷），人民文学出版社2019年版，第200页。

一个剧种的兴衰的,首先是它的文学性,而不是唱念做打。"①请注意,这是一个至关重要的理论判断——戏曲是一门综合艺术,需要各个门类的协调、配合,汪曾祺却不管不顾地把文学列在了诸种门类之首。这是汪曾祺对于戏曲本质的天才洞观,还是文学家汪曾祺对于剧作家汪曾祺的僭越?答案暂且不表,后面自会水落石出,不过,汪曾祺戏曲观的内在紧张至此已展露分明。

文学与戏曲毕竟是两种行当,汪曾祺只有充分证明它们确实存在着"血缘关系",才能为戏曲文学化的假说奠定坚实的理论基础。经过一番郑重比对,他提出戏曲与文学(主要是小说)具有家族相似性的三点证据:1. 西方古典戏剧的结构像山,中国戏曲的结构如水(也就是"定场戏"和"转场戏"之分),而如水般绵延不绝的结构正是小说所特有的。2. 戏曲不太重视冲突,"这种不假冲突,直接地抒写人物的心理、感情、情绪的构思,是小说的,非戏剧的"。3. 戏曲往往能容纳极精微的细节,这种闲中着色、涉笔成趣的手法也不是戏剧而是小说的。基于以上理由,汪曾祺有底气宣布:"戏曲和文学不是要离婚,而是要复婚。"②他还写了《从戏剧文学的角度看京剧的危机》一文,痛陈正是因为"离婚"太久,缺少"文学性"引领和滋养的现存京剧剧目从思想内容到表现形式存在着四大致命缺陷:1. 京剧的材料大多脱胎于讲史、演义,所说的无非是一些忠孝节义的故事,历史观相当陈旧。在另一篇文章中,他也有类似的表述:"相当多的戏曲剧目的一个致命的弱点,是缺乏思想,——能够追上现代思潮的新的思想。"③2. 讲史、演义只重故事,很少塑造人物,这又给京剧带来人物性格简单化的弊病。3. 由于文学经营手腕的极度匮乏,除了《四郎探母》等少数剧目,京剧大多结构松散。4. 京剧语言粗糙、俚俗,有些大段的唱词压根不通,不明所以。根治上述顽疾的唯一路径,只能是让戏曲跟文学"复婚",实现戏曲的文学化——从这个角度说,"复婚"不但是必须的,更是迫切的。

汪曾祺未必想到的是,把戏曲和文学"撮合"在一起,可不只是能够根治戏曲的陈旧、芜杂、粗陋之类毛病这么简单,它还必将给戏曲带来一

---

① 汪曾祺:《从戏剧文学的角度看京剧的危机》,《汪曾祺全集》(第9卷),人民文学出版社 2019 年版,第 119 页。

② 这一部分论述,参见汪曾祺的《中国戏曲和小说的血缘关系》一文,《汪曾祺全集》(第 10 卷),人民文学出版社 2019 年版,第 18-21 页。

③ 汪曾祺:《应该争取有思想的年轻一代——关于戏曲问题的冥想》,《汪曾祺全集》(第 9 卷),人民文学出版社 2019 年版,第 321 页。

系列重大的、颠覆性的改变：1. 编剧本位的确立。从前的戏曲创作以表演为中心，编剧、唱腔、舞美、布景、灯光等其他艺术门类的一切表达都必须围绕甚至依附于表演而展开。对此，汪曾祺颇为不平，他说："中国戏曲的问题，是表演对于文学太负心了！"[1] 他还说："京剧对剧本作用的压低也未免过分了一点。"[2] 当戏曲文学化以后，戏曲是要启蒙大众或者独抒性灵的，而不管是启蒙大众还是独抒性灵，它的出发点都只能是编剧，表演只是编剧之"镜"或"灯"的一种呈现手法而已。2. 观众地位的弱化。编剧本位一经确立，观众的地位必然大大弱化，他们不再是演员所要取悦的衣食父母，而是编剧意欲熏、浸、刺、提的对象，他们与新文学所想象的那个亟待被开启、被提升的读者并无二致。3. 剧本的案头化。剧本分为可看的与可演的两种，其中的荦荦大者当然是可演的，因为"演戏演戏，戏的价值依赖于演出来；看戏看戏，戏的生命仰仗于有人看"[3]。当戏曲文学化以后，编剧心灵的幽微、细节的欲语还休等文学的擅场未必是表演所能传达，更不是贤愚不等的观众在即时性的观演过程中所能体认，这将导致读到的剧本与演出来的剧本（用李渔的话说，就是"文人把玩之《西厢》"与"优人搬弄之《西厢》"）之间可能出现断裂，或者导致可看的全面压倒可演的。对此可能性，汪曾祺安之若素，因为他就是要"提高一下京剧的文学水平，提高其可读性"[4] 的。4. 执着于"人"的发现。囿于"演—看"模式的即时性以及观众水平的高低不一，戏曲人物的性格原本贵在直露而非含藏，贵在单一而非丰满，脸谱化就是戏曲人物性格之特点的集中展现，脸谱化人物给观众带来的不是理性的回味而是强大的情感冲击力。不过，当剧本不必可演却一定要可看时，编剧就有了曲尽人物的复杂性的可能，也只有写出了复杂性，人才不再是脸谱而成了鲜活的"人"，"人"给观众带来的不是感动而是思索。正是因为"其可贵处在于，笔下处处有人"，汪曾祺特别推崇《四进士》："我以为这出戏放在世界戏剧名作之林

---

[1] 汪曾祺：《中国戏曲和小说的血缘关系》，《汪曾祺全集》（第10卷），人民文学出版社2019年版，第21页。

[2] 汪曾祺：《京剧杞言——兼论荒诞喜剧〈歌代啸〉》，《汪曾祺全集》（第10卷），人民文学出版社2019年版，第183页。

[3] 陈多：《戏曲美学》，四川人民出版社2001年版，第41页。

[4] 汪曾祺：《两栖杂述》，《汪曾祺全集》（第9卷），人民文学出版社2019年版，第202页。

中，是毫不逊色的。"①《四进士》中的宋士杰也因为拥有了自身的复杂性而受到汪曾祺的一再称赞："宋士杰是真坏，可是他真好。他是个很坏的好人。这就是宋士杰，是一个有血有肉的活人，不一般化，不是大慈大悲救苦救难观世音菩萨。"② 一个"很坏的好人"只会令观众深思而不是感动，可是，即时性的观演过程中，思索如何可能？

接下来更严峻的问题是，完全脱胎换骨了的戏曲还是我们所喜闻乐见的那个戏曲吗？戏曲革新有没有一条不能逾越的红线？戏曲文学化操作起来又有多大的可行性？

三、根本分歧：编剧和观众，谁才是上帝？

戏曲文学化的愿景美则美矣，不过，我们也遗憾地看到，它亟欲根治的在戏曲创作中普遍存在的多种"顽疾"正是戏曲的本质特征，它试图为戏曲带来的颠覆性变化与戏曲的体裁特征和发展趋势可能背道而驰，它甚至有可能取消掉戏曲体裁本身。个中要点，略述如下：

（一）关于演员（表演）与编剧（文学）的关系，梅兰芳说得直白、明了：观众看戏，主要是看表演的，"群众的爱好程度，往往决定于演员的技术"③；焦菊隐论得理论、辩证："我们的传统戏剧文学，为表演效劳，但描写绝不为表演代庖。我们的传统表演艺术，尊重作为基础的文学剧本，但表演绝不止步于基础，而要在基础上建起堂皇的宫殿。"④ 文学为地基，表演才是宫殿，对于这一点，自幼爱好京剧，唱过老生和青衣的汪曾祺不但无法否认，还在一定程度上表达过认同。他说，"决定一个剧种的特点的，首要的是它的唱"，京剧就是凭唱功上的大大发展而不是靠文学性的矫矫不群，才成为全国性大剧种的，也正是因为有了无数名家各有各"味儿"的唱，才让人不得不承认京剧也是文化，一种"没有文化的文化"，

---

① 汪曾祺：《两栖杂述》，《汪曾祺全集》（第9卷），人民文学出版社2019年版，第201页。

② 汪曾祺：《宋士杰——一个独特的典型》，《汪曾祺全集》（第9卷），人民文学出版社2019年版，第130页。

③ 梅兰芳：《中国京剧的表演艺术》，《梅兰芳文集》，中国戏剧家协会编，中国戏剧出版社1962年版，第31页。

④ 焦菊隐：《〈武则天〉导演杂记》，《焦菊隐戏剧论文集》，上海文艺出版社1979年版，第148页。

"其影响之深远,也许只有国画和中国烹饪可以与之相比"。①京剧轻文学、重表演的特质,必然导致更多时候是"人保戏"而不是"戏保人"——有了名家的经典演出才有了名剧、名段,而不是名剧、名段造就了名家。从这个角度说,是裘盛戎、李少春、叶盛兰这一大批幼小失学、质朴少文却又有着极高的艺术天分的名家造就了"京剧真正的黄金时代",而"黄金时代"一去不复返的根本原因在于一代名家陆续凋零,表演人才出现断层,跟文学不文学并没有必然联系——压根没有文学过,失落又从何说起?试想,倘若实现了编剧本位,写出深不可测、郁郁乎文哉的剧本,却没有了名家摄人心魄的表演,这样的戏曲还有人看吗?

(二)齐如山论戏有"无声不歌,无动不舞"②之说,在歌舞占绝对统治地位的戏曲舞台上,唱词必须严格服从于歌舞的韵律,决不能因词而害韵。这一点,明代何良俊的总结简明到武断:"宁声叶而辞不工,无宁辞工而声不叶。"③"声"和"韵"重于"词"的后果之一,就是评价好唱词的标准不是通不通、雅不雅,而是唱出来好不好听,舞起来好不好看,于是,许多鄙俚不通、不知所云的唱段因其音乐形象和视觉形象具有较高的艺术价值而深受观众的欢迎,它们甚至就是一些数百年来传演不衰的名段。④比如,《珠帘寨》中李克用的定场诗云:"李白斗酒诗百篇,长安市上酒家眠。摔死国舅段文楚,唐王一怒贬北番!"李克用和李太白怎么扯上了关系?再如,《花田错》有一句唱词:"桃花不比杏花黄……"桃花和杏花哪一个都不黄呀?可是,它们恰恰就是名剧、名段。在谈及具体剧目的时候,汪曾祺对于戏曲时常"词"浅、乱而"声"远、工的道理深有会心。他说,《大保国、探皇陵、二进宫》的故事找不到什么历史根据,词句多有不通,但很多人爱听,"包括文化程度高的人",原因就在于"这出戏有很多唱,唱腔好听,听起来过瘾"⑤。他还说,说到京剧唱词不通,都得举出《定军山》中的"来来来带过爷的马能行"中的"马能行"三个字,但"马能行"没法改,"因为这里有一个很漂亮的花腔,'行'字是'脑后摘音',改了即无

---

① 见汪曾祺《〈中国京剧〉序》一文,《汪曾祺全集》(第10卷),人民文学出版社2019年版,第362-365页。

② 齐如山:《齐如山自述》,安徽文艺出版社2014年版,第82页。

③ [明]何良俊:《四友斋丛说》,《中国历代剧论选注》,陈多、叶长海选注,上海古籍出版社2010年版,第122页。

④ 陈多:《戏曲美学》,四川人民出版社2001年版,第115-116页。

⑤ 汪曾祺:《叹皇陵》,《汪曾祺全集》(第10卷),人民文学出版社2019年版,第426页。

此效果"①。不过,当他不是就事论事而是跳出来综观京剧语言水准的时候,"文学性"的倨傲油然而生,京剧语言粗糙、错乱之类的指摘也就不绝于耳了。

（三）洛地说,戏曲本质上是"虚假"的,以至于"传奇传奇,越传越奇;以讹传讹,将错就错;以讹致讹,错上加错",但诸种"传""奇""讹""错"并不等于任意胡来,而是要服从于"鄙俚之俗情""悦观听之耳目"的,也就是说,戏曲有一条绝对原则:观众,"包括不识字的农匠贩卒、包括在现实生活中没有说话份的村妇乡妪"在内的观众,才是唯一的上帝。②以观众为上帝,力图让"观"者成"众",必然引发如下后果:1. 情本体。观众花钱看戏,就是要宣泄剩余情感的,于是,戏曲的所有设置和调度都必须围绕着"以情感人"而展开,用黄周星的话说,就是"论曲之妙无他,不过三字尽之,曰:'能感人'而已。感人者,喜则欲歌、欲舞,悲则欲泣、欲诉,怒则欲杀、欲割:生趣勃勃,生气凛凛之谓也"③。对此规律,陈多的十六字箴言说得更为凝练:"略泥存花,贯之以情,有情则长,无情则短。"④2."贵浅显"⑤。观众的欣赏水平参差不齐,要做到"雅俗同欢,智愚共赏",就必须以浅显为上,而"贵浅显"与情本体实质上又是二而一的——唯浅显才能感人,高深带来的则是思索。戏曲的浅显是全方位的,它首先是指在思想上贴近观众的忠孝节义观,而不是一味宣扬德先生、赛先生,即便有什么新训诫需要传递,也要落实到"饮食居处之内,布帛菽粟之间"。其次是说故事的模式化,只有模式化的故事才能够收纳观众复杂的、各个不同的情感,就像张爱玲的总结:"最流行的几十出京戏,每一出都供给了我们一个没有时间性质的,标准的形势——丈人嫌贫爱富,子弟不上进,家族之爱与性爱的冲突……"⑥最后还意味着唱词

---

① 汪曾祺:《马·谭·张·裘·赵——漫谈他们的演唱艺术》,《汪曾祺全集》（第10卷）,人民文学出版社2019年版,第48页。

② 见洛地《说破·虚假·团圆——中国民族戏剧艺术表现》的第二章《虚假》,吉林美术出版社1999年版,第68-165页。

③ [清]黄周星:《制曲枝语》,转引自《中国历代剧论选注》,陈多、叶长海选注,上海古籍出版社2010年版,第296页。

④ 陈多:《戏曲美学》,四川人民出版社2001年版,第185页。

⑤ 李渔强调戏曲唱词"贵浅显":"曲文之词采,与诗文之词采非但不同,且要判然相反。何也?诗文之词采,贵典雅而贱粗俗,宜蕴藉而忌分明。词曲不然,话则本之街谈巷议,事则取其直说明言。"见《闲情偶寄·词曲部·词采第二·贵显浅》,江巨荣、卢寿荣校注,上海古籍出版社1985年版,第33—34页。

⑥ 张爱玲:《洋人看京戏及其他》,《流言》,十月文艺出版社2009年版,第8页。

的通俗，汪曾祺对此体会甚多，他说，"看来引子、对子、诗，还是俗一点为好"①，他还说，"京剧唱词贵浅显"②，有时稍微雅了些，比如"风声紧雨意浓天低云淡"，就得马上接一句"水词"——"不由人一阵阵坐立不安"。对于观众才是上帝这一戏曲创作的根本原则，汪曾祺自有他的体认，在论及《四进士》的版本变迁时，他把观众称作是"一个具有睿智、天才的伟大的剧作家"——不是哪一位编剧的天才发挥，而是观众的欣赏喜好倒逼着主创对老本作出诸种删改，使得"情节集中了，主题明确了，人物突出了"③。他也清楚，如果说戏曲老了、陈旧了，首要的原因就是它的观众老了——"说他们老，一是说他们年纪大了，二是说他们的艺术观过于陈旧。"④观众的水准对于戏曲的衰荣原来起着主导作用。但是，在更多时候，他坚持认为编剧才是戏曲真正的"作者"，戏曲应该多一些才子戏（戏是才子心性和才情的流露），少一点行家戏（行家以高超技艺取悦观众）。戏曲既是才子的逞才之作，他就不太在意戏曲能否感动观众，而是强调戏曲对于人和世界的认知深度，于是，他一定要深挖人物的内心世界，塑造复杂、丰满的"人"。他还批评"夫贵妻荣""从一而终"之类观念过于陈旧，要求戏曲工作者，特别是编剧，必须具有深刻的现代思想。他更提倡唱词的全面雅化，他感慨京剧没有像《琵琶记》"吃糠"和"描容"那样真切写出眼前景、心中情的动人唱词，"京剧没有能够接上杂剧、传奇的传统，是它的一个很大的先天性的弱点"⑤。

遗憾的是，立志与京剧"闹一阵别扭"的结果却是，汪曾祺创作的"文学性"极强的剧本有的压根没有演出过，只是案头剧而已，演出过的，也大都"改得一塌糊涂"——"一塌糊涂"的大改特改的出发点和落脚点只能是观众，观众要是不爱看或者看不懂，还演什么戏？某些雅致、精巧的唱词，比如《擂鼓战金山》中的"楼船静泊黄天荡，战鼓遥传采石矶"，

---

① 汪曾祺：《用韵文想》，《汪曾祺全集》（第9卷），人民文学出版社2019年版，第352页。

② 汪曾祺：《浅处见才——谈写唱词》，《汪曾祺全集》（第9卷），人民文学出版社2019年版，第455页。

③ 汪曾祺：《笔下处处有人》，《汪曾祺全集》（第9卷），人民文学出版社2019年版，第83页。

④ 汪曾祺：《应该争取有思想的年轻一代——关于戏曲问题的冥想》，《汪曾祺全集》（第9卷），人民文学出版社2019年版，第321页。

⑤ 汪曾祺：《从戏剧文学的角度看京剧的危机》，《汪曾祺全集》（第9卷），人民文学出版社2019年版，第122页。

在台上也产生不了预期的效果，其原因也无非是太"文"了。太多挫折迫使汪曾祺在宣示要"双管齐下"的十一年后决定彻底告别菊坛："有人问我以后还写不写戏，不写了！"①"不写了"三个字是决绝，也是无奈，勃勃的改革野心，最终不得不以他的黯然退场收尾。

其实，早在清代，戏曲就有雅部、花部之分，雅部是指昆曲，所谓"雅"说的是"雅乐正声"，花部则指京剧、秦腔等"野调俗曲"，这里的"花"就是花杂、乱弹之谓。②雅部雅则雅矣，却已气若游丝，因为它离文人的案头近、距观众的剧场远。花部要粗鄙太多，却自有一股来自民间的盎然生机，使它能够锣鼓喧天、长长久久地活下去，就像张爱玲笔下的蹦蹦戏（评剧）花旦："将来的荒原下，断瓦颓垣里，只有蹦蹦戏花旦这样的女人，她能够夷然地活下去，去任何时代，任何社会里，到处是她的家。"③汪曾祺的问题在于，他能欣赏花部的粗鄙、火爆，却无法在理论上承认"花"自有其不可磨灭的价值和生意，一意要用"雅"来改造和提升它，他心目中的好戏曲只能是昆曲那样的"雅乐正声"。这一种以"雅"化"花"的不可能的努力使他的戏曲观充满了内在紧张，这一紧张最终在他的剧本中炸裂开来，他说到底还是、也只能是一位温文尔雅的文学家。

第二节 "更有一般堪笑处，六平方米作郇厨"
——论美食史上的汪曾祺

汪曾祺好吃，胃口好到让人"生气"，庞杂到"什么奇奇怪怪的东西都要买一点尝一尝"④。汪曾祺还好做吃的，他说，"这些年来我的业余爱好，

---

① 汪曾祺：《文集自序》，《汪曾祺全集》（第10卷），人民文学出版社2019年版，第284页。

② 晚明袁宏道在《瓶史·监戒》中把京剧的始祖之一"弋阳腔"列为与"庸僧谈禅""窗下狗斗"一样的大俗。不过，俗而又俗的"弋阳腔"的精魂还在它的后身京剧中摇曳。见《袁宏道集笺校》（卷二十四），钱伯城笺校，上海古籍出版社1981年版，第826页。

③ 张爱玲：《〈传奇〉再版的话》，《流言》，十月文艺出版社2009年版，第158页。

④ 汪曾祺：《泡茶馆——昆明忆旧之二》，《汪曾祺全集》（第4卷），人民文学出版社2019年版，第240页。汪曾祺在《吃食和文学（三题）》一文中讲过几则吃的轶事：其一，他去内蒙古体验生活，有位女同事闻到羊肉就恶心，看见他吃手抓羊肉、羊贝子，吃得那么香，"直生气"；其二，在西南联大读书时，他跟同学吹牛，"说没有我不吃的东西"，同学请他吃三个菜：凉拌苦瓜、炒苦瓜、苦瓜汤！他咬咬牙，全吃，从此，他也就吃苦瓜了。见《汪曾祺全集》（第4卷），人民文学出版社2019年版，第328、330页。

只有：写写字、画画画、做做菜"①，做菜是他重要的"文章杂事"。就是到了"大去"前夕，因为食道静脉曲张，不能吃硬的东西，他还庆幸中国有"世界第一"的豆腐，自信能捣鼓出一桌豆腐席来，"不怕"！② 汪曾祺更好谈吃，故乡的野菜、昆明的菌子、内蒙古的手把肉，种种四方、四时美食不断地涌现于他的笔端。"奉旨填词"的岁月里，他甚至闪现过撰写美食史的冲动："我很想退休之后，搞一本《中国烹饪史》，因为这实在很有意思，而我又还颇有点实践，但这只是一时浮想耳。"③ 好吃、好做吃的、好谈吃，以至于文艺界"谣传"，"说汪曾祺是美食家"。不过，一个做来做去无非是大煮干丝、凉拌杨花萝卜、塞肉回锅油条等家常小菜，说来说去也不过是"肉食者不鄙"和"鱼我所欲也"之类上不了台面的喜好的吃客，怎么能算是美食家？对于这一点，他很有自知之明："我不是像张大千那样的真正精于吃道的大家，我只是爱做做菜，爱琢磨如何能粗菜细做，爱谈吃。"④ 正是基于此，我在汪曾祺的美食家头衔上打了一个双引号。本节要讨论的问题是：心心念念于吃，汪曾祺为什么到头来只是一位名不副实的美食家？"美食家"的尴尬处抑或是独异处究竟在哪里？这样的尴尬处抑或是独异处该如何在中国饮食文化史上刻写下自己，它们又是怎样与他的小说创作此呼彼应起来的？

一、吃的非艺术化

一开始，吃之于中国人不仅是生理需要，更是伦理规范的发源和教化的神圣仪式。《礼记·礼运》说："夫礼之初始诸饮食。其燔黍捭豚，污尊而抔饮，蒉桴而土鼓，犹若可以致其敬于鬼神。"⑤ 向鬼神敬献饮食的仪式，原来就是礼之源头。礼不仅由吃所开启，更要经由吃的严明到丝丝入扣、壁垒森严的程序才能推行于万国、浸润于亿兆灵台，所以，《周礼·大宗

---

① 汪曾祺：《自得其乐》，《汪曾祺全集》《汪曾祺全集》（第 10 卷），人民文学出版社 2019 年版，第 176 页。

② 汪曾祺：《〈旅食与文化〉题记》，《汪曾祺全集》（第 10 卷），人民文学出版社 2019 年版，第 409 页。值得一提的是，江淮一带把办丧事所吃的饭叫做"豆腐饭"。写作此文不到三个月，汪曾祺即死于食道静脉曲张破裂所引发的大出血，亲友吃了他的"豆腐饭"。

③ 汪曾祺：《730201 致朱德熙》，《汪曾祺全集》（第 12 卷），人民文学出版社 2019 年版，第 63 页。

④ 汪曾祺：《〈汪曾祺散文随笔选集〉自序》，《汪曾祺全集》（第 10 卷），人民文学出版社 2019 年版，第 236 页。

⑤ 《礼记译注》，杨天宇译注，上海古籍出版社 2004 年版，第 268 页。

伯》云:"以嘉礼亲万民:以饮、食之礼,亲宗族兄弟;以昏、冠之礼,亲成男女;以宾射之礼,亲故旧朋友;以飨、燕之礼,亲四方之宾客;以脤、膰之礼,亲兄弟之国;以贺庆之礼,亲异姓之国。"①——饮、食,飨、燕,脤、膰,均是能够"亲万民"的"嘉礼"的重要组成。孔子更要躬行起吃的繁文缛节,以垂范于世人:

食不厌精,脍不厌细。食饐而餲,鱼馁而肉败,不食。色恶,不食。臭恶,不食。失饪,不食。不时,不食。割不正,不食。不得其酱,不食。肉虽多,不使胜食气。唯酒无量,不及乱。沽酒市脯不食。不撤姜食,不多食。(《论语·乡党》)

礼崩乐坏的直接后果,是伦理性的吃的不可挽回的式微,又因为可吃之物种的贫乏以及烹饪方式的单调,吃的新形态一时便无从生成,就连吃本身都不再受到应有的重视,难怪汪曾祺感慨,"唐宋人似乎不怎么讲究大吃大喝","宋朝人的吃喝好像比较简单而清淡。连有皇帝参加的御宴也并不丰盛"。② 直至明清两朝,随着新物种的大量引入、烹饪方式的不断丰富以及人们对于养身的近乎病态的关注,吃的花样骤然翻新到精致、繁复和奢靡。吃之不足,文人们还要一再地玩味吃、思索吃、提升吃,从而开启出一种吃的崭新形态——作为艺术的吃。对此,王学泰有所总结:"清代,江南一些士大夫承晚明之余绪把饮食生活搞得十分艺术化,超过了以往的任何时代。"③ 作为艺术的吃不是为了鼓腹,用周作人的话说,就是要"喝不求解渴的酒,吃不求饱的点心";也无关乎教化,《随园食单序》劈面就是"诗人美周公而曰:'笾豆有践。'恶凡伯而曰:'彼疏斯稗。'古之于饮食也,若是重乎",袁枚的用意却只是在于引申出"圣人于一艺之微,其善取于人也如是",从而为自己"四十年来,颇集众美"④ 地精研于吃下一个悠远的注脚。吃的艺术化体现在两个方面:1. 食材的精挑细选和

---

① 《周礼译注》,杨天宇译注,上海古籍出版社 2004 年版,第 279 页。
② 汪曾祺:《散文四篇·宋朝人的吃喝》,《汪曾祺全集》(第 5 卷),人民文学出版社 2019 年版,第 1 页。北宋吕大防向宋哲宗所历数的祖宗家法,亦可为汪曾祺的论断提供支撑:"至于虚己纳谏,不好畋猎,不尚玩好,不用玉器,饮食不贵异味,御厨止用羊肉,此皆祖宗家法所以致太平者。"[宋]周煇:《清波杂志》,刘永翔校注,中华书局 1994 年版,第 16 页。
③ 王学泰:《中国饮食文化史》,广西师范大学出版社 2006 年版,第 260 页。
④ [清]袁枚:《随园食单》,别曦注译,三秦出版社 2005 年版,第 1 页。

工艺的尽善尽美，董小宛"制豉"即可作一说明："制豉，取色取气先于取味。豆黄九晒九洗为度，颗瓣皆剥去衣膜。种种细料，瓜杏姜桂，以及酿豉之汁，极精洁以和之，豉熟擎出，粒粒可数。而香气酣色殊味，迥与常别。"① 2. 对于吃本身的反动。大块吃肉、大碗喝酒纵然快意，说到底却是粗鄙的、动物性的，艺术化的吃一定要超逾于吃本身，舍形悦影，去跟自然与真气相悠游，这就像四月芳菲"闹"出满满生意，却终究是壅塞的、世俗的，君子、高士爱之不尽的还是繁花飘零之后安静地开放在陶篱的秋菊和"凌寒独自开"的数点梅花。吃非吃的理念，李渔的一句颂语可作剖明："陆之蕈，水之莼，皆清虚妙物也。"② 往清、虚处走的吃，与中国哲学的"淡"的传统若合符节——"遗音"才是正音，"遗味"乃为大味。③ 作为艺术的吃的特点，一言以蔽之，就是"精微"，正如袁枚《杂书十一绝句》（其十）所云："吟咏余闲著《食单》，精微仍当咏诗看。"（写）吃竟如咏诗般"精微"，就必然导致"出门事事都如意，只有餐盘合口难"的尴尬，因为仅能果腹的腌臜、粗糙的食物怎么合得了既精且微的嘴巴和灵魂？与吃的艺术化同步发生的，是对于吃的艺术化的自觉，自觉的结果和表征就是食谱的大量问世，并被当作艺术品对待："明清以后，食谱多出于文人之手，因而食谱之作转而与书画笔砚同著录于'谱录'类，被视为艺术的一种，《四库全书总目提要》即作如此的分类。"④ 我想，只有在吃上面不厌"精微"且对此"精微"葆有充分自觉的食客，才称得上是美食家吧！

汪曾祺并不反对作为艺术的吃，谁不好一口更"精微"一点的吃食？不过，他意识到吃的艺术化容易走向偏至，流于为艺术而艺术，乖离了吃的本意，于是，他反对作为艺术的吃的流弊，从而与吃的艺术化谨慎地保持着距离，这样一种态度，我称之为吃的非艺术化。汪曾祺对吃如果真的持有一种非艺术化的态度的话，他的"美食家"头衔上的双引号也就加粗了、描黑了。汪曾祺所警惕的吃的艺术化的流弊有三：

一、作为艺术的吃当然要求工艺的尽善尽美，工艺之尽善尽美也是"精微"的题中应有之义。但是，我们必须注意到，"精微"不是一个普通

---

① ［清］冒襄：《影梅庵忆语》，见宋凝编注：《闲书四种》，湖北辞书出版社1995年版，第49页。

② ［清］李渔：《闲情偶记》，江巨荣、卢寿荣校注，上海古籍出版社2000年版，第265页。

③ 参见［法］余莲的《淡之颂：论中国思想与美学》，卓立译，桂冠图书股份有限公司2006年版。

④ 逯耀东：《肚大能容》，生活·读书·新知三联书店2002年版，第228页。

的形容词，它来自《中庸》："君子尊德性而道问学，致广大而尽精微，极高明而道中庸。"这里的"精微"与"广大"是二而一的关系：只有"尽精微"方能"致广大"，没有"致广大"的胸襟也不可能有"尽精微"的功夫，而"广大"与"精微"相激相荡出一片"中庸"构境。具体到吃，如果单是属意于"精微"，忽略了"要使清者配清，浓者配浓，柔者配柔，刚者配刚，方有和合之妙"（规律）、"吾虽不能强天下之口与吾同嗜，而姑且推己及物。则食饮虽微，而吾于忠恕之道则已尽矣，吾何憾哉"（境界）之类的"广大"，"精微"就一定会沦为穿凿和奇技淫巧，而穿凿正是《随园食单》所力戒的。穿凿之集大成者，要属工艺菜。工艺菜在餐盘中摆出龙、凤、鹤，或者"辋川小景"，装上彩色小灯泡，闪闪烁烁。面对这些奇技淫巧，汪曾祺怒不可遏："这简直是：胡闹！"① 他还直接宣判："工艺菜不是烹调艺术的正路，而是歪门邪道！"② 汪曾祺当然不是一味地反对"精微"，就算是一些家常吃食，也要布置得有模有样，方能勾起人们的食欲嘛，比如，拌荠菜上桌要抟成塔形，红方要切得方方正正，这其实就是袁枚所说的"做到家"了，足矣："譬如庸德庸行，做到家便是圣人，何必索隐行怪乎！"③

二、一时一地的食材大抵是家常的、有限的，哪里经得起精挑细选？美食家便把搜寻的目光抛向非时非地。非时非地的食材之于一时一地的人们当然是异的，异甚至成了考量食材是否艺术和名贵的充要条件：越异越艺术、越名贵，同时也就越奢靡。冒襄说董小宛精于饮馔："细考之食谱，四方郁厨中一种偶异，即加访求，而又以慧巧变化为之，莫不异妙。"④ 一句话出现两个异字，说明冒襄对于异的迷信，他所谓的异一来说的是工艺之异，二来指的正是食材非时非地的异。汪曾祺在小说《金冬心》里开列出扬州头号盐商程雪门宴请两淮盐务道铁保珊的菜单，这里仅撷取一角：

> 甲鱼只用裙边。鲥花鱼不用整条的，只取两块嘴后腮边眼下蒜瓣肉。砗螯只取两块瑶柱。炒芙蓉鸡片塞牙，用大兴安岭活捕来的飞龙

---

① 汪曾祺：《作家谈吃第一集》，《汪曾祺全集》（第 5 卷），人民文学出版社 2019 年版，第 228 页。
② 汪曾祺：《多此一举·工艺菜》，《汪曾祺全集》（第 9 卷），人民文学出版社 2019 年版，第 476 页。
③ [清]袁枚：《随园食单》，别曦注译，三秦出版社 2005 年版，第 34 页。
④ [清]冒襄：《影梅庵忆语》，见《闲书四种》，宋凝编注，湖北辞书出版社 1995 年版，第 50 页。

剁泥、鸽蛋清。烧烤不用乳猪,用果子狸。头菜不用翅唇参燕,清炖杨妃乳——新从江阴运到的河鲀鱼。①

铁大人听完菜单,引了一句俗话:"咬得菜根,则百事可做。"他请金冬心过目,冬心先生想起了颜回的"一箪食,一瓢饮"。异到奢靡与清简到苛酷之间形成巨大反差,这一反差交待出汪曾祺对于异的警惕和敌意,正是在这样的情绪的驱策之下,惜墨如金的他才会不吝笔墨地报起了菜名——报菜名是呈现,更是揭露。冬心先生"尝了尝"(只能尝了尝,尝了尝才是品,是艺术)美食,想起《随园食单》把家常鱼肉说得天花乱坠,"嘴角不禁浮起一丝冷笑"。我想,汪曾祺是站在袁枚和家常鱼肉这一边的,他向冬心先生浮起了一丝冷笑。②

三、以异为高,吃的是什么、好不好吃就不再重要,重要的是我吃到别人吃不到或者想不到去吃的东西,别人吃不到或者想不到去吃我却能吃到或者独出机杼地想着去吃,恰恰证明了我的身份之高贵和品味之不群。此一逻辑导致的后果,就是吃虚化成了吃的传奇——没有几则吃的传奇,算什么高人?比如,董小宛的饮馔与她的习书、作画、闻香、艺兰、玩月一道组构成一个"木兰沾露,瑶草临波"的圣境,此一圣境与我们——一个与他和她的世界绝缘的庸俗群体——隔着两层,如"影"、似"忆",他们不是传奇,是什么?再如,梁实秋《雅舍谈吃》讲述了一则则类似于正阳楼吃蟹、"耗油豆腐"(徐悲鸿、蒋碧薇在座)的传奇,就算是写到沿街贩售的老豆腐,他也不忘添上一句:"天厨的老豆腐,加上了鲍鱼火腿等,身份就不一样了。"③汪曾祺不是没有吃过传奇一般的美味,但他并不以为傲,反而觉得"酒足饭饱,惭愧惭愧"④(吃"干炸鳜花鱼",此语引自张岱)、"这东西只宜供佛,人不能吃,因为太好吃了"⑤(吃"拔丝羊尾")。同样是写豆腐,他觉得北京豆花庄的豆花以鸡汤煨成,过于讲究,倒不如乡坝头的豆花存其本位,他更有失"身份"地认定,坐在街边摊头的矮

---

① 汪曾祺:《金冬心》,《汪曾祺全集》(第2卷),人民文学出版社2019年版,第384页。
② 袁枚有"戒暴殄"之说:"暴者不恤人功,殄者不惜物力。"见《随园食单》,别曦注译,三秦出版社2005年版,第371页。程雪门的宴席极尽暴殄之能事,食客们还只是"尝了尝",实在罪过。
③ 梁实秋:《雅舍谈吃》,文化艺术出版社1998年版,第114页。
④ 汪曾祺:《鳜鱼》,《汪曾祺全集》(第5卷),人民文学出版社2019年版,第69页。
⑤ 汪曾祺:《手把肉》,《汪曾祺全集》(第6卷),人民文学出版社2019年版,第162页。

脚长凳上，要一碗老豆腐，就半斤旋烙的大饼，夹一个薄脆，"是一顿好饭"①——他要的不是艺术，而是好饭。

说明一点：以上论述并不是要否定吃的艺术化，也不是以汪曾祺之所是为必是，而是以吃的艺术化为参照，逼视出这位"美食家"对于吃的基本态度来——吃的非艺术化。

二、吃满足需求，吃带来神圣快乐

吃的非艺术化就是要把吃跟馋、享乐以及通过吃的艺术化姿态来自我祝圣的企图毫不苟且地区分开，还吃以本来的面目。那么，吃本身是什么样子，有哪些功能？巧的是，汪曾祺讨论过专注于吃本身，严格甄别吃与馋的阿城的《棋王》。（这位"美食家"对好友陆文夫的名作《美食家》未赞一词，这应该不是疏漏，而是有意识的回避，因为那只是一个馋人的故事。）关于《棋王》的吃，他总结："《棋王》有两处写吃，都很精彩。一处是王一生在火车上吃饭，一处是吃蛇。一处写对吃的需求，一处写吃的快乐——一种神圣的快乐。"② 这一判断意义重大，因为它不仅指向《棋王》，更是汪曾祺本人对于吃的功能的直接揭示：吃满足人的基本需求，吃带来神圣的生之快乐。

作为现代派小说家的"早期"汪曾祺耻于言吃，他认定吃是低级的、动物性的："人在吃的时候本已不能怎么好看，容易教人想起野兽和地狱。（我曾见过一个瞎子吃东西，可怕极了。他是"完全"看不见。幸好我们还有一双眼睛！）"③ 拿瞎子说事，当然不是歧视残疾人，他的深意在于：吃，人畜皆需，是肉的、幽暗的，与排泄无异，而瞎子吃东西时，吃的人与所吃之物直接同一、彼此吞噬，于是，生命无非是进食—消化—排泄的生理过程这一丑陋、残酷的真相就被更加触目、粗暴地推到我们面前；眼睛的存在则是吃的人与所吃之物的有限度的分离，是人抽离自身、打量自身、超逾自身并进而挣脱自身之动物性的一点点可能。他还写过云南脚夫的冷淡的、毫不动情的，像是牛反刍一样的"慢慢慢慢的咀嚼"，他说："看这

---

① 汪曾祺：《豆腐》，《汪曾祺全集》（第 6 卷），人民文学出版社 2019 年版，第 65 页。
② 汪曾祺：《人之所以为人——读〈棋王〉笔记》，《汪曾祺全集》（第 9 卷），人民文学出版社 2019 年版，第 326 页。
③ 汪曾祺：《风景·堂倌》，《汪曾祺全集》（第 4 卷），人民文学出版社 2019 年版，第 38 页。

种人吃饭,你不会动一点食欲。"①这句话透露出两重讯息:1. 为吃而吃,了无生意,是丑的,令人发狂;2. 食欲多好啊,它是主体朝向客体突进的渴望,是人被世界的五味所激发和开启,蓬勃而飞扬。由此可见,此时的汪曾祺已经萌生出乐于言吃的端倪。

到了新时期,汪曾祺先是从大街小巷变魔术一般"欸"地铺展开来的吃食中觉出时代确实在变,欢欣之不足,他还要赋上一首打油诗:"十载成都无小吃,年丰次第尽重开。麻辣酸甜滋味别,不醉无归好汉来。"(《成都小吃》)——五味真是让人醺然啊。醺然的汪曾祺周身荡漾着吃的欢喜,以至于吃成了他打量世界的眼光、衡文论世的标尺。于是,我们看到,吃是他的"月令",在为电视片《梦故乡》所作主题曲中,他说:"八月十五连枝藕,九月初九闷芋头。"吃是他的度量衡,在《受戒》里,小英子震惊于善因寺的肃穆、魁伟,她想:"这么大一口磬,里头能装五担水!这么大一个木鱼,有一头牛大,漆得通红的。"(庵,叫菩提庵,叫讹了,成了荸荠庵,宗教场所被吃食世俗化。)吃甚至成了他的创作的高标,他为《蒲桥集》撰写广告词,说自己的散文滋味"近似"(怎么可能达到?)于"春初新韭,秋末晚菘"。吃还是他的履痕处处,是他回不去的青春印记……

奇怪的是,汪曾祺乐此不疲地吃了又吃、写了又写的大抵只是一些寻常到卑贱,滋味也未见得惊艳的食物。比如,在《故乡的食物》一文中,他写炒米,"炒米这东西实在说不上有什么好吃";写焦屑,焦屑是"我家乡的贫穷和长期的动乱"的印记;写茨菰(见图1),"我小时候对茨菰实在没有好感。这东西有一种苦味";写蚬子,"这种东西非常便宜"……故乡亦有"鳊、白、鳜"等名贵的鱼和极肥的蟹,却"以无特点,故不及"。但是,"不及"的借口实在太过牵强,我们当然可以反唇相讥:炒米、焦屑又有什么了不得的特点值得你大书特书?其实,大书特书的理由从《故乡的食物》开头所引之《板桥家书》的片段就可以看得分明:"天寒冰冻时,穷亲戚朋友到门,先泡一大碗炒米送手中,佐以酱姜一小碟,最是暖老温贫之具。"②写它们,原来因为是它们、只有它们,才是"暖老温贫之具",换一种说法,就是"小户人家的恩物"。这些家常食物满足了小户人家的基

---

① 汪曾祺:《背东西的兽物》,《汪曾祺全集》(第4卷),人民文学出版社2019年版,第72页。

② 这句话出自《范县署中寄舍弟墨第四书》,汪曾祺凭记忆引用,多有舛误。《郑板桥家书》,童小畅译注,中国书籍出版社2004年版,第86页。

本需要，小户人家的基本需要也只能由家常食物来满足，这样一来，写家常食物就是在凸显吃的满足基本需要的功能，是感动于家常食物与小户人家的"心连手，手连心"，是发现小户人家再苦、再难也能稳稳地活下去的韧性，是赞叹天地到底是仁的，万物皆在一种奇妙的因缘和平衡中流转——这哪里是在写，分明是在咏、叹、歌和颂。他写了多少家常食物颂啊：马齿苋，现在少有人吃，三年饥荒时，"这是宝物"；萝卜，一年到头都有，可生食、煮食、腌制，"萝卜所惠于中国人者亦大矣"[①]；豆腐，可老可嫩，宜荤宜素，"遂令千万民，丰年腹可鼓。多谢种豆人，汗滴其下土"……启明先生云："人生一饱原难事，况有茵陈酒满卮。"诚哉斯言！不过，启明先生的境界真是高妙，"一饱"之外，他还要来上满满一杯茵陈酒，方能抵得"十年的尘梦"。汪曾祺笔下的小户人家一般无酒可喝，喝，也是像《露水》里的他，就着几条小鱼（他不忘注解："运河旁边的小鱼比青菜还便宜。"），炒一盘咸螺蛳，喝二两稗子酒，一种又苦又上头的最便宜的酒。这样的喝酒是纯物质性的，与精神的升华无涉，他的太操劳、太紧张、太麻木的生命需要用劣酒打一打，松一松，然后就是无梦的酣眠，就像他的空虚的胃亟待小鱼小虾来填充一样。瞩目于吃的满足基本需要的功能，汪曾祺自然略过名贵的食物不提，他说："我到海南岛去，东道主送了我好些鱼翅、燕窝，我放在那里一直没有动，因为不知道怎么做。"[②] 什么吃的都要尝一尝且熟读各路食单的老饕怎么会"不知道怎么做"？不会做就不能学一学？可靠的解释只能是，他不感兴趣，因为它们所满足的不是人的基本需要。袁枚亦鄙视燕窝者流，他的理由一定曾让汪曾祺粲然，因为他说，这些劳什子淡而无味，根本不好吃："不知豆腐得味远胜燕窝，海菜不佳不如蔬笋，余尝谓鸡、猪、鱼、鸭，豪杰之士也，各有本味，自成一家。海参、燕窝，庸陋之人也，全无性情，寄人篱下。"[③] 不好吃，世人还趋之若鹜，是因为"贪贵物之名，夸敬客之意"，这正是吃的艺术化的流弊。

[①] 汪曾祺：《萝卜》，《汪曾祺全集》（第5卷），人民文学出版社2019年版，第242页。

[②] 汪曾祺：《文章杂事》，《汪曾祺全集》（第10卷），人民文学出版社2019年版，第302页。

[③] [清]袁枚：《随园食单》，别曦注译，三秦出版社2005年版，第31页。

图 1 《水乡赖此救荒》，汪曾祺

　　家常食物满足了小户人家的基本需要，不过，满足是消极的，只是在保证生命的持存。小户人家的生命力可旺着呢，不过是一些粗茶淡饭，他们也吃得那么快乐，那么恣肆，他们仿佛在用最汹涌的吃的方式证明他们活着，活着真好，他们还会继续结结实实地活下去。这样的快乐是积极的、创生的、神圣的，快乐着的他们是有光的。比如，《大淖记事》中的挑夫们蹲在茅草房子的门口，捧着蓝花大海碗，大口大口"吞食"紫红紫红的米饭（《八千岁》说，紫红色的米是"头糙"，也就是只碾一道，才脱糠皮的糙米），就着青菜小鱼、臭豆腐、腌辣椒。"他们吃饭不怎么嚼，只在嘴里打一个滚，咕咚一声就咽下去了。看他们吃得那样香，你会觉得世界上再没有比这个饭更好吃的饭了。"这哪里是什么好饭呢，但他们的胃口是这么好，汲取生命养料的渴望又是这么强，于是，就连糙米都在如此酣畅的流转中完成了自身，它们是有用的，它们真好啊。再如，北京人喜欢喝豆汁儿，豆汁儿是"贫民食物"。"豆汁儿沉底，干糊糊的，是麻豆腐。羊尾巴油炒麻豆腐，加几个青豆嘴儿（刚出芽的青豆），极香。这家这天炒麻豆腐，煮饭时得多量一碗米，——每人的胃口都开了。"[①] 你能知道究竟是炒麻豆腐的"极香"（这玩意儿能有多香呢，但他言之凿凿地说："极香。"）打开了胃口，还是健旺的胃口把炒麻豆腐吃得"极香"？吃带来神圣的快乐，带来生之肯定，所以，每到一个新地方，别人爱逛商场、书店，汪曾祺则宁可去逛逛菜市，"看看生鸡活鸭、鲜鱼水菜、碧绿的黄瓜、

---

①　汪曾祺：《豆汁儿》，《汪曾祺全集》（第 6 卷），人民文学出版社 2019 年版，第 357 页。

彤红的辣椒,热热闹闹、挨挨挤挤,让人感到一种生之乐趣"①。

吃能满足人的基本需要,还能带来神圣的快乐,这样一来,什么样的人就会尽可能地选择什么样的最符合自己的口味和身份的吃食,从什么样的吃食也能反观出什么样的吃的人,此所谓:吃中有人,呼之欲出。汪曾祺当然不会放过以吃观人、让人与吃相互映照的机会,就像张爱玲痴迷于人物的衣着一样——真是性别决定兴奋点!于是,初二、十六的傍晚,人们常常看到王瘦吾拎着半斤肉或一条鱼回家,他正走了一点小小的红运(《岁寒三友》);那对沉默的夫妻一天只能打到一点杂鱼,连两寸不到的"罗汉狗子"、薄得无肉的"猫杀子"都要,他们的日子一定饘粥不继(《故乡人·打鱼的》);开米店的八千岁顿顿吃"头糙",菜是一成不变的熬青菜,有时放两块豆腐,他当然是个吝啬鬼,这个吝啬鬼怎么能够理解宋侉子竟然喜欢吃卤麻雀(麻雀能有多少肉?),也只有认定卤麻雀是"下酒的好东西"的宋侉子才会在虞小兰身上花那么多钱,不会去想值不值得(《八千岁》);季匋民一边画画,一边喝酒,"画一张画要喝二斤花雕,吃斤半水果",他正是笔致"疏朗"、画风"飘逸"的大师(《鉴赏家》);杨家大小姐吃的是拌荠菜、马兰头、虾籽豆腐乳,清淡到餐风饮露,她是董小宛一样的薄命人,早早得了噎嗝症,死了②(《忧郁症》)……

三、火腿入画与韭菜花进帖——家常食物的再艺术化

不吃饭是会死人的,人活一世,草木一秋,要吃,要痛痛快快地吃,所以,汪曾祺荤腥不忌,上穷碧落下黄泉地吃。他写过一首打油诗:"重升肆里陶杯绿,饵块摊来炭火红。正义路边养正气,小西门外试撩青。人间至味干巴菌,世上馋人大学生。尚有灰藋堪漫吃,更循柏叶捉昆虫。"一首小诗,汇集了多少令人胃口大开的饮食啊:"玫瑰重升"酒,烧饵块,正义路的汽锅鸡,小西门马家的牛舌,干巴菌,灰藋,干爆豆壳虫。他的"七载云烟"竟是由吃来"铭刻"的。不过,他之于吃的趣味,会让美食

---

① 汪曾祺:《食道旧寻》,《汪曾祺全集》(第5卷),人民文学出版社2019年版,第250-251页。

② 董小宛生性淡泊,每饭,"以芥茶一小壶温淘,佐以水菜、香豉数茎粒,便足一餐"。她二十八岁就去世了。说一个题外话:周作人说,日本人以茶淘饭,名曰"茶渍",佐以咸菜和"泽庵"(福建的黄土萝卜),清淡、甘香。中国人也有这样吃的,却大都是因为穷或俭省,"殆少有故意往清茶淡饭中寻其固有之味者,此所以为可惜也"。周作人以"茶渍"厚日本薄中国,实在没有道理,董小宛淘饭之茶,可是中国第一名茶,芥茶。《喝茶》,见《知堂谈吃》,山东画报出版社2007年版,第11页。

家们齿冷的，因为真正的美食家有所吃、有所不吃，比如，李渔一生绝葱、蒜、韭不食，以其秽、臭也，而他却连豆壳虫都捉来干爆，还"恬不知耻"地说，好吃，有点像盐爆虾，还有一股柏树叶的清香。但是，他蛮可以振振有词地反驳：是真好吃啊，而且，眼睛都饿得发绿了，守着那么多豆壳虫不吃，等死？于是，他不拘一格地吃着各路美食，特别是那些家常食物，吃得忘乎所以，齿颊留香。有趣的是，某些时候，他对吃，特别是热衷于吃猪肘、猪耳、猪下水，又抱有偏见，甚至是生理性的厌恶。比如，《可有可无的人——当代野人》认定唱架子花脸的庹世荣是一个"野人"，一个未进化的庸俗的人，"野人"的主要标志，就是他爱吃猪下水，肠子、肚子、猪心、肺头，"吃起来没个够"。《唐门三杰》中的老大唐杰秀爱吃天福号的酱肘子，而且只归他一个人吃，孩子们干瞧着，"他觉得心安理得，一家子就指着他一个人挣钱"——他"叫人感到恶心"。《迟开的玫瑰或胡闹》里的邱韵龙在发愿"胡闹"之前，生活平静如一汪死水，死水的淤滞，正体现在他对于肘子的超常的沉溺，他好像吃啊吃啊，就要吃出猪的身形：

  他不赌钱，不抽烟，不喝酒，唯一的爱好是吃。吃肉，尤其是肘子，冰糖肘子、红焖肘子、东坡肘子、锅烧肘子、四川菜的豆瓣肘子，是肘子就行。至不济，上海菜的小白蹄也凑合了。①

《晚饭后的故事》是这样开头的：

  京剧导演郭庆春就着一碟猪耳朵喝了二两酒，咬着一条顶花带刺的黄瓜吃了半斤过了凉水的麻酱面，叼着前门烟，捏了一把芭蕉扇，坐在阳台上的竹躺椅上乘凉。他脱了个光脊梁，露出半身白肉。②

  二两酒，不能多也不能少，少了，没有那种类似于冬日蒙头大睡的窒息的醺醺然，多了，滑出日常生活的边界，或者就一剑把它刺破了，不多不少，正好养出他的一身白肉，一种纯动物性的，腻滞的、带点腥气的

---

① 汪曾祺：《迟开的玫瑰或胡闹》，《汪曾祺全集》（第3卷），人民文学出版社2019年版，第123页。

② 汪曾祺：《晚饭后的故事》，《汪曾祺全集》（第2卷），人民文学出版社2019年版，第201页。

身体。那么，问题来了：猪肉本是最家常的吃食，东坡居士赞曰，"黄州好猪肉，价贱如泥土"①，如此价贱物好的吃食不正是"小户人家的恩物"，汪曾祺何以重小鱼小虾而轻猪肉，庹世荣一干人等嗜吃猪肉，究竟罪在何处？

让我们从汪曾祺一再申说的家常食物谈起。他说：

> 家常酒菜，一要有点新意，二要省钱，三要省事。偶有客来，酒渴思饮。主人卷袖下厨，一面切葱姜，调佐料，一面仍可陪客人聊天，显得从容不迫，若无其事，方有意思。如果主人手忙脚乱，客人坐立不安，这酒还喝个什么劲儿！②

家常食物当然必须省钱、省事，倒是"有点新意"颇令人难解：每菜都要有出人意表的思路，这跟董小宛调鼎又有何区别，而影梅庵的饮馔恰恰是极费钱、费事的啊。其实，汪曾祺的重心不在"新意"而在"有点"。也就是说，他的家常食物不必"新"到"尖"的程度，尖新饮馔超尘出世，与日常世界格格不入，而他却是要跟日常世界若"即"若"离"的——没有"离"的冲动，"即"就是被日常世界彻底吞噬，被吞噬到醺醺然，就像庹世荣们没有羞耻的穷凶极恶的吃；没有"即"把吃牢牢锚定于日常世界，"离"就是尖新，尖新饮馔就像园林、书画，是让"韵人纵目，云客宅心"的，与口腹之欲无涉；若"即"若"离"就是既建基于日常世界之上，又葆有一点"离"的渴望，翻日常世界之腐朽为神奇。"离"体现在如下三个方面：1. 食材不必名贵，却一定应时当令，应时当令的食材一来新鲜，二来在吃的当下仿佛可以与季节共流转，就像杨花满城时，拌一碟杨花萝卜，吃到嘴里，是整个春天的"细嫩"，也像李复堂的欣喜："大官葱，嫩芽姜，巨口细鳞时新尝。"(《题〈大葱鳜鱼图〉》) 2. 做菜时不为调鼎之劳所缚，有"若无其事"的淡定，有"从容不迫"的潇洒。陶渊明诗云："故人赏我趣，挈壶相与至。班荆坐松下，数斟已复醉。父老杂乱言，觞酌失行次。不觉知有我，安知物为贵。悠悠迷所留，酒中有深味！"(《饮酒·其十一》)"离"的核心就在一个"趣"字，得"趣"则"班荆坐松下"亦能"不

---

① 《猪肉颂》："净洗锅，少著水，柴头罨烟焰不起。待他自熟莫催他，火候足时他自美。黄州好猪肉，价贱如泥土。贵人不肯吃，贫人不解煮，早晨起来打两椀，饱得自家君莫管。"《苏轼文集》(卷20)，孔凡礼点校，中华书局1986年版，第597页。

② 汪曾祺：《家常酒菜》，《汪曾祺全集》(第5卷)，人民文学出版社2019年版，第72页。

觉知有我，安知物为贵"，又何必孜孜于吃本身？ 3. "'粗菜细做'，是制家常菜不二法门。"①这里的"细做"说的不是费工夫，而是指善体食材之性，让它发挥、生长、飞扬，于是，就连回锅油条都可以极酥脆，"嚼之真可声动十里"——"声动十里"的欢畅，不就是"鸢飞戾天，鱼跃于渊"？东坡居士赞曰："无一物中无尽藏，有花有月有楼台。"汪曾祺不喜欢参禅悟道，没有办法从无中生出有来，他必须从"粗菜"一样的日常世界点染开去，开创出属于他的"无尽藏"。

与日常世界若"即"，就是尊重仅止于"六平方米"的局促的现实，若"离"，就是哪怕只有"六平方米"也要操持成一个"郇厨"②，让家常食物以最本真的样态来与我们相见，这就是"美食家"汪曾祺的尴尬处，更是独异处。于是，在"美食家"汪曾祺的手中和笔下，淘洗、创造出多少与日常世界若"即"若"离"、既家常又飞扬的吃食啊，胪列数则如下：1. 裘盛戎生活清简，请客时，菜不过数道，但做得讲究，比如，吃涮肉，涮的不是羊肉，而是一块极嫩的牛肉，不要乱七八糟的调料，只一碟酱油，切几个蒜片，这正是"淡而能浓，存本味，得清香"③。2.《吃饭》中的靳元戎好吃，也会做，有一次煎几铛鸡肉馅的锅贴，用的是大骟鸡，撕净筋皮，用刀背细剁成茸，加葱汁、盐、黄酒，其余什么都不搁，"那叫一个绝！" 3.《故乡人·钓鱼的医生》里的王淡人先生钓得鱼来，刮鳞洗净，就手放进锅里，不大一会儿，鱼就熟了，他一边吃鱼，一边喝酒，一边甩钩再钓，这叫作"起水鲜"。④王淡人先生"大其心"，故能体物之性，当"物吾与也"的时候，自然就"民吾同胞"了，正是有了"民吾同胞"的体认，他才会扁舟一叶，颠簸于惊涛骇浪，救孤村之人于时疫的魔爪。⑤他真是一个孤胆

---

① 汪曾祺：《文章杂事》，《汪曾祺全集》（第 10 卷），人民文学出版社 2019 年版，第 303 页。

② 汪曾祺有诗云："年年岁岁一床书，弄笔晴窗且自娱。更有一般堪笑处，六平方米作郇厨。"唐代韦陟，袭封郇国公，性豪奢，厨中多珍馐美馔，后世即以"郇公厨"代指膳食精美的人家，亦简作"郇厨"。

③ 汪曾祺：《难得最是得从容》，《汪曾祺全集》（第 10 卷），人民文学出版社 2019 年版，第 373 页。

④ "起水鲜"，即袁枚所谓"戒停顿"："不过现杀、现烹、现熟、现吃，不停顿而已。"见《随园食单》，别曦注译，三秦出版社 2005 年版，第 36 页。

⑤ 从"大其心"到"体物"再到"民胞物与"的逻辑，张载阐释得明明白白："大其心则能体天下之物。物有未体，则心为有外……圣人尽性，不以见闻梏其心。其视天下无一物非我，孟子谓尽心则知性知天以此。"《张载集·大心篇第七》，章锡琛点校，中华书局 1978 年版，第 24 页。

英雄。小说结尾说:"一庭春雨,满架秋风。你好,王淡人先生!"瓢儿菜在春雨里疯长,扁豆花在秋风中翻飞,它们是它们自己,它们又超越了它们自己,它们是艺术的,就像一个普普通通的医生也可以"如光风霁月",他真好啊!

就这样,在与日常世界既"即"且"离"的微妙距离中,家常食物实现了自身的再艺术化。再艺术化了的它们,比如火腿,是可以入画的,就像汪曾祺为友人作画,画了青头菌、牛肝菌、大葱、蒜,外加一块很大的宣威火腿——"火腿是很少入画的"①;也如韭菜花,为什么不能进法帖,就像五代杨凝式的《韭菜花帖》一样?——汪曾祺说:"我读书少,觉韭花见之于'文学作品',这也是头一回。"② 其实,何止火腿、韭菜花,只有到了汪曾祺这里,挑夫、锡匠、卖熏烧的、和尚、药店相公等贩夫走卒者流,才不再是"毫无意义的示众的材料和看客",不再是"蚯蚓们",不再是"个人主义的末路鬼",也不再是即便脚上沾着牛粪都比知识分子还要来得干净的革命生力军,他们就是他们自己,他们是美的,是可以入画、进帖,写成一首首《受戒》《大淖记事》一样的诗,让世人传唱的。

第三节 "淡淡"文章、"萧萧"书画与有情的人间
——汪曾祺文学与书画创作的相互阐释

一、缘起

愈益细密、严苛的学科分野是现代性的必然后果之一,中国的传统思维却鄙视这种枝蔓、逼仄的营生。子曰,"君子不器"(《论语·为政》),传统文人是要以诗文书画等尽可能多的路径去体道,从而自我陶养成君子抑或是高士的,否则,作文赋诗的只配"俳优畜之",画画、写字的也只是满纸"纵横气"的画史、字匠而已。基于体道的共同目的,诗文书画看起来形态各异,实际上却一定是声气相通、此呼彼应的,许多古人甚至认为,它们压根就是一回事。比如,苏轼题画诗云:"诗画本一律,天工与清新。"与苏轼大致同时的郭熙则总结:"更如前人言'诗是无形画,画是有

---

① 汪曾祺:《金岳霖先生》,《汪曾祺全集》(第5卷),人民文学出版社2019年版,第22页。

② 汪曾祺:《韭菜花》,《汪曾祺全集》(第5卷),人民文学出版社2019年版,第175页。

形诗'，哲人多谈此言，吾之所师。"① 正因为诗画原本就是"一律"的，邓椿才会认定："其为人也多文，虽有不晓画者寡矣。其为人也无文，虽有晓画者寡矣。"② 如此一来，所谓文人，就大多是一些诗文书画无所不好、无所不通的杂家、通人，比如人称"三绝诗书画，一官归去来"的郑燮。郑燮这样的集诗人、作家、画家、书法家等多重身份于一身的文人悠游于在现代人看来畛域分明的体裁之间，求仁得仁，触处皆春，由此也造就了他们热衷于为自己所擅之艺事排座次的稍带戏谑的景观，比如，徐渭自称"吾书第一，诗次之，文次之，画又次之"，齐白石则认为自己"诗第一、印第二、字第三、画第四"。要研究这样的文人，我们只能采取综合而非分析的方法——不是局限于对象的一项成就作一叶障目的探寻，而是以对象的诸种艺事汇聚、复合出对象的本质来，这一本质如月映于这些艺事的川流之中，每条川流所映出来的月却并不是月本身。

汪曾祺正是一位杂家、通人。他多次自述，他的业余爱好是画画、写字、做菜。早在1944年，《小学校的钟声》中那个与作家本人高度重合的叙事人"我"就已有了入错行的懊恼："我实在应当及早学画。我老觉得我在这方面的成就会比我将要投入的工作可靠得多。"年过花甲以后，他仍念念不忘那个夭折了的画家梦。他说，从小学到高中，他一直"以画名"，高中毕业，他原本是要考美专的，就是到了四十多岁，他还想彻底改行，从头学画。③ 画家梦在异国竟意外得以圆满。在1987年的"美国家书"中，他不无得意地告诉施松卿："我在这里，安格尔把我介绍给别人时都说是：作家、画家。"④ 他不仅爱画画、写字，更爱思索画画、写字，他说，"我最喜欢读画论、读游记"⑤，他认为，从这些杂书中可以悟出一些为文的道理——"尤其是书论和画论"⑥。喜欢之不足，他还奉劝别的写作者也要读

---

① [宋]郭熙：《画意》，[宋]郭思编，杨伯编著，《林泉高致》，中华书局2010年版，第81页。

② [宋]邓椿、[元]庄肃：《画继·画继补遗》，黄苗子点校，人民美术出版社1963年版，第113页。

③ 汪曾祺：《两栖杂述》，《汪曾祺全集》（第9卷），人民文学出版社2019年版，第197页。

④ 汪曾祺：《871007/12/13/16 致施松卿》，《汪曾祺全集》（第12卷），人民文学出版社2019年版，第215页。

⑤ 汪曾祺：《回到现实主义，回到民族传统》，《汪曾祺全集》（第9卷），人民文学出版社2019年版，第246-247页。

⑥ 汪曾祺：《谈读杂书》，《汪曾祺全集》（第9卷），人民文学出版社2019年版，第364页。

画、懂书，因为"经常看看书法，尤其是行草，对于行文的内在气韵，是很有好处的"①。痴迷书画的直接后果，就是书画的审美趣味全面入侵、改造了他的文学创作。他说："我的小说也像我的画一样，逸笔草草，不求形似。"② 就连别人赞叹他的小说有音乐感，他也把音乐感归结到毫不搭边的画上："那可能和我喜欢画两笔国画有关。"③ 鉴于汪曾祺不仅是作家更是画家、书家，他的文学与书画创作之间存在着深入、持续的渗透的事实，汪曾祺研究就不能执着于文学创作之一隅，而要拿他的书画特别是画的创作与文学创作进行相互阐释，只有在文学与书画的交相映照中，我们才能窥见汪曾祺那枚高悬于清空、倒映于诗文书画之川流的月本身。需要说明的是，所谓相互阐释，是指让汪曾祺的文学与书画相互询唤，彼此充实，于是，它们不再只是它们自身，它们在新的统一性中赢获了新的生命；更是指文学关乎"世道人心"，不得不慎之又慎，与作者的生命可能是疏远的，书画纯属"文章杂事"，"只可自怡悦，不堪持赠君"，与作者自身反而来得切近，用汪曾祺的话说，就是"……用笔、墨、颜色来抒写胸怀，更为直接，也更快乐"④，所以，以书画观文学，书画中"直接"抒写出来的胸怀说不定能够照亮文学里面太多欲言又止、正话反说反话正说的幽暗。

致命的问题在于，文学与书画相互阐释的学术实践必须建立在"诗画本一律"这一理论前提之上，而钱锺书恰恰已经推翻了"一律"说：

> 神韵派在旧诗传统里公认的地位不同于南宗在旧画传统里公认的地位，传统文评否认神韵派是标准的诗风，而传统画评承认南宗是标准的画风。在"正宗"、"正统"这一点上，中国旧"诗、画"不是"一律"的。⑤

---

① 汪曾祺：《认识到的和没有认识的自己》，《汪曾祺全集》（第9卷），人民文学出版社2019年版，第491页。
② 汪曾祺：《〈晚饭花集〉自序》，《汪曾祺全集》（第9卷），人民文学出版社2019年版，第288页。
③ 汪曾祺：《我是怎样和戏曲结缘的》，《汪曾祺全集》（第9卷），人民文学出版社2019年版，第341页。
④ 汪曾祺：《两栖杂述》，《汪曾祺全集》（第9卷），人民文学出版社2019年版，第198页。
⑤ 钱锺书：《中国诗与中国画》，见《七缀集》，生活·读书·新知三联书店2002年版，第17页。

不过，汪曾祺的文学不正是神韵派的？他的神韵派文风与他的南宗画风高度"一律"，他的文学与书画之间完全可以也必须进行相互阐释——钱锺书的结论从反面夯实了本文的理论基础。

二、书画：温暖的"人间草木"

汪曾祺说，他自小看父亲画写意花卉，"略有领会"，自己跟着"瞎抹"，竟也小有成绩，高中以后废了画笔，"重拈画笔，是运动促成的"[1]。此番自述，透露出两点讯息：一、在被当作"四人帮"分子审查的愤懑岁月里，汪曾祺无以自遣，惟有作画，画，离生命确实更近；二、他没有受过专业训练，画画只是遣兴。在另一场合，汪曾祺说到书法也是遣兴：写得不好时，就出去遛弯，"写字本是遣兴，何必自寻烦恼"。[2] 所谓遣兴，一来是指业余性，二来是说抒怀，只有在非职业性的瞎涂乱抹中，汪曾祺的一腔情怀才能得以流泻。作为遣兴的画画，落实到画法上，就是写意或半工半写。《岁寒三友》说到高邮的画家（有别于画师、画匠）一般只画大写意和半工半写，"工笔画他们是不耐烦画的，也不会"。这段话其实是汪曾祺幽了自己一默，因为"不耐烦"正是他主观上不屑——工笔画如何遣兴？"不会"则是他客观上能力有所不逮——业余画着玩的，哪里会画那么规整、严密的东西？落实到题材上，就是画不来气势雄豪、烟云满纸的山水，只能画切近的花鸟虫鱼，用他自己的话说，就是"草花随目见，鱼鸟略似真"——比起山水来，鱼鸟当然容易把捉，而且，他的情怀无法安放在高山远水，只能寄寓于触目可见的寻常草木。这样一来，在艺术趣味和师承上，汪曾祺就跳过了宋元山水画，径直来到明清花鸟画，他一再说明，"我很喜欢徐青藤、陈白阳，喜欢李复堂"[3]，"我最喜欢的画家是徐青藤、陈白阳"[4]。不过，中国画的中心是山水画，山水画集中体现了中国画的审美趣味，那么，忽略山水画专注花鸟画的汪曾祺一定会错失或者说是在回避什么样的审美趣味？徐复观说，山水画的灵魂是玄学，特别是庄学，在"以玄对山水"的过程中，画家只有"用心若镜"，极静至虚，才

---

[1] 汪曾祺：《自得其乐》，《汪曾祺全集》（第10卷），人民文学出版社2019年版，第178页。

[2] 汪曾祺：《写字》，《汪曾祺全集》（第10卷），人民文学出版社2019年版，第81页。

[3] 汪曾祺：《自得其乐》，《汪曾祺全集》（第10卷），人民文学出版社2019年版，第178页。

[4] 汪曾祺：《只可自怡悦，不堪持赠君——〈当代才子书〉序》，《汪曾祺全集》（第10卷），人民文学出版社2019年版，第413页。

能与山水"神遇而迹化"。静虚的"心镜",也就是石涛所说的"呕血十斗,不如啮雪一团",由冰雪一样的"心镜"所映照出来的超越的山水,当然是高、远、空、淡、寒、瘦、枯、残的,就像柳宗元所描述的"千山鸟飞绝,万径人踪灭",也像董其昌所称颂的倪云林山水:"剩水残山好卜居。"由此,我们有理由推测,汪曾祺不画山水画,既可能是因为他确实"不会",也可能是因为他要回避山水画那种幽玄、清远的美学风格,回过头来在实、近甚至俗的对象上做自己的文章。

其实,花鸟画同样幽玄、清远,你看,暮鸦、宾鸿,"只留清气满乾坤"的梅、"人有岁寒心,乃有岁寒节"的竹、"不想凌云也傲霜"的菊,画家所钟爱的花鸟哪一样不是孤高、寂寞的?花鸟不单孤高,而且空幻。徐渭有诗云:"世间无事无三昧,老来戏谑涂花卉。"现象界温煦、喧嚷,却似真实幻,幻才是最根本的现实,画家借花卉来去幻存真,直抵"三昧",作为"三昧"之载体的花卉与现象界的关系一定是"不离不染"的——离开现象界即无画可言,可画中的花卉并不沾染现象界的半点尘埃。正是在此意义上,朱良志认为,道、禅视世界为幻象的思想,使得"中国画家将世界虚化,抟实成虚,蹑光蹑影,中国画充满了太多的梦幻空花、苔痕梦影"[①]。花是"空花",影是"梦影",这是一个多么清冷的艺术世界。汪曾祺欣赏却无法真正接受这样的艺术世界,就像他口口声声说喜欢青藤、白阳,但"道人写竹并枯丛,却与禅家气味同"的青藤和"此景人不知,清绝吾所喜"的白阳的画作和他实则是扯不上什么瓜葛的,因为他们的世界"舍形而悦影",过于空幻、高冷。他打心眼里喜欢的,是擅长画西瓜、茄子、萝卜、扁豆、荸荠之类寻常草木,充满了"生"之欢喜的李鱓。李鱓有一幅《大葱鳜鱼图》(见图2),上题"大官葱,嫩芽姜,巨口细鳞时新尝",现世的欢乐,当以此为最吧?李鱓还有一首题画诗:"自拨瓦盆火,煨食衡山芋。清味有谁知,道人得其趣。"中国画家孜孜以求的"清"味,竟然由"煨食"的动作开启出来,李鱓的世俗化真够彻底。真是喜欢李鱓啊,他就让《鉴赏家》里的大画家季匋民"最佩服"李鱓,因为"扬州八怪里李复堂功力最深,大幅小品都好,有笔有墨,也奔放,也严谨,也浑厚,也秀润,而且不装模作样,没有江湖气"——戴着人物面具的抒情应该比摘下面具的自述更可靠吧?不过,李鱓仍有令他不满的地方,他一再比较复堂与季匋民画风的同中之异:

[①] 朱良志:《生命清供:国画背后的世界》,北京大学出版社2014年版,第88页。

李画多凝重,季匋民飘逸。李画多用中锋,季匋民微用侧笔,——他写字写的是章草。李复堂有时水墨淋漓,粗头乱服,意在笔先;季匋民没有那样的恣悍,他的画是大写意,但总是笔意俱到,收拾得很干净,而且笔致疏朗,善于利用空白。①

惜墨如金的汪曾祺竟在短篇小说里写起大段的画论,他对于这一同中之异的重视可见一斑,我想,他其实是在以虚拟画评的方式(因为世上本无季匋民②)来反复勾描他心向往之的画风——结合李、季画风之异同,我们大致可以推测,他心目中最好的画就是一些飘逸、干净、疏朗(这是季匋民的),洋溢着"生"之欢喜的"人间草木"(这是李鱓的)。

图 2 《大葱鳜鱼图》,李鱓

翻开《汪曾祺书画集》(汪朗、汪明、汪朝编,非卖品),随处可见白菜、藕、苦瓜、荸荠、茨菰、萝卜、蟹、虾(他的虾不是齐白石那种可"赏",而是可"吃"的)之类家常食材,实、近、俗的对象使他的画作满溢着温暖、充实的烟火气,这样的气息与"轩冕才贤,岩穴上士"③的

---

① 汪曾祺:《鉴赏家》,《汪曾祺全集》(第 2 卷),人民文学出版社 2019 年版,第 280 页。
② 高邮有画家王陶民(1894-1939),曾任上海新华艺专国画系主任,兼任上海美专国画系教授。喜作水墨花鸟,博采徐渭、八大、石涛、郑燮、李鱓之众长,其中尤重复堂。有人指季匋民即王陶民,实乃索隐派之言,小说不是这样读的。
③ [宋]郭若虚:《论气韵非师》,《图画见闻志》,中华书局 1985 年版,第 29 页。

"高雅之情"相距一何远。1986年,他仿李鱓画了一幅《大葱鳜鱼图》(见图3),所不同的是,他在鱼鳞上点了嫩黄,大葱上抹了青黄,这样一来,鱼、葱就从原作的"墨戏"趣味中挣脱而出,它们不再是"三昧"的载体,它们如此生动,它们就是它们自身,仿佛随时可以烹饪,然后端上餐桌的。他画草木,杨柳、紫藤、水仙、玉兰、天竹,无不令观者感觉一阵春风扑面而来。他为一幅淡墨玉兰直接命名为"骀荡"(见图4),"骀荡"春风中,万物花开,无不陶然。

图3 仿李鱓《大葱鳜鱼图》,汪曾祺

图4 《骀荡》,汪曾祺

草木之中,他也画荷,不过,他完全抛弃了"出淤泥而不染,濯清涟而不妖"的"比德"传统,倾心于才露尖尖角的小荷或者大花大叶地铺陈、漫卷开去的大荷所展露出的生命的力或美。他还画小动物,无非是一些小猫、鼠、鸟、鸡，它们指涉不了什么，它们就是那么珊珊可喜、可怜，还不够吗？作于 1983 年的《雨》（见图 5），构图师法李鱓《蕉荫睡鹅图》——两幅画都是一株芭蕉，芭蕉下立着一只鹅或者一只不明所以的鸟。大异其趣之处在于，李鱓的是蕉自蕉，鹅自鹅，蕉、鹅各具一种非"人间"的"天"理，这一点从题画诗亦可看得分明："近来不买人间纸，种得芭蕉几万株。"李鱓还是有一颗"不染"之心。汪曾祺的则是淡墨晕染或是枯笔皴出蕉叶，硕大的蕉叶铺满整幅图，也包裹着鸟，在蕉叶如同子宫一样轻柔、温暖的庇护下，鸟淡然、无忧地栖立着，世间风雨，其奈我何？汪曾祺还要用稚拙的字体写下一个大大的"雨"字，他是要告诉人们，"雨"不再是凄风苦雨，而是好雨阵阵。看来，在现世暖风的吹拂之下，汪曾祺早已醺然不知归路。最有趣的还属画于 1988 年的《人民代表大会》（见图 6）。八只毛茸茸、肥嘟嘟，或是墨色或是松花黄的小鸡簇拥在一起，让我想起《鸡鸭名家》中的描写："小鸡娇弱伶仃，小鸭傻气而固执。看它们在竹笼里挨挨挤挤，窜窜跳跳，令人感到生命的欢悦。"把这样的欢悦命名为"人民代表大会"，表现的正是汪曾祺对于八十年代清明、活泼的政治氛围的感动，或者说是他对于好的政治的殷殷期待。对于人间，汪曾祺还是太过有情。

图 5 《雨》，汪曾祺

图 6 《人民代表大会》，汪曾祺

　　八十年代的汪曾祺最常画的是菊。李鱓《松菊图》题画诗云："百卉开尽菊始黄，木叶尽脱松犹苍。天生品格高人伴，千古陶篱杜草堂。"花鸟画中的菊一般与松、竹为侣，开放在尘世外的"陶篱"。可是，到了汪曾祺的画笔下，菊不再有隐逸气、君子风，菊就是现世的缭乱和安稳。他有一幅菊花图，上题"金背大红，十丈珠帘，鹅毛，狮子头"，你能感觉到他在罗列各色菊花时的欣喜吗，因为现世竟会繁华到不可思议的奢侈，而且，此画全不着色，只是用墨"写"出，也许，只有"五色"之墨才能暗示和收纳现世所有的繁华。不过，说到菊，哪里能够完全撇开陶渊明，1982年，汪曾祺游桃花源，也在诗中绽出一朵"陶令花"："红桃曾照秦时月，黄菊重开陶令花。十年大乱成一梦，与君安坐吃擂茶。"可是，仔细辨析，本质的差异依旧存在。陶渊明采菊东篱之"悠然"，说的是"用心若镜"，只有在绝对的静虚中，主体才能与道——南山——相遇，相遇的刹那，主体领悟着"欲辨已忘言"的"真意"，"真意"既高且妙，却是距"天"近、离"人"远的。汪曾祺也是静的，他非常喜欢程颢《秋日偶成》之一联："万物静观皆自得，四时佳兴与人同。"陈来说："对静中功夫是否有正确的认识，是区别儒与佛老的重要界限。"① 也就是说，同样是主静，佛老之"心镜""不将不迎"，是绝对的静虚，而程颢等理学家的"静观"则有一番寓动于静的主体功夫，这一主体功夫，正是陈白沙所谓"不累于外，不累于耳目，不累于一切"的"自得"②，这样的功夫到了，"万物"自然"鸢飞鱼跃"于"我"的心中。同样的意思，周敦颐《通书》也有过表述："动而无静，静而无动，物也。动而无动，静而无静，神也……物则不通，神妙万物。"③ 只有"动而无动，静而无静"，乃能"神妙万物"，既已"神妙万物"，自然四时俱有"佳兴"，这样的"佳兴"与所有"静观"者"同"。至此，我们可以总结：于"静观"中领会着"佳兴"而不是"真意"，这是理学不同于佛老，也是汪曾祺迥异于陶渊明的地方，而所谓"佳兴"，正是让"十年大乱成一梦"的一个"安"字。汪曾祺曾写这两句诗赠艾青夫人高瑛（见图7）。汪曾祺说自己的字是"《张猛龙》的底子、米字的意思"，"格韵不高"。④ 不过，米芾说，"要之皆一戏，不当问拙工。意足我自足，放笔一戏空"⑤，立足于"意"的书法自有一番流畅、洒脱，汪曾祺以这样的米字"意思"来写此联，真是深得程颢之"三昧"——"意足我自足"的流畅、洒脱不正是"四时佳兴"？汪曾祺在一首题画诗中对于菊之"佳兴"有更直接的剖明："种菊不安篱，任它恣意长。昨夜落秋霜，随风自俯仰。"（见图8）"不安篱"的反常行动颠覆了陶渊明的采菊传统，绝对的静虚解除了，于是，菊花随风俯仰，逸兴遄飞，一朵朵"恣意长"的菊花不正是一只只戾天的鸢，一条条跃渊的鱼？邵雍说，"拍拍满怀都是春"⑥，此之谓也。

① 陈来：《宋明理学》，生活·读书·新知三联书店2011年版，第263页。
② [清]阮榕龄：《编次陈白沙先生年谱》，见《陈献章集》（下），中华书局1987年版，第825页。
③ [宋]周敦颐：《通书》，《周敦颐集》，岳麓书社2007年版，第73页。
④ 汪曾祺：《自得其乐》，《汪曾祺全集》（第10卷），人民文学出版社2019年版，第177页。
⑤ [宋]米芾：《书史》，中华书局1985年版，第25页。
⑥ [宋]邵雍：《酒》，吕祖谦编《宋文鉴》，中华书局1992年版，第380页。

第三章　作为杂家、通才的汪曾祺　　125

图 7　万物静观皆自得　四时佳兴与人同，汪曾祺

图 8　《种菊不安篱》，汪曾祺

汪曾祺说，"或时有佳兴，伸纸画芳春"，于是，秋菊被他画成了春花。他还要进一步说，"秋花不似春花落，黄鸟时兼白鸟飞"，他要的是一朵永远不落的春花。这样的画家不会去画中国画热衷于表现的松、竹、梅等高冷之物，这就是所谓"宁计故为新"——汪曾祺哪里愿意钻入中国画枯、冷、瘦、空的传统，再来翻出自己的新意？就算偶或画画它们，比如《岁朝图》画了梅，他的梅也不再是一身"清气"，而是"山家除夕无他事，插了梅花便过年"，带有一种小康之家的温暖和笃实。就连非人间的梅都被他插在瓶中，置于案头，成了"人间草木"。他当然不会放过瓜果、虫鱼之类原本就属于人间的俗物，因为俗物虽俗，在"静观"之人看来，却也是一片"鸢飞鱼跃"。1984 年，他画郑燮的一副名联："一庭春雨瓢儿菜，满架秋风扁豆花。"瓢儿菜、扁豆花开启出画家的"四时佳兴"，被灌注入"佳兴"的俗物竟是如此清新喜人，摇曳生姿，我想，这就是所谓的"唯求俗可耐"吧。

三、文学：平远小景与折枝花卉

在文学创作中，汪曾祺同样强调"静观""自得"。汪曾祺说："必须把热腾腾的生活熟悉得像童年往事一样，生活和作者的感情都经过反复沉淀，除净火气，特别是除净感伤主义，这样才能形成小说。"[①] 这里的"反复沉淀"，就是"静观"的功夫，只要功夫到了，火气和感伤除净了，原本异己的世界就能一下子"鸢飞鱼跃"起来，"鸢飞鱼跃"的世界于"我"竟是如此之"亲"——所谓"熟悉得像童年往事一样"，正是一个"亲"字。汪曾祺还有诗云："近事模糊远事真，双眸犹幸未全昏。"此句诗说的是老年人的记忆，实则可以引申为文学创作的"静观"法：近事有太多的火气和感伤，无法"静观"，所以"模糊"，远事沉淀已久，不再喧腾，所以"真"，"真"即"亲"。这样的创作机制，从汪曾祺与陈白沙的"对话"中也可以看得分明。在《泡茶馆》一文中，汪曾祺回忆，在西南联大读书时，他在一家又脏又乱的小茶馆的墙壁上发现一首诗："记得旧时好，跟随爹爹去吃茶。门前磨螺壳，巷口弄泥沙。"他大为惊异："这是什么人写的呢？"这是白沙的诗句，除了"儿时"和"阿娘"被题诗者误写或是回忆者误记成"旧时"和"爹爹"，结尾两句也被隐去了："而今人长大，心事乱如麻。"白沙的诗思当然不只是抚今追昔，感叹童年的美好，他想说的

---

① 汪曾祺：《〈桥边小说三篇〉后记》，《汪曾祺全集》（第 3 卷），人民文学出版社 2019 年版，第 48 页。

是,"静观"是难的,因为世中人皆已心乱如麻,我们唯有把世界"反复沉淀"得如同儿时,世界才能重新"好"起来,"好"的世界里,磨螺壳、弄泥沙之类无意义的俗人俗事亦如画家的"墨戏",成为一种飞扬。汪曾祺之所以一再地往回走,走回高邮,走回"故人往事",就是因为那是一个"亲""真""好"的世界,"亲"的世界里的万物无一不能开启"静观"者的"佳兴",此种"佳兴",所有"静观"的读者皆同。于是,他写一个小和尚的懵懂的情,写一个挑夫女儿的坚毅的爱,写一个药店相公的卑微的祈愿,写一个悭吝的米店老板的"陡转",这些人物莫不是引车卖浆的俗人,可是,在"静观"者的心中,俗人亦如瓢儿菜、扁豆花这些俗物一样跌宕自喜,绽露着宇宙的"万回春"——他们和它们,都是真正的"俗可耐"啊。正是这些"俗可耐"的人物,让八十年代初期的读者有了一种久违的感动,因为"十七年""文革"的英雄就像"乱云飞渡仍从容"的劲松,怒放于红岩的红梅,美则美矣(因为美,所以影响至今不绝),到底少了人气,汪曾祺不写他们,而写磨螺壳、弄泥沙一样的俗人俗事,就像他不画劲松、红梅,而画瓢儿菜、扁豆花,"人间草木"一样的俗人俗事为高、冷了太久的人世吹来一阵"骀荡"春风。张诩说,白沙先生恒训之:"不离乎日用而见鸢飞鱼跃之妙。"[①] 汪曾祺真是在"日用"中见到了"鸢飞鱼跃",他对于程颢、陈白沙、王阳明的心学一路,到底是心有戚戚焉的。

汪曾祺文学与书画创作相"一律",不仅体现在他的文学题材也"不离乎日用",还体现在他的画法改造了他的写法,画法就成了写法。作为写法的画法主要有两种。其一是平远小景。汪曾祺说,他之所以只写短小说,和自己的气质有关,就像"倪云林一辈子只能画平远小景"。所谓平远,就是山水画中的自近山望远山的观照法,与自下仰上之高远、自前窥后之深远并称"三远"。汪曾祺虽然不画山水,却也熟悉、喜爱倪云林的"一河两岸"式平远小景,平远甚至成了他观照世界的最基本的方式,这样的观照法一定会令他的小说带有平远小景的诸多审美特征。首先,平远是自近观远,体现在小说里,就是作家对于小说世界的远观。远观从不专注于一物,故不会有凝视之明,不专注于一物的远观反而能收远方之万物于眼底,故又不会有扫视之晦,不明不晦、有明有晦的远观就是一种既不沉潜入对象又把对象一一交待清楚的不疾不徐的讲故事的速度和距离。比如,《受戒》一上来说明海,接着说荸荠庵的仁山、仁海、仁渡,再说小英子家的赵大伯、大娘、大英子和小英子,每一个人都交待清楚了,却又

---

① [明]张诩:《白沙先生行状》,见《陈献章集》(下),中华书局1987年版,第880页。

不在任何人身上过多停留，哪怕是明海、小英子。再如，《大淖记事》先说大淖，接着分说淖西的锡匠和淖东的挑夫，再说水上保安队，每一群人都被清楚地涂抹在远方，他们的世界却不会被涂抹的行为所惊扰。其次，这样的小说一定是叙述大于甚至吞没描写的，因为描写正是对于对象的凝视之明。即便需要勾描一下某人、某物，汪曾祺也不会停下叙述的脚步，而是尽量地寓描写于叙述。比如，要说巧云长得美，他只消说看戏时她不必带板凳，总有人给她留一个好座，戏唱得热闹，也没什么人叫好，"因为好些人不是在看戏，是看她"。外在的东西有时还不得不描上几笔，心理描写就基本绝迹了，比如，写小英子求爱，他不会纠缠于小英子复杂到纠结的内心世界，而是一径叙述下去——她"忽然"放下桨，"趴"在明海耳朵边，"小声"说："我给你当老婆，你要不要？"如此，我们便能领会汪曾祺一个近乎费解的观点："人有甚么权利去挖掘人的心呢？人心是封闭的。那就让它封闭着吧。"[1] 再次，取消了描写，也就抹去了主角与配角乃至人与物之间的界限，每个人都与他的世界交融在一起——塑造人，特别是主要人物，就是要靠聚焦和挖掘的。比如，你说得清王二、陈相公、陶先生、张汉轩，谁才是《异秉》的主角？大淖和淖边人，哪一个更重要？《三姊妹出嫁》中的秦老吉和那一副雕花、楠木的馄饨担子，哪一个更动人？徐复观说："由远望以取势，这是由人物画进到山水画，在观照上的大演变。"[2] 也就是说，远望是一种观照山水而非人物的视角，远望之中若是有人，人也被吸收进了山水之中。汪曾祺以平远观世界，他的小说也就写成了平远山水，有论者说他的小说是风俗画，良有以也。人被山水吸收，此中有人的山水在远处自在散落，由此造就了汪曾祺小说的冲淡、平和的风格。其实，冲淡、平和正是郭熙对于平远之特征的总结：

> 高远之色清明，深远之色重晦，平远之色有明有晦。高远之势突兀，深远之意重叠，平远之意冲融而缥缥缈缈。其人物之在三远也，高远者明了，深远者细碎，平远者冲澹。明了者不短，细碎者不长，冲澹者不大。[3]

---

[1] 汪曾祺：《小说的散文化》，《汪曾祺全集》（第9卷），人民文学出版社2019年版，第390页。

[2] 徐复观：《中国艺术精神》，华东师范大学出版社2001年版，第208页。

[3] [宋]郭熙：《山水训》，[宋]郭思编，杨伯编著，《林泉高致》，中华书局2010年版，第69页。

平远在"色"上"有明有晦",在"意"上冲融、缥缈,在"态"上冲淡,在"体"上不大,平远山水就是一些冲淡、平和的小景。需要说明的是,平远山水不专注于人,可整个山水都由一个"静观"者自近处朝远处所看取,所以,山水无非就是"静观"者自身。

其二是折枝花卉。汪曾祺曾用西洋画没有折枝花卉来推导中国文学全盘西化的不可能[①],姑且不问他的结论是否站得住脚,他对于中国画独有的折枝花卉的珍视还是一目了然的。所谓折枝,就是去其全貌,只取一枝红杏,几片竹影,数点苔痕,或者是用一块枯松、几节劲竹、点点梅花组合成"岁寒三友",用一些天竹、水仙、梅花杂凑出"岁朝清供"。折枝的哲学基础,是有限之我与无垠之宇宙的永恒对立以及调和此一对立的努力——我只要突破自身的有限性,悠游于宇宙之中,我就成了宇宙,宇宙也无非在我。这种哲学性的折枝,就如船子和尚《拨棹歌》中的鱼:"有一鱼兮伟莫裁,混融包纳信奇哉。能变化,吐风雷,下线何曾钓得来。"[②]一花、一鱼一世界的哲思,苏轼也有阐明:"谁言一点红,解寄无边春。"以折枝为小说,汪曾祺的小说一定会带有如下审美特征。首先是留白的艺术。折枝的要义在于以大幅空白中的一花、一枝来吞吐乾坤的风雷,汪曾祺说,短篇小说正是"空白的艺术","能不说的话就不说",说出来的吉光片羽就是全世界的脉动。他还征引郑燮论画的诗句"敢云少少许,胜人多多许",以及"包世臣论书以为当使字之上下左右皆有字",来进一步揭示小说的留白:"短了,其实是长了。少了,其实是多了。这是很划算的事。"[③]看来,最起码在汪曾祺这里,书画与文学因为都要留白所以当然是"一律"的。他还对林斤澜下过一个奇怪的判断:"他常常是虚则实之,实则虚之;无话则长,有话则短。"[④]我想,"无话则长"是指平远小景中物的铺陈,物之于人物画一样的小说当然就是"无话",而"有话则短"说的正是留白。留白的典范是《陈小手》。《陈小手》不提陈小手的外貌、性格、家庭,单说"活人多矣"的他的一次"活人"经历,就像折枝略过花卉所置

---

① 汪曾祺在《认识到的和没有认识到的自己》一文中说:"中国画里的折枝花卉,西方是没有的。更不用说墨绘的兰竹……中国文学要全盘西化,搞出'真'现代派,是不可能的。"《汪曾祺全集》(第 9 卷),人民文学出版社 2019 年版,第 489 页。

② 《船子德诚禅师》,《五灯会元》(第 5 卷),普济辑,中华书局 1984 年版,第 275 页。

③ 汪曾祺:《自报家门——为熊猫丛书〈汪曾祺小说选〉作》,《汪曾祺全集》(第 5 卷),人民文学出版社 2019 年版,第 111 页。

④ 汪曾祺:《林斤澜的矮凳桥》,《汪曾祺全集》(第 9 卷),人民文学出版社 2019 年版,第 406 页。

身的环境和主干，单画"信奇哉"的一枝。不过，因为"活人"自己反而不能活的一次诡谲经历就可以透露世界所有的荒诞和酷烈，结尾一句"团长觉得怪委屈"，更揭示出荒诞和酷烈的天经地义，天地真是不仁，这就如同画的虽然只是一片梧叶，背后其实多少秋声。留白的直接后果，就是汪曾祺的小说越写越短，越枯，就像画家笔下的一截干枝，开一朵铁骨红梅。其次是结构上的组合法。"岁寒三友""岁朝清供"所画折枝并无事理上的关联，只是一个"寒"字或者"清"字点出了它们内在的一致性。汪曾祺喜欢把三段折枝组合成一个系列，比如"故里三陈"和"桥边小说三篇"，三陈并无关联，詹大胖子、幽冥钟和茶干更是了不相干，他（它）们却一起组构出一个既温暖又苦辛的故里。组合法还体现于一篇小说的内部，他的小说往往具有《八千岁》一样的结构：先说八千岁，再说宋侉子，再说虞小兰，每段之间还用空行隔开，标明各自的独立性，最后用八舅太爷的登场把这几段折枝归拢到一处。此种结构更典范的代表是《岁寒三友》。编草帽的王瘦吾、做炮仗的陶虎臣、画画的靳彝甫，三人并无交道可打，小说也未介绍他们性格上的投缘处，更没有提供让他们订交的契机，他们做着各自的营生，他们的行状也被空行隔开，各自散落。在小说的结尾之前，他们只有过三次浅浅的交集：1. 王的草帽厂开张，靳送来一张"得利图"，陶放了一挂遍地桃花满堂红的大鞭；2. 靳捉到一只蟹壳青蟋蟀，王、陶凑上路费和赌本，让靳去兴化斗蟋蟀；3. 靳在上海开画展，王、陶看到报纸，说："彝甫出了名了！"——毕竟画在一幅画里，总要有点关联，可这点关联不足以打破他们各自的独立性。到了结尾，败落的王、陶无路可走，云游归来的靳卖了三块田黄，各给他们一百大洋，一个"友"字把散落的折枝箍成了一束。用组合法写出的小说是淡化情节的，因为各不相干的折枝之间并无发生故事的可能；也是淡化人物的，因为任一根折枝都不是画面的主角；却一定是讲求神韵的，因为只有神韵才能打破这些折枝的独立性，使它们此挹彼注、顾盼生姿起来，它们好像从来就是长在一处的。

还是说《岁寒三友》。作为文艺母题的"岁寒三友"把松这一传统儒者形象与梅这一新型隐者形象以及介乎其间的竹杂糅在一起，弥散着只有严寒才能逼出的"骨气"和"清气"，而弥散着"骨气"和"清气"的松、竹、梅正是既服膺儒家的比德鉴义又追求道家的越世畅神的传统知识分子的人格投射，它们是他们之友。[①] 也就是说，"岁寒三友"着意的是儒者、隐者

---

① 程杰：《"岁寒三友"缘起考》，《中国典籍与文化》2000年第3期。

于困窘、险恶之中始终不堕的气节，与友谊无关，所谓"友"，指的其实是人格投射。而汪曾祺所写的却不是什么儒者、隐者，而是"三个说上不上，说下不下的人"，所谓"寒"，也不是政治上的风霜刀剑，而是寻衣觅食而不得的贫寒，他的人物甚至因为贫寒而丧失了起码的气节——陶把女儿卖给连长，得了一身脏病。汪曾祺更要把"友"改写成友谊，只有友谊才能让这些普通人相互支撑，挨过极度的贫寒——面对"寒"，普通人哪里能"傲"，只有"挨"。问题随之而来：汪曾祺为什么把"岁寒三友"放这么低？其实，我们只要联系写作的时代，把"寒"理解成刚刚过去的"文革"，这一"误读"的苦衷和创造性立刻就能得到彰显：普通人无意也无力与时代大"寒"缠斗，从而怒放成一株梅，草花一样的人们唯有在友谊的支撑下，一步一挨地走过龟裂的大地。可是，在疏离、猜忌、倾轧的时代里，何来友谊？于是，他不顾王、陶、靳几无交集的事实，在小说结尾无中生有地降下一阵大雪，这不是大雪压青松，而是友谊的雪花在翔舞，片片好雪抹平了世间所有的伤口。从这个角度说，汪曾祺还是把"岁寒三友"这种高、冷的世外草木写成了温暖的"人间草木"，他的文与画真是"一律"的。①

四、书画与文学联动的"衰年变法"

早在 1983 年，汪曾祺就说到"衰年变法"："也许我有一天会像齐白石似的'衰年变法'，但目前还没有这意思。"② 当时的汪曾祺已经年过花甲，却因为时代的误会而正处于萨义德所说的"适时"，"衰年变法"于他还只是"也许"而已。到了 1989 年，汪曾祺在丁聪为他所作的漫画上题像赞云："衰年变法谈何易，唱罢莲花又一春。"至此，"衰年变法"被他正式提上日程，只是一时还理不清头绪，故有"谈何易"的感喟。仅过了两年，汪曾祺就正式宣布："'衰年变法谈何易'，变法，我是想过的。怎么变，写那首诗时还没有比较清晰的想法。现在比较清楚了：我得回过头

---

① 把"友"由精神伴侣转化为友谊，并用友谊慰藉荒寒、龟裂的人间，这样的努力，就是他一再论及的"滋润"说："喧嚣扰攘的生活使大家的心情变得很浮躁，很疲劳，活得很累，他们需要休息，'民亦劳止，汔可小休'，需要安慰，需要一点清凉，一点宁静，或者像我以前说过的那样，需要'滋润'。"见《〈汪曾祺小品〉自序》，《汪曾祺全集》（第 10 卷），人民文学出版社 2019 年版，第 208 页。

② 汪曾祺：《我是一个中国人——散步随想》，《汪曾祺全集》（第 9 卷），人民文学出版社 2019 年版，第 275 页。

来，在作品里溶入更多的现代主义。"①也就是说，汪曾祺意义上的"衰年变法"，就是"回过头来"以他"早期"所热衷的现代主义来对抗、消解他"适时"所倡导的现实主义。如果说他一再倡导的现实主义是一种抒情的人道主义，一定"要有益于世道人心"的话，那么，他试图"溶入"的现代主义就不会只是一种舶来的文艺思潮，而是一种反抒情的态度，这样的态度，是要跟过于一本正经的世道人心开上一个不大不小的玩笑的。1994年，在丁聪为他所作的另一幅画像上，汪曾祺题诗曰："亦有蹙眉处，问君何所思？"一向慈眉善目的人道主义者蹙起了眉头，从来都锚定在世道人心的思绪竟飘然不知所终，汪曾祺在反抒情的道路上已走得太远。反抒情的最佳突破口当然是性，因为性从来不只是性本身，性是我们面对自身以及世界的根本态度。"适时"汪曾祺的小说世界里，性是朦胧的、暗示的、抒情的，就像《受戒》里"这一串美丽的脚印把小和尚的心搞乱了"，也像《大淖记事》中巧云、十一子在沙洲的茅草丛中呆到月到中天，"月亮真好啊！"但是，到了"衰年变法"后的"晚期"，抒情的性一下子不见了，代之以一对奶子"尖尖耸耸的，在蓝布衫后面顶着"（《薛大娘》）之类直白的性，或是谢淑媛和侄子谢普天做爱，"炸雷不断，好像要把天和地劈碎"（《小嬢嬢》）这样的既像是毁灭也仿佛重生的不伦的性。基于此，我曾认定，"晚期"汪曾祺以直白之性、不伦之性颠覆掉抒情态度，发现了一直被抒情态度所遮蔽的阴邪的美丽、窒息的狂欢，更发现世界原来充斥着丑恶以及比丑恶更让人恶心的说不清道不明的东西。"适时"汪曾祺的小说就像小英子家春联上写的"向阳门第春常在，积善人家庆有余"，是温暖的金黄色，"晚期"汪曾祺则是蓝色的，一种烧灼到冰凉、疯癫到宁静的颜色，就像谢淑媛与谢普天做爱，雨一直下，"一个一个蓝色的闪把屋里照亮，一切都照得很清楚"。

　　接下来的问题是，是一种什么样的强大力量催促着汪曾祺从金黄色决绝地走向了蓝色，他的"衰年变法"竟会如核裂变一般惊天动地？我认为，这样的力量之中当然有艺术上不断求新、求变的渴望，更是老／死之将至、已至的恐惧猛烈地锤击着他，使他不得不以一浪高过一浪的逾越、冒犯、断裂来嬉笑乃至摧毁自身的同一性，从而证明自己还不算太老——七十三岁生日那天，汪曾祺作文《祈难老》，他的"衰年变法"可以视为"祈难老"的一种方式。这一隐秘的心理动因，从他宣布要以"溶入更多的现代主义"的方式进行"衰年变法"的文章其名为"却老"这一

---

① 汪曾祺：《却老》，《汪曾祺全集》（第5卷），人民文学出版社2019年版，第315页。

点，就可看得非常清楚。这样的"衰年变法"比起齐白石那次更为著名的"衰年变法"①来，要疼痛、虚无了太多。齐白石的"衰年变法"是在陈师曾等人的点拨下，以"超凡之趣"来发现自我、确立自我。白石老人诗云："扫除凡格总难能，十载关门始变更。"这里的"始"字轻轻拈出他"变法"成功之后的轻松和欣喜，他的"变法"对于自身实在是一种肯定，自我确立之后的他理所当然地获得了"百金尺纸众争夸"的世俗荣耀。汪曾祺的"变法"则是一种否定，他是以瓦解自身的早已被世俗所肯定的同一性的方式来对抗老/死的压迫，这样的否定说到底当然也是一种肯定，只是这一肯定最终指向了虚无。这里的虚无包括两层意思。首先，汪曾祺无法以否定的方式来重建自身的同一性，于是，不仅读者困惑那个熟悉的汪曾祺到哪里去了，就连他本人也把握不准自己的"衰年变法"是"迟开的玫瑰"还是"胡闹"；其次，不管多么热辣的冒犯终究还是徒劳的，老/死还是生而为人者最终极的可能，《露水》结尾一句"露水好大"，道出所有"在死者"的寒冷。不过，反抗了，就有人性的回声，逾越

---

① 陈祥明认为，齐白石"衰年变法"的关键在于他创造出一个经过提纯、升华的经验世界，这个世界的特点有三：首先，从题材上看，什么样的俗景俗物皆能入画，哪怕是苍蝇、老鼠、盆瓢等从来不登绘画的大雅之堂的对象；其次，从对题材的处理上看，重"传神"而非"写意"，而"写意"正是文人画之魂；再次，从艺术趣味上看，不再呈现飘渺不可捉摸的"文人"的"理趣""雅趣"和"书卷气"，而是散发着与日常生活相关联的童趣、俗趣、智趣。在此基础上，他进一步总结，齐白石变法的贡献在于："超越了明清以来文人画的藩篱，打破了'意趣中心论'，突出了'形神中心论'，恢复了或者说复兴了中国艺术的更古老传统。"详参《齐白石衰年变法再探索》一文，《美术观察》2000年第5期。我的看法是，齐白石变法的贡献未必只在于突出"形神中心论"，但他对明清文人画太重高雅、高洁的"文人"意趣这一"藩篱"或叫"凡格"（作画原本正是"文人"脱俗近雅的方式，但一味的雅其实就是俗，就是"凡格"）的突破，应该是深得汪曾祺的会心的。汪曾祺回忆，齐白石为荣宝斋画笺纸，一朵淡蓝的牵牛花，题了两行字："梅畹华家牵牛花碗大，人谓外人种也，余画其最小者。"他由此得出结论："此老极风趣幽默。寻常画家，哪得有此。此是齐白石较寻常画家高处。"高，不是遗世独立，而是不离俗世的风趣幽默。见《谈幽默》，《汪曾祺全集》（第10卷），人民文学出版社2019年版，第250页。此外，"衰年变法"是一个书画界的常见话题。比如，王伯敏在《黑墨团中天地宽——论黄宾虹晚年的变法》一文中分析，黄宾虹一生创作可以划分为早、中、晚三个期，"早期是五十岁以前，致力于传统学习；中期是五十岁至七十岁，深入山川，师法造化；晚期是七十岁以后，在艺术上作出了卓越的创造"。他的晚期山水画，"风范气候，极妙参神"。而黄宾虹的晚年变法，集中于三点："一是运用积墨、宿墨和渍墨的'三墨法'；二是点彩法；三是铺水法。三法归一，即所谓黄宾虹晚年臻于神化的墨法。"《新美术》1982年第4期。再如，张大千二十世纪五十年代移居巴西，1959年，以泼墨法画出《山园骤雨图》，此为他"衰年变法"之始，1961年，变泼墨为泼彩，从而确立自己的艺术风格并奠定在国际画坛的地位。详参彭永馨《传统的流变与重构：张大千晚年山水变法考略》，《内江师范学院学报》2017年第1期。

了，蓝色之美便横空出世，汪曾祺"衰年变法"的意义，如何评价都是不过分的。

其实，早在1984年，汪曾祺的小说创作就陷入过低潮，整整一年时间，他只写出《拟故事两篇》和《日规》。这一惊人的沉寂标明，他虽未明确意识到"衰年变法"的必然，他的笔却已无法惬意地滑动于"适时"的轨道。他的另一支笔，画笔，到底离他的生命更近些，就在1984年5月，他冲破由杨花、紫藤和玉兰"闹"出的一片春意，石破天惊地画出一幅大写意的《狗矢！》（见图9）。中国画论以逸品为最上，所谓逸品，就是黄休复所说的"拙规矩于方圆，鄙精研于彩绘"[①]，徐复观以逸品高于神品，也是着眼于规矩："神是忘规矩，而逸则是超出于规矩之上。"[②]"拙"规矩的旨归，在于把握世界的"真意"，因为正是规矩阻挠着我们与"真意"相遇，这一点，陈与义的诗也说得很清楚："意足不求颜色似，前身相马九方皋。"不过，《狗矢！》的大写意绝不是他所欣赏的"逸笔草草，不求形似"，而是实实在在的潦草，因为他无意与"真意"相遇，"真意"甚至压根不存在，他是要以潦草来冒犯温文尔雅的世界，潦草就是他对世界的态度本身，因为这样的世界不值得认真对待。这幅画更有趣的地方在于画中人紧闭的双眼和微微下垂的嘴角：下垂的嘴角流露出他的不屑和厌恶，紧闭的双眼又阻断了世界向他申诉、涌动的通道，世界狡辩什么，他都不听的，于是，"狗矢！"就成了他对于世界的单向度的、不由分说的宣判。画之不足，汪曾祺还要用浓墨写上大大的"狗矢"，再打上一个惊叹号，"世界＝狗矢"的判决就成了铁案。《狗矢！》当然只是汪曾祺的戏谑之作，可是，当一个抒情的人道主义者不再慎重而是戏谑地面对世界的时候，我们可以想见，他的世界出现了深刻的裂痕。这还只是汪曾祺"胡闹"的开始，两年后，他仍以潦草笔墨涂抹出一幅打坐图。一般想来，打坐者应该闭上双眼，保持内心的静虚和全真，可是，这个打坐者的一切都被省略了，只剩下一双大大的眼睛瞪着这个世界："甚么？""甚么？"是疑问，因为世界纷乱到令人不解；更是震惊和愤怒：怎么可以这样？汪曾祺说潘天寿的画有些是"有情绪"的，他的鸟，"都是眼朝画外，似乎愤愤不平，对画里的花花世界不屑一顾"。[③]《甚么？》却连花花世界都一概略

[①] [宋]黄休复：《益州名画录》，何韫若、林孔翼注，四川人民出版社1982年版，第1页。

[②] 徐复观：《中国艺术精神》，华东师范大学出版社2001年版，第194页。

[③] 汪曾祺：《潘天寿的倔脾气》，《汪曾祺全集》（第6卷），人民文学出版社2019年版，第310页。

过，只剩下一双惊诧的眼睛和一个大大的问号，汪曾祺比潘天寿应该"有情绪"太多吧！

图9 《狗矢！》，汪曾祺

汪曾祺用"狗矢！"和"甚么？"震裂原本稳妥的抒情世界，开始了艰难且虚妄的"衰年变法"，于是，他作文不再是"人间送小温"，他的"宿墨残笔"也不再只是"画芳春"，他走向了他的文学和书画艺术共同的"晚期"。"晚期"汪曾祺的画与"适时"的"人间草木"比起来，有两大变化。首先，"适时"汪曾祺强调用墨，他说："我的调色碟里没有颜色，只是墨，从渴墨焦墨到浅得像清水一样的淡墨。"① 以墨写草木，一来是因为"五色"之墨包纳了世界的万千之色，二来是因为颜色会破坏他的书画的"萧萧"之气，只有这些"萧萧"书画才能与那些"淡淡"文章一起组构成一个"疏朗清淡"的艺术世界。《鉴赏家》中的季匋民亦爱墨荷，有一次，他为叶三画了张红荷，并题"为君破例著胭脂"，此处的"破例"正说明季匋民以及汪曾祺本人对于墨荷之"例"的谨守和珍视。但是，到了"晚期"，他开始大量使用颜色，特别是大红，他会盛开一座山的芍药，在迎风乱舞的苍松

---

① 汪曾祺：《〈晚饭花集〉自序》，《汪曾祺全集》（第9卷），人民文学出版社2019年版，第288页。

上点满红梅，在一池墨叶中长满朱荷，甚至让红与黑泼染在了一处，成为一种不明所以但一定是盛夏时节不要命似的疯长的花树。对于设色从"萧萧"转向浓墨重彩这一"衰年变法"的深层动因，汪曾祺自己有清醒认知："近年画用笔渐趋酣畅，布色时成鲜浓，说明我还没有老透，精力还饱满，是可欣喜也。"①——"鲜浓"原来说明还没"老透"，为了证明自己还没"老透"只好一个劲儿地朝"鲜浓"处走，这就好比文学中的逾越和冒犯正是"却老"的一种方式。其次，由"萧萧"转成"鲜浓"，汪曾祺作画就不再是要经由"静观"来体悟"佳兴"，而是意欲于万千色相中展现生命的飞扬和恣肆。董其昌说，"一切过去相、见在相、未来相，绝不挂念"②，此为"无相法门"，执着于一切色相的汪曾祺远离甚至嬉笑了此一法门，他要的不是虚无缥缈的"放一大光明"，而是此刻光亮中最红的红、最黑的黑。生命暮年，汪曾祺极爱"万古虚空，一朝风月"八个字，1996年初冬，他用浓重而非洒脱的字体写下此联，起首的"万"字还被墨水洇成一团，这不是力透纸背，而是对于此刻色相的不胜低回。几乎同时，他又创作同名画作（见图10），依然是略脱形象的朱荷墨叶铺满全纸，可是，蓝、粉、金、白突破了红、黑的围困，它们在招摇、在跳跃、在呼喊，一池荷花成了一汪艳异的梦境，就像他的小说的蓝色之美。其实，天柱崇慧禅师的偈语原本是"万古长空，一朝风月"，说的是离长空无风月，离风月无长空，我们应于此身之风月印证万古之长空，而长空、风月无非都是真如。汪曾祺改"长空"为"虚空"，就是以真如为虚，以风月为实，风月如果似实实虚的话，他就必须用最淋漓的色彩把虚画成实，暮年的他太需要这个实来抵抗即将来临的彻底的虚。

　　生命的终点，岁在丁丑，汪曾祺作长横幅的朱荷墨叶图，浓艳的大花大叶塞满了画面的每一个角落，以至于他只能在枝叶的缝隙间写上小小的"曾祺丁丑"——疏朗、空白，那是有"佳兴"的人的趣味，在汪曾祺的临终之眼里，每一朵花，每一柄叶，都是他对于现世的极度的沉湎，也是永远的告别，那么多花叶挨挨挤挤在一处，汇成了一声大大的却又说不出来的再见！

---

　　① 汪曾祺：《只可自怡悦，不堪持赠君》，《汪曾祺全集》（第10卷），人民文学出版社2019年版，第413页。

　　② [明]董其昌：《画禅室随笔》（卷三），屠友祥校，上海远东出版社1999年版，第185页。

图10 《万古虚空，一朝风月》，汪曾祺

第四节 孤愤，还是有所思？
——论汪曾祺从《聊斋志异》翻出的"新义"

一、缘起

汪曾祺与《聊斋志异》的缘分颇深。1962 年，甫一调入北京京剧团，他就跟薛恩厚合作，把《小翠》改编成京剧，剧本一度佚失，1980 年，二人重写《小翠》。"文革"到来，《小翠》成了一株"大毒草"，就算"解放"他的关口，李英儒都不忘敲打："准备解放你，但是你那个《小翠》还是一个反党反社会主义的毒草。"[①]1987 年 8 月 1 日，他开启"聊斋新义"的写作，完成《瑞云》。8 月底，他赴美参加爱荷华大学的"国际写作计划"。9月里，他忙着诗酒唱酬，私底下则"写作颇勤快"，接连写下《黄英》、《蛐蛐》（即《促织》）、《石清虚》。在给施松卿的家书里，他顾盼自雄："我已经写完了《蛐蛐》，很不错。"他还罕见地给自己下了一个"定论"："我觉

---

① 汪曾祺：《关于我的"解放"和上天安门》，转引自陈徒手的《汪曾祺的文革十年》，《读书》1998 年第 11 期。

得改写《聊斋》是一件很有意义的工作,这给中国当代创作开辟了一个天地。"[1]古华建议他再赶出十篇,凑一本书交陈映真在台湾出版,他说:"我不想这样干。我改编《聊斋》,是试验性的。这四篇是我考虑得比较成熟的,有我的看法。赶写十篇,就是为写而写,为钱而写,质量肯定不会好。"[2]"不想"建基于他对已经写好的四篇的高度自信,没想到,接下来的两个多月,他文思枯竭,一时不知何从下手,自傲的他只能归咎于版本:带去的是一个选本,只选名篇,而名篇是没法改写的,"即放不进我的思想",他打算从"一些不为人注意的篇章"着手。[3]不过,放弃名篇,不就是回避与高手过招,不已经是气馁?12月下旬,他回到北京,直至1988年新春,才写出《陆判》,6月,又改好《双灯》《画壁》。1989年,他从《佟客》的"异史氏曰"衍生出《捕快张三》,并把《凤阳士人》改成《同梦》。其后,他好像意兴阑珊,或者是难以为继了,虽然七十岁生日(1990年元宵节)时发愿"把《聊斋新义》写完"[4],但还是蹉跎许久,直至1991年7月,才陆续改出《明白官》(《郭安》)、《牛飞》、《老虎吃错人》(《赵城虎》)、《人变老虎》(《向杲》),为凡十三篇的"聊斋新义"画上一个略觉潦草的句号。

"故事新编"从来都是难的。像鲁迅那样,"只取一点因由,随意点染,铺成一篇",容易流入"信口开河"和"油滑";[5]如汪曾祺的"小改而大动"[6],则未免有些束手束脚,不能骋怀,而且,如何找到一个小的点,牵一发而动全身,更是一件令人头疼的事情。1995年,汪曾祺索性抛开原典,径自根据"书生—狐仙"这一《聊斋》母题,写出《名士和狐仙》,《名士和

---

[1] 汪曾祺:《870920/21/22致施松卿》,《汪曾祺全集》(第12卷),人民文学出版社2019年版,第204页。

[2] 汪曾祺:《871020致施松卿》,《汪曾祺全集》(第12卷),人民文学出版社2019年版,第218页。

[3] 汪曾祺:《871124/25致施松卿》,《汪曾祺全集》(第12卷),人民文学出版社2019年版,第240页。

[4] 汪曾祺:《七十书怀》,《汪曾祺全集》(第5卷),人民文学出版社2019年版,第221页。

[5] 鲁迅:《故事新编·序言》,《鲁迅全集》(第2卷),人民文学出版社2005年版,第354页。

[6] 《人民文学》1988年第3期发表第一批"新义"时,汪曾祺写了一个"后记",说:"前年我改编京剧《一捧雪》,确定了一个原则:'小改而大动',即尽量保存传统作品的情节,而在关键的地方加以变动,注入现代意识。"

狐仙》不正可以视作一篇更汪曾祺的《聊斋》之"新义"？① 所以，不算《小翠》（合写，且是京剧剧本，剧本服从于演出），我有理由认定"新义"一共十四篇。

回顾"聊斋新义"不算短暂的写作过程，考察它问世后迥异的反应，再参看汪曾祺的《聊斋》阅读、评说史，有如下两点值得思考：

一、汪曾祺谈艺衡文时很少谈及《聊斋》，不多的几处议论，着眼点也较为枝节。比如，《揉面——谈语言运用》征引《翩翩》中翩翩与花城娘子的打趣，来说明人物语言应该平易、家常；《城隍·土地·灶王爷》说城隍，就提一下《考城隍》，谈土地，便联想到王六郎是招远县邬镇土地，顺便说一句"《王六郎》是一篇写得很美的小说"②。他倒是一再说到纪昀之于《聊斋》的两点"未解"：1. 要么是《异苑》一样的小说（志怪），要么是《会真记》式传记（传奇），"今一书而兼二体，所未解也"；2. 小说是叙述见闻的，"不比戏场关目，随意装点"，"今燕昵之词、媟狎之态，细微曲折，摹绘如生。使出自言，似无此理；使出作者代言，则何从而闻见之？又所未解也"。③ 纪昀的"未解"被鲁迅归结为《聊斋》的特点："用传奇法，而以志怪……"④。耐人寻味的是，鲁迅的审美取向恰恰远《聊斋》近《阅微草堂笔记》，以《笔记》"尚质黜华"故。汪曾祺对纪昀的訾议本不以为然，说他真是个迂夫子，"以为小说都得是记实，不能'装点'"⑤，以至于他对鲁迅推崇《笔记》也持保留意见。到了1991年，他重读《笔记》，态度发生变化，觉得鲁迅的推崇是"有道理的，深刻的，很叫人佩服"，并把这一变化归结为自己上了年纪。⑥ 上年纪的人也许会"尚质黜华"，审美天平从

---

① 夫人去世前做主，让自己的随身丫环和老爷结为连理，丫环还是个狐仙，这个故事也有出处，就是《小梅》。略有不同的是，《名士和狐仙》里的小莲子是狐仙，出于张汉轩的推测，大家对此"高见"将信将疑。

② 汪曾祺：《城隍·土地·灶王爷》，《汪曾祺全集》（第5卷），人民文学出版社2019年版，第271页。

③ 纪昀门人盛时彦在《姑妄听之·跋》中记先生语录，见《阅微草堂笔记》，韩希明译注，中华书局2014年版，第1475页。汪曾祺在《小说陈言》《捡石子儿——〈汪曾祺选集〉代序》等文提及这一"公案"。

④ 鲁迅：《中国小说史略》，《鲁迅全集》（第9卷），人民文学出版社2005年版，第216页。

⑤ 汪曾祺：《小说陈言》，《汪曾祺全集》（第9卷），人民文学出版社2019年版，第509页。

⑥ 汪曾祺：《纪姚安的议论》，《汪曾祺全集》（第10卷），人民文学出版社2019年版，第140页。

华丽的《聊斋》倒向淡雅的《笔记》。可是,汪曾祺不是一向"喜欢疏朗清淡的风格,不喜欢繁复浓重的风格"[①],也正因此,他才会折服于归有光的"无意为文"和"随事曲折"[②]?于是,我有理由推测,他也许一上来就不太能接受《聊斋》这种"有意作文,非徒纪事"[③],太浓烈、太逞才的写作,所谓翻出"新义",就是要改造它,把他自己"放"进去。那么,挑哪些篇什来改造,怎么改造?以留仙之才,纪昀尚自谦莫逮其万一,汪曾祺就能相颉颃、消化并推陈出新?

二、果然,"文人"汪曾祺游于小说、诗、文、书、画、戏、美食等诸多领域,触处皆春,叫好一片,偏偏他所看重的"新义"越写越零落,且评价不一。程绍国说:"当初汪曾祺,《受戒》、《异秉》、《大淖记事》一出,可谓神州清凉,慢慢地,美文便少了,到了《聊斋新义》系列,就瘪了,不读也罢。"瘪不瘪,程绍国说了不算,他所录《北京文学》原主编章德宁对林斤澜说"新义"时的断语,倒是十分耐人寻味的,因为林和汪知交半生,他对程转述章的"差评"这一行为本身就是一种不是态度的态度——程的记载应是忠实的,起码是对林的态度的实录,因为《林斤澜说》经林审阅,且于他生前行世。章对林说:"倘若不是你拿过来,倘若不是汪曾祺写的,我根本不发。"[④]不过,"后生小子"史航拍案叫绝,认定"新义"是一本"感奋之书":用笔简易,态度从容,于从容中让人感奋。2020年初,汪曾祺百年诞辰前夕,史航策划出版《聊斋新义》单行本,并作序言《我就是想说说我的惊奇》。[⑤]这些据说是编者不想发、读者不愿看的文字,怎么就让史航和一帮同好们"感奋"和"惊奇"了,我们应该相信谁?

---

① 汪曾祺:《我的创作生涯》,《汪曾祺全集》(第10卷),人民文学出版社2019年版,第70-71页。

② 汪曾祺:《谈风格》,《汪曾祺全集》(第9卷),人民文学出版社2019年版,第313-314页。

③ 冯镇峦:《读聊斋杂说》,见《聊斋志异》(会校会注会评本),张友鹤辑校,上海古籍出版社2011年版,第9页。

④ 程绍国:《上下求索——林斤澜的文学之旅》,《林斤澜说》,人民文学出版社2006年版,第23页。十几篇"新义",只有《画壁》一篇发在《北京文学》,章的话也许只针对《画壁》,林的转述一定程度上却代表了他对"新义"的整体观。

⑤ 参见汪曾祺:《聊斋新义》,广东人民出版社2020年版,序言。

二、不要文才，要诗情

蒲松龄少负文名，1658 年，他十八岁，初应童子试，即以县、府、道三试第一进学。谁想到，初试啼声即是最后的辉煌，其后他蹭蹬场屋半个世纪，直至 1710 年，年届古稀的他援例出贡，为"落拓名场五十秋，不成一事雪盈头"的举业生涯画上一个尴尬的句号。在屡败屡战的黯淡日子里，他对自己的文才越是有"千古文章赖我曹"的自信，越是奢望帘内或许还会有第二个"真宣圣之护法，不止一代宗匠，衡文无屈士已也"① 的施闰章，就越是不得不把自己的一腔幽怨和满腹才华"闲抛闲掷"于诗（写"鬼狐传"可以逞才、遣兴，类同于作诗，与写八股文章殊途）、酒，诗酒成了他的忘忧国。于是，他的生命被撕裂成半是文章半是诗酒，他说，"憎命文章真是孽，耽情诗词亦成魔"②，又说，"诗酒难将痴作戒，文章真与命为仇"③。钱钟书引《随园诗话》中的"时文之学，有害于诗，而暗中消息，又有一贯之理"，以及《池北偶谈》所录汪琬的"时文虽无与诗古文，然不解八股，即理路终不分明"，来论证八股工则诗之章法必严，八股与诗根子上相通的道理。④ 此说当然有理，但蒲松龄的问题并不是纵情诗酒或许有损于作文，而在于衡文的大抵是乐正师旷（瞎）、司库和峤（贪）者流，纵是明珠，也只能暗投。再往深处说，在他的世界里，文章与诗酒的两造并不平衡，文章是"孽"、是"仇"，是拔不掉的一根心头刺，正因为这根刺始终拔不掉，他才会"魔"于诗、"痴"于酒，越是"戒"不掉诗酒，就越说明他对于文章的不能忘情，文章才是他的立身之本。《考城隍》剖明了他生命中文章与诗酒的辩证，《聊斋》以此为第一篇，当有深意存焉。肃穆的阴间考场，题纸飞下，上书八个字，"一人二人，有心无心"，宋公答以"有心为善，虽善不赏；无心为恶，虽恶不罚"，诸神传赞不已，录为城隍。同考的张秀才名落孙山，因宋母还有阳寿九年，宋乞奉

---

① 这是《胭脂》的"异史氏曰"对山东学政施闰章的赞词。正因为施先生青眼有加，蒲松龄方能弱冠掇芹。

② 蒲松龄：《寄怀张历友》，《蒲松龄集》，路大荒整理，上海古籍出版社 1986 年版，第 536 页。

③ 蒲松龄：《如水新酿熟清夜见招》，《蒲松龄集》，路大荒整理，上海古籍出版社 1986 年版，第 695 页。

④ 钱钟书：《诗与时文》，《谈艺录：补订重排本》（下），生活·读书·新知三联书店 2001 年版，第 692-693 页。这个道理，《儒林外史》中的鲁编修也说得分明："八股文章若做的好，随你做甚么东西，——要诗就诗，要赋就赋，——都是一鞭一条痕，一掴一掌血；若是八股文章欠讲究，任你做出甚么来，都是野狐禅，邪魔外道！"

养以终其年,由张暂时摄篆。二人分别时,张以诗赠别,中有"有花有酒春常在,无烛无灯夜自明"之句。但明伦评:"有心为善四句,自揭立言之本旨,即以明造物赏罚之大公。至有花有酒二语,亦自写其胸襟尔。"也就是说,义理和诗情俱出自蒲松龄的"自揭"与"自写",宋和张不过是他的分身,把他们综合到一处,才是一个既醇正又潇洒的柳泉居士。但是,潇洒的那个不是落榜了,始终徘徊于醇正之人的阴影处?而且,阴影里依旧"自明"的襟抱犹如"落落秋萤之火",他会不会有"惊霜寒雀,抱树无温;吊月秋虫,偎阑自热"的寒冷、寂寞感,不得不于"青林黑塞"之间寻找一些慰藉?① 从这个角度说,张是蒲松龄的现实,宋才是他的理想,志愿不及申,他只能花间一壶酒,以谈狐说鬼来发出自己的一点光明。而且,就算是谈狐说鬼,他也还是有着做文章的正大,论者这才激赏《聊斋》议论之醇正,就像唐梦赉所说:"今观留仙所著,其论断大义,皆本于赏善罚淫与安义命之旨,足以开物而成务,正如扬云法言,桓谭谓其必传矣。"② 理学家早已援佛入儒,《聊斋》有时直接向世间洒起了菩萨的雨露:"愿此几章贝叶文,洒为一滴杨枝水!"

  文章才是蒲松龄的"孽"和"仇",他的主人公就多是书生,他们的赛道是场屋,结局大概都是文章憎命、所遇不偶。就算少数人得遂所愿,如《红玉》《凤仙》,也是靠鬼、狐之助,非人力可为。可是,世间哪有这些美好且神通广大的鬼狐呢,她们于书生灯下苦读时搴帘而入,粲然一笑,便依偎入怀,只是做了半辈子西宾的蒲松龄枯坐在毕刺史家的绰然堂时所做的一场场"香梦"而已,就像他的诗云:"一群姊妹杂痴嗔,翠绕珠围索解人。刺史高楼一角明,香梦重寻春复春。"③ 梦的世界里,他求仁得仁,最销魂的梦境中,他竟有机会为"绛妃"写起洋洋洒洒的"讨封氏檄",大有力士脱靴、贵妃捧砚的得意,煞是痛快!但是,梦越是酣畅,梦醒后他就越是无法直面有志不获骋的现实。于是,他心痛如刀割,就在《王子安》中痛诉秀才入闱时似丐、似囚、似秋末之冷蜂、似出笼之病鸟、似被絷之猱、似饵毒之蝇、似破卵之鸠的惨状;他出离愤怒,就让《司文郎》里的瞽僧痛斥帘内人不单眼瞎,而且"鼻盲"……不过,不管如何怨

---

  ① "落落秋萤之火"诸语,均出自蒲松龄《聊斋自志》,《聊斋志异》(会校会注会评本),张友鹤辑校,上海古籍出版社2011年版,第1-3页。
  ② 唐梦赉:《唐序》,见《聊斋志异》(会校会注会评本),张友鹤辑校,上海古籍出版社2011年版,第5页。冯镇峦《读聊斋杂说》也说到,《聊斋》不单文笔之佳,独有千古,更妙在其"议论醇正"。
  ③ 路大荒:《蒲松龄年谱》,齐鲁书社1980年版,第85页。

诽，他于举业还是须臾不能忘情的，他笔下的叶生就算成了鬼，也要借弟子的福泽为自己的文章吐气，"使天下人知半生沦落，非战之罪也"。鬼叶生甚至还要中举、还乡。妻子见到，掷具骇走。叶生说，才三四年不见，你怎么就不认识我了？我现在富贵了啊。妻子说，你都死了这么久了，还说什么富贵不富贵？叶生逡巡入室，"见灵柩俨然，扑地而灭。妻惊视之，衣冠履舄如脱委焉"。冯镇峦说《叶生》是"聊斋自作小传"，一语道尽蒲松龄的悲哀，蒲松龄不正像叶生一样，虽人犹鬼，必须用《聊斋》的漫天花雨来说宣告自己的沦落也是"非战之罪"？余集说，留仙少负异才，以气节自矜，然落拓不偶，"平生奇气，无所宣泄，悉寄之于书"。① 既为一股"无所宣泄"的"奇气"所贯注，《聊斋》当然就是一部"孤愤之书"，就算那些旖旎的、意气风发的篇章，好像跟孤愤并无干系，也还是孤愤的另一种表达，一碰见"灵柩俨然"一样的现实，就会"扑地而灭"，裸呈出骨子里无计消除的忧伤。关于孤愤，二知道人（蔡家琬）有过深入阐发："蒲聊斋之孤愤，假鬼狐以发之；施耐庵之孤愤，假盗贼以发之；曹雪芹之孤愤，假儿女以发之：同是一把辛酸泪也。"② 问题在于，太执着于举业的蹉跎，太渴望一浇胸中愤恨难平的块垒，加之立意又谨遵义理，力求平允、醇正，蒲松龄大多数创作就难免"穷措大"气，不得飞扬。

到了"新义"，那些以举业为性命的书生统统不见了，汪曾祺喜欢写沽酒小二、捕快等俗人，就像他一贯所写的和尚、锡匠、挑夫、相公。不过，满《聊斋》都是形形色色的书生，躲是躲不过去的，那就果断换掉他们的身份和志愿，从而与蒲松龄的孤愤划下斩斩分明的界限——不再孤愤，是时代的馈赠，汪曾祺终于可以不必像传统文士那样被几乎是命定的不幸牵着鼻子走，从而能够从容地打量世界、凝视自身了。比如，《画壁》中的朱孝廉（举人）成了商人朱守素，他不再客于都中（举人进京是要赶考，以博取更大的功名的），而是赶着驼队，往来于长安和大秦，并于酒泉的佛寺遭遇那一幕幻境。更典型的例子是《陆判》的改写。朱尔旦性情豪放，但天生愚钝，"学虽笃，尚未知名"，而尚未知名的书生渴望的不就是在大比中扬名？《镜听》中的大郑"早知名"，父母遂过爱之而

---

① 余集：《余序》，见《聊斋志异》（会校会注会评本），张友鹤辑校，上海古籍出版社2011年版，第6页。

② 二知道人：《红楼梦说梦》，曾祖荫等选注：《中国历代小说序跋选注》，长江文艺出版社1982年版，第224页。

及其妇,二郑落拓,父母则恶之亦及其妇。当二郑的捷报传来,正在暑热中一边饮泣一边为全家作炊的次妇"掷饼杖而起",大呼我也凉快凉快去,异史氏不禁拍案叫绝:"真千古之快事也!"从未体验过此等快意的蒲松龄当然愿意给一派天真、豪气的朱尔旦以巅峰体验,便想落天外地让他跟陆姓判官结成酒友。一饮千钟时,他们聊的是制艺,抵足而眠时,他们讨论的还是窗稿。是朱的愚呆让陆忍无可忍了吧,陆于冥间的千万颗心中捡得一枚慧心,换下朱那个毛窍堵塞的"肉块"。是岁,朱"科试冠军,秋闱果中经元"。到了"新义"里,朱所痛苦的就不再是文才平平所以没法扬名于场屋,而是性本好诗歌,但他那"一疙瘩红肉"的窟窿眼都堵死了,就是写不出一个好句子。推杯换盏时,陆嘲笑他:"你的诗,还不如炒鸡蛋。"直至陆给他换上一颗玲珑的心,他才有了灵动的诗情,写出几首好诗,让世人传唱,这样的快意,当不下于蟾宫折桂吧?汪曾祺也描述过自己写出好句子时的快感:凝眸既久,欣然命笔,人沉浸在甜美的兴奋和超常的敏锐之中,真是虽南面王不与易也;写成之后,提刀却立,四顾踌躇,对自己说,你小子还真有两下子,此中乐,非外人所能想象。① 把困扰于文才的书生改写成渴慕诗情的诗人,汪曾祺对《陆判》作出颠覆性改造。据此,我有理由推测,所谓"新义",就是摘去蒲松龄像宋公一样议论醇正的一面,单留下张秀才的诗情。于是,挣脱了憎命文章的捆绑的诗酒不再流于孤愤,而是如万斛泉源,不择地而出,潇潇洒洒,一径向前,一路收集着星光与云影——它是如此的通透,不待光而"自明"。

三、唱响一曲杏花颂

瞩目于诗情,就离不开陶渊明和他的菊花、酒,或者说,如何看待陶令的花、酒,是检验诗情真伪和成色的试金石,于是,《黄英》成了汪曾祺必须要面对的篇章,因为黄英即菊花,还姓陶,她分明就是一朵东篱下的陶令花。袁世硕论《黄英》,认为蒲松龄大做其翻案文章,将菊花移出东篱,投向市井,从而破除文人根深蒂固的鄙视商贾的观念,为工商业者张目,此举折射出他所生活时代商品经济的发达。② 不过,拿陶令花卖钱,怎么说都是唐突的,黄英不得不声明:"妾非贪鄙;但不少致丰盈,遂

---

① 汪曾祺:《自得其乐》,《汪曾祺全集》(第10卷),人民文学出版社2019年版,第176页。
② 袁世硕:《〈黄英〉:借菊花说事,为市井人张目》,《蒲松龄研究》2008年第3期。

令千载下人，谓渊明贫贱骨，百世不能发迹，故聊为我家彭泽解嘲耳。"她的意思是，彭泽不以贫富撄怀，穷，只是因为"君子固穷"，而她的使命就在于证明致富对于她的祖先来说不是不能，不过是不为而已。这一逻辑梗塞、忸怩，哪有陶三郎来得爽直，面对马子才"以东篱为市井，有辱黄花"的指摘，三郎笑答："自食其力不为贪，贩花为业不为俗。"贩花不比种花、赏花、葬花，当然是俗业，可是，三郎坦然地追逐什一之利以求富贵，就像巧云挑着担子挣活钱，来养活瘫痪在床的父亲和十一子，也像王二每天在汽灯下埋头切熏烧，于是日子三春草、雨后花一样地走着一个"旺"字，他们俱有一颗向上的心。他们确是俗人，但俗得健康，俗得妩媚，清爽、洒落的他们就是光风霁月——俗而可耐，是为不俗。或者说，不俗者必敢于俗，不俗是从俗中"挣"而后得的，处处躲着俗，以标榜自己的绝对不俗，其实事事透着俗，才真是俗到家了，就像这个马子才。马怎么可以跟黄英扯上什么干系呢，他不配！可蒲松龄还是让她做了他的填房，这不是刻画无盐、唐突西子，让陶令花飘堕成藩溷之花？《聊斋》的枝蔓和迂腐，可见一斑。汪曾祺直截了当地说，"我不喜欢马子才，觉得他俗不可耐"，遂删去他们结为夫妇这一原著的主要情节，把重心放在原本只是平添出来，与故事主干并无多大关联的"醉陶"，这样的丢掉西瓜、捡到芝麻的裁剪法才是最汪曾祺的。汪曾祺让马初遇三郎，就闻到他身上的酒气，酒气中有淡淡的菊花香。这轻轻蹭上去的一笔真是颊上三毫，既为后文三郎的豪饮做一个铺垫，更是一上来就把他和菊花、酒勾连在一起，他是一个操着俗业的俗人，但俗人也可以淡如菊、烈如酒，他超越了自身，他就是一首诗。作为一首诗的他是人，还是花？或者，"人即是花，花即是人"，此种境界，岂是舍花逐名、诗外寻诗的马所能体会的？汪曾祺重重地说："马子才还是不明白。""醉陶"一节是最好的蒲松龄和最好的汪曾祺的相遇，汪曾祺把蒲松龄未必经意的好放大了，定格了：三郎与曾生的豪饮，就是李白说的"两人对酌山花开，一杯一杯复一杯"，觥筹交错中，人作为花在暗发，"我醉欲眠卿且去"的时候，人怒放成一树菊花，有十几朵，花如拳大，对于这样的人／花，可以报之以酒，也可以报之以琴，所以，"明朝有意抱琴来"。白居易效陶潜体诗曰："归来五柳下，还以酒养真。"白居易的酒可以用来养真、全真、保真、见真，好像有一个现成的真放在那里。而汪曾祺化了的蒲松龄的酒就是真本身，他们的酒和真都是动词，是对于俗世的即时超越，就在超越的当口，三郎怒放成一朵李白的盛唐花。

韵人于花下饮酒、弹琴，还要以石为友，白居易就有"双石"，"一可支吾琴，一可贮吾酒"，他跟它们相期终老，许为"三友"。友石，当然不是友一个自然之物，而是与自身精神的投射相悠游，在物我两忘的境界中，人即是石，石即是人，就像石涛所说："山林有最胜之境，须最胜之人，境有相当，石我石也，非我则不古；泉我泉也，非我则不幽。"①灵石既是吾友，"米颠拜石"乃墨客念念不忘的佳话，陈洪绶即有数幅"米芾拜石图"传世，那么，汪曾祺怎么可以不改写《石清虚》？《石清虚》本来的立意有二：1."物之尤者祸之府"，若非这样的孔孔生云的奇石，也不会惹上这许多事端；2."士为知己者死"，石犹如此，何况人也。钟情于"传奇法"的蒲松龄不厌其烦地铺叙石头所引发的五场祸事，来烘托石之"尤"。在汪曾祺看来，"尤"即反常，容易流入奇、巧，反而是俗的，就大幅删去这些横生的枝节，让邢云飞抱着石头往棺材里一躺，死了。他要的是知己，是友，是人与石的浑成，可以设想，邢云飞已经化石，这块石可以支琴，亦可以贮酒。可惜的是，改编毕竟不能完全跳出原著，这块石头既清且虚，到底少了几分人气。

汪曾祺的诗情不离俗世和人气，而且，越到老境，他越是渴望淋漓、泼辣的生机来难老、却老。东篱太枯冷了，他要拆掉篱笆，迎来八面来风，让陶令花上下翻飞成烂漫"山花"。是"山花"，而不是陶令花，乃为真名士。《名士和狐仙》中的杨渔隐，可作如是观。杨渔隐是个怪人，怪处之一，是不爱应酬。请注意，不爱应酬并非"渔隐"二字所标榜的隐逸气，而是因为，他们不配——杨渔隐见到邻居，招呼不打一个，一街人都说他架子大，实在冤枉了他，"他根本不认识你是谁！"怪人所做的最大的怪事，是他在夫人去世后娶了丫环小莲子。不是纳宠，而是明媒正娶，还燕好过于寻常，时常凭栏远眺、诗酒流连，真是岂有此理。可是，他们的理算个什么东西，他就是要跟心爱的人做快乐的事，谁也管不着，就像栀子花粗大、香浓，为雅士所不取，以为品格不高，栀子花却说："去你妈的，我就是要这样香，香得痛痛快快，你们他妈妈的管得着吗！"②栀子花一样的诗情粗豪、酣畅，"掸都掸不开"，比"唯有暗香来"的雅趣爽直多了。俗而可耐的极致，是《捕快张三》。张三是一个浑浑噩噩的俗人，他好一杯酒，这里的酒不是三郎的超越之酒，而是一种把他和俗世密密地缝在一起的微醺，微醺中的他与俗世是交融的，他就是俗世本身。他怎么

---

① 石涛自题于《山林胜景图》，转引自朱良志：《顽石的风流》，《艺术百家》2010年第2期。

② 汪曾祺：《夏天》，《汪曾祺全集》（第6卷），人民文学出版社2019年版，第236页。

可以容忍老婆红杏出墙，万一出墙怎么办？给我死。可是，就在老婆去里屋打扮，打算寻死的当口，他忽然成了一个"哲学家"，他问自己："你说这人活一辈子，是为了什么呢？"疑问刺破他从来都是自洽的世界，吹来一股清新的风，他领悟到，这个眼如秋水、面若桃花的女人多么可爱、可怜，他应该爱她，对她好，不可以伤害她一丝一毫，任何理由都不可以。他猛地摔碎酒杯，大叫一声："哈！回来！一顶绿帽子，未必就当真把人压死了！"这一声大叫是真的人声，是抛向俗世规矩的一个大大的白眼，他由此超越了自身，成为一首动人的诗篇。而蒲松龄的本意却在于以张三的动摇来讥刺古来臣子起初未必没有以身殉君父的血性，却往往被"一转念"（他强调，最易触发"一转念"的，就是床头人的哭泣）所误，真是令人齿冷、胆寒。①

汪曾祺为这个世界凭空吹来一阵阵骀荡春风，春风中万物生长，朵朵花开，哪一朵花没有自己的香？于是，他既出人意表又水到渠成地为王婆洗冤，并唱响一曲杏花颂："六月初三下大雪，王婆卖得一杯茶。平生第一修行事，不许高墙碍杏花。"② 杏花在枝头"闹"出春意，当然是俗的，但唯有俗物能冲破重重高墙的阻隔（墙高、厚到让人绝望，以至于潘金莲"血染芳魂"，王婆则留下千古骂名），给自己一个完成，它就是一首不沾、不滞的本真的诗。就这样，从陶令花到栀子花再到杏花，汪曾祺把俗进行到底，俗人俗事超越所有束缚，任意俯仰，他们真是好看。

四、"亦有蹙眉处，问君何所思"

接下来的问题是：在诗的世界里逸兴遄飞的汪曾祺还能回到日复一日的寻常日子吗，诗情会不会就是一双恶魔之眼，让他把现实的苍白和苟且看得格外清晰？比如，《画壁》中的朱孝廉在都中兰若所遇之幻境是一部"昙花记"，僧人以指弹壁呼唤孝廉，就是禅宗的一记当头棒喝，所有心荡神驰的人们都应从幻境中警醒。光讲故事仍不觉够，异史氏还要进一步"老婆心切"，把寓意点明："人有淫心，是生亵境；人有亵心，是生怖境。

---

① 小说后面有"按"云："聊斋对妇女常持欣赏眼光，多曲谅，少苛求，这一点，是与曹雪芹相近的。"蒲松龄当然有"曲谅"的时候，此处却只是迂腐，汪曾祺的议论才是一种"曲谅"。

② 汪曾祺：《读〈水浒〉漫题（其二）》，《汪曾祺全集》（第11卷），人民文学出版社2019年版，第203页。小说《薛大娘》就是一首王婆的颂歌。薛大娘拉皮条，有人议论，她说，他们一个有情一个有意，拉纤是积德的事，有什么不好？她和每年要打十一个月光棍的药店管事吕三好上了，她又说，我让他快活，我也快活，有什么不对？小说结尾说："这是一个彻底解放的，自由的人。"

菩萨点化愚蒙,千幻并作,皆人心所自动耳。"汪曾祺对此说教嗤之以鼻,因为壁上的缱绻如此真切,怎么就是幻境,甚至是亵境、怖境了?孝廉自壁而下后的"灰心木立,目瞪足耎",为什么就不能理解成是从巅峰坠落后的嗒然若死?于是,他把朱守素的奇遇挪到了河西走廊,那一幕幻境就像是漫漫黄沙尽头跃出的一道海市蜃楼,它如此惊艳,比真还要真。长老也不再作狮子吼,而是催眠一般地循循善诱:"幻由心生。心之所想,皆是真实。"体验过绝对真实之境里的无上快乐,现世还值得一过吗?汪曾祺不直接作答,而是笔锋一转,以西行的驼队作结:驼队又上路了,骆驼扬着脑袋,眼睛半睁半闭,极温顺,又似极高傲,"仿佛于人世间事皆不屑一顾"。不屑一顾是高潮之后的倦怠和忧愁,可以想象,写到此处的汪曾祺也像骆驼一样半闭上双眼,你以为他很温顺,其实他是高傲,懒得向这个无聊的现世看上一眼。①

再如,蒲松龄《双灯》中的女郎款款上得魏家二小的阁楼,与他夜夜云雨,是因为有"前因"未了,半载绸缪后,决然离去,亦是因为"姻缘自有定数,何待说也"。但明伦评:"有缘麾不去,无缘留不住,一部聊斋,作如是观;上下古今,俱作如是观。"②"一部聊斋,作如是观",并非但在故作惊人之语,蒲松龄笔下鬼、狐与人的遇合一般都出自夙缘,所谓"缘来缘去信亦疑,道是西池青鸟使"是也。就算卑微如《冯木匠》的主人公,亦有艳女夜奔,缠绵数月,乃去,她的理由也在一个"缘"字:"世缘俱有定数:当来推不去,当去亦挽不住。"无独有偶,纪昀也信夙愿,《滦阳消夏录》记周虎与一狐仙燕婉二十载,一日,狐仙忽然绝去,因为缘分已了:"业缘一日不可减,亦一日不可增。"纪昀更在自题小诗中表示,他的写作意图就在于证实因果、缘分之不妄:"前因后果验无差,琐记搜罗鬼一车。"③处江湖之远的与居庙堂之高的,皆有一颗劝世的苦心。一开始,

---

① 汪曾祺经常半闭双眼,不搭理这个世界。叶兆言说:"我伯父也谈过对汪的印象,说他这人有些让人捉摸不透,某些应该敷衍应酬的场合,坚决不敷衍应酬,关键的时候会一声不吭。"见《郴江幸自绕郴山》,《作家》2003年第2期。程绍国回忆,1993年12月15日,他和林斤澜、林建法等在汪家吃饭,谈笑间,"汪曾祺面挂微笑,起身步出,一语不发,再无入席,他是自个去睡了。"见《文坛双璧——林斤澜与汪曾祺》,《林斤澜说》,人民文学出版社2006年版,第100页。

② 《聊斋志异》(会校会注会评本),张友鹤辑校,上海古籍出版社2011年版,第551页。

③ 观弈道人(纪昀):《诗二首》,《阅微草堂笔记》,韩希明译注,中华书局2014年版,第9页。

汪曾祺也不能免俗，他和薛恩厚笔下的小翠偶入人世掀起千层浪，同样肇因于一段"尘缘"，她与世界是无所谓有情还是无情的："了却一篇恩仇账，风尘不染旧衣裳。他年事毕抽身往，白云深处是故乡。"到了《双灯》，他超越了自身，把缘改写成爱：女郎说，我要走了。二小问，为什么？答，缘尽了。又问，什么叫缘？答，缘就是爱。缘分天注定，人只是牵线木偶，爱则由自己做主，爱你，我来，不爱，我走，有什么好说的。他还要把爱推向绝对，绝对之爱来不得半点将就，女郎只是觉得自己就要不那么喜欢他了，她就得走，她对他说："我们，和你们人不一样，不能凑合。"这是一份沉重的宣判：是人，就是凑合的，这样的人世，不待也罢！名士杨渔隐也不会久居人世，他猝然玉碎，小莲子随之飘然不知所踪，留下一首诗："三十六湖蒲苕香，侬家旧住在横塘。移舟已过琵琶闸，万点明灯影乱长。"小莲子摇着船，带着她心中的名士，从万家灯火中穿过，一路划向三十六湖的深处，可以想见，她的背影是决绝的——她不属于人世，她是女郎一样的狐仙。

现世还让汪曾祺觉得恍惚，他有荒诞感：我是谁？他更感到分裂的疼痛，借着徐渭、梵高的事迹自问自答："一个人为什么要发疯？因为他是天才。"[①] 于是，他改写《瑞云》。蒲松龄有一种古典的确信：瑞云美在心灵，心灵之美不因外貌的妍媸而改变，惟有有情如贺生，方能穿透她脸上的墨痕，抵达那颗金子般的心。不过，情好若此，试验不已是对情好的唐突？难怪何守奇说"和生殊多事"。汪曾祺也责备和生多事，但他所谓多事不在于和生在瑞云额上点了一指，"而在使其靧面光洁"，因为爱就是爱整个的你，包括你的疤痕、你的阴影——连同疤痕、阴影一起爱，与"不以妍媸易念"不就是一回事？其实，他的改写另有神来之笔：艳丽如初的瑞云对着镜子惊呼，这是我，这是我，贺生则若有所失，他不习惯，她问，你怎么了？她当然不懂他的怅然，因为她要的就是皮囊的娟好，没有那副好皮囊，她就不是她，透过皮囊看取她的本质只是男人的一厢情愿，说到底是自负、自恋的——深爱的人们原来并不相通。在这里，汪曾祺解构掉"不以妍媸易念"这一古典深情，这样的深情也许不过是多事罢了。到了《陆判》，他跳过"胆欲大而心欲小，智欲圆而行欲方"之类无味说教，单拿换上吴女之艳首的朱夫人说事。但明伦早就为这出"断鹤续凫"的巧剧击节："其新人耶？其故人耶？合而观之，两人凑成一人；分而观之，两人

[①] 汪曾祺：《徐文长的婚事》，《汪曾祺全集》（第10卷），人民文学出版社2019年版，第150页。

两个半截人。"不过,但着眼于事实,汪关注的则是后果,他让这个拼接起来的新女人一定要追问自己是谁。她问朱尔旦:"我是我?还是她?"朱想了一会,说:"你们。"她困惑:"我们?"小说于此戛然而止,荒诞感却漫延开去:"我"怎么会是"我们"?"我"内部的什么地方开裂了,又有哪些根本不是"我"的异质因子焊接了上来?"我们"这个分裂的人称几乎可以看作是汪曾祺在世状态的隐喻:怡悦于"岭上多白云"的诗情,他就是那个好看的头,有一双好看的眼睛,这个头却装在一具愚蠢的躯干上,伸出一双又粗又黑的手,就像他不得不扎根于现世。那么,他是谁?他怎么可以不发疯?

汪曾祺更有悲哀萦怀,无处诉说,于是把《促织》的"大团圆"改成黑子托梦给父母。在父母的梦里,只是作为游魂的黑子在说,他们没法插话,不能追问,无力挽留,只能看着儿子来到他们的梦境,然后走了。第二天一早,黑子和宫里的黑蛐蛐都死了。他的意思是,被抛于世的人们都是孤儿,生老病死只能自己去扛,再亲的人都没法施以援手,大家互为彼此命运的旁观者。可是,这是一个多棒的孩子啊,他告诉爸妈,我九岁了,懂事了,我一定要打赢,打赢了,爹就不挨板子了,最后,我打败了所有蛐蛐,我很厉害!他就像《异秉》里的陈相公,老挨先生们打,挨了打也不敢哭,到了晚上,关上门,呜呜哭半天,向远方的妈妈说,妈妈,我又挨打了,妈妈,不要紧的,再挨两年打,我就能养活您老人家了。这么棒的孩子说:"我想变回来。变不回来了。"好像有一堵该死的墙挡在那里,孩子只能自己爬过来,他就是爬不过来,可父母没法拉他一把,哪怕是轻轻的一把,只能眼看着儿子走了。这是一个最绝望的故事,写尽生而为人者的忧伤,而它的前身却是一出多少有点庸俗的喜剧。

1994 年,汪曾祺在丁聪为他作的漫画上题诗,最后两句说:"亦有蹙眉处,问君何所思。"[1] 就是对于现世的不屑、恍惚和悲哀让一向慈眉善目的老人皱起了眉头吧,他不会直接告诉你他的所思,他把它们揉进故事里,一一说给你听。

"看山看水看雨看月看桥看井,看的都是人生"[2],汪曾祺改编《聊斋志

---

[1] 汪曾祺:《题丁聪画我》,《汪曾祺全集》(第 11 卷),人民文学出版社 2019 年版,第 222 页。

[2] 汪曾祺:《相看两不厌——代序》,《汪曾祺全集》(第 10 卷),人民文学出版社 2019 年版,第 220 页。

异》，说的也都是他自己——正因为蒲松龄于他是异质的，他才有兴趣与之周旋，试图把自己"放"进去，从而翻出"新义"，并于"新义"与旧章的意义断裂中更鲜明地呈现自己、宣示自己。蒲松龄太成熟、自洽了，能"放"入汪曾祺的自己的篇章实在有限，"新义"的写作只能草草收场。不过，有了这些如此热辣、如此悲伤的改写，还不够吗？

第四章 "晚期"汪曾祺的自我裂变

第一节 "晚期"风格就像废墟里长出的罂粟花
——论《小孃孃》

年逾古稀之后的汪曾祺越发大胆,从心所欲而逾矩,每每涉笔偷窥、通奸、人兽恋等不伦之情。这些让人面红耳热甚至避之唯恐不及的劲爆题材,使许多早已习惯了优美、温馨、冲淡的汪式风格的人们非常惊诧、失望:那个曾写出《受戒》《大淖记事》《异秉》的汪曾祺,已经江郎才尽到靠贩卖奇闻轶事甚至色情来眩人耳目的地步了?其实,只要不死死抱住刚刚复出时的汪曾祺不放,愿意去体味他"衰年变法"的艰难和执着,愿意去细细品读这些简短得枯瘦却又开放到火辣的作品,我们一定能够感觉到一种恍如新生般的新奇的美丽,一定会惊艳于业已衰朽的身体内竟会涌动着如此狂野的生命潮汐。

1996年,距离去世不到一年的汪曾祺又给我们讲述了一个凄绝的乱伦故事:来蟪园里,谢普天与小孃孃谢淑媛深深相爱,为避人言,流离到昆明。后来,谢淑媛死于难产血崩,谢普天把她的骨灰带回家乡,葬在桂花树下。小说措辞极大胆,出现了诸如"做爱""抱着小孃周身吻了个遍"等字眼,用墨却极俭省,常常略去不太能略去的交代。本文的任务是,钩沉出《小孃孃》诸多留白处的深意,看看他编织如此耸动人心的故事的用心,并考量出它之于他的小说创作"变法史"的意义。①

---

① 《小孃孃》发表于《收获》1996年第4期,次年第4期《作品与争鸣》组织两篇"檄文"和一封"读者来信",集中声讨汪曾祺诲淫诲盗。王知北《说〈小孃孃〉》一上来就宣判:谢普天和谢淑媛的"通奸","当然是作恶造孽之举,无论在任何情况下都属于丑秽之行,理应受到严厉的道德谴责"。接着,他又退一步说,不能因为汪曾祺写了乱伦就对他本人进行道德谴责,他并非只是客观地讲述故事,而是于讲述中"寓有一定的道德评价意味的"。不过,即便如此,相比较于《大淖记事》《陈小手》等,《小孃孃》差之远矣,"这是无需加以论证的"。陶红《流于邪僻的文字》则对《小孃孃》和汪曾祺本人作出了更峻切的批评:"邪僻的文字,透出了假,透出了做作,表明元气已经耗散殆尽了。"作者敏感到汪曾祺正在进行"衰年变法",但对他近乎断裂的变化感到错愕:从八十年代的佳作迭出到如今的媚俗,"这中间一定发生了些什么?"

一、世家的颓圮

汪曾祺在《八千岁》中悉心勾画出一幅世家颓圮、市民阶层"走旺字"的时势消长图。《小孃孃》更一头扎进颓圮的世家,看看荒庭芜院中会有一种什么样的生命情态生成。

小说开头便说:"来蟪园谢家是邑中书香门第,诗礼名家,几代都中过进士。"① 乾嘉之世,谢家的运势达至鼎盛,便造了来蟪园。来蟪园不仅有流觞曲水,假山幽径,煞是美丽,就连园名都是其来有自的,平添几分神秘和深邃:"当花园落成时正值百花盛开,飞来很多蝴蝶,成群成阵,蔚为奇观,即名之为来蟪园。"紧接着,"一时题咏甚多,大都离不开庄周"一句,以微带调侃的语气道出谢家的实相:大户人家,趋奉者甚多,也附庸风雅,这风雅却是世家特具的程式化、古板的。他家就是给孩子取名字,也谨遵儒学义理,有深意存焉的。比如,男孩子叫"普天",寄托的是心念苍生、世界大同的儒家情怀,女孩子叫"淑媛",也符合儒家对理想女性的想象:贤淑、温柔、典雅。就这样,汪曾祺从里到外建构出一个经典的浸透了诗书的世家,这世家的承传扎实、绵密得仿佛是一桩不朽的基业。

不过,乾嘉之后,谢家就走上了下坡路,收也收不住脚。这其实是世家的普遍命运,因为欧风美雨凭陵,宗法制度气数已尽。衰败的明证是来蟪园的花木大半枯死,只剩下毋需精心莳弄的几株桂花依旧香闻园外。此情此景,《八千岁》里已有描画:

郑宗良在题为《〈小孃孃〉是一篇宣扬乱伦的小说》的来信中更是"直言不讳":不管汪曾祺是想讽刺乱伦、通奸还是要歌颂这种对于性的畸形、疯狂的追求,读来都毫无美感可言,"反而感到非常恶心和厌恶"。面对如此一边倒的恶评,高恒文在该年第 4 期《文学自由谈》发表《也谈汪曾祺的〈小孃孃〉》加以回应,认定这是一篇"不错的小说",谈不上"邪僻"和"宣扬乱伦"。遗憾的是,他的逻辑跟王知北并无二致:首先,他同样认定姑侄乱伦是"人性中恶的一面(或者说是动物性)发展的结果",他们做爱时很快乐,快乐是"动物性得到满足",又感到很痛苦,痛苦则是"社会性和道德伦理意识复苏的结果"。其次,他也强调姑侄的悲剧性下场正是汪曾祺"含而不露地表达了作品的思想主题,表达了他对人的动物性(乱伦)的深刻批判"。也许,汪曾祺确实含藏得过深了,以至于受到这么大的误解。但是,他接着反唇相讥:作家难道不是为"理想读者"而写作的吗?综上可见,弹赞双方都隔膜于汪曾祺"衰年变法"的意义。汪曾祺真是寂寞。

① 有关《小孃孃》的引文,均出自《汪曾祺全集》(第 3 卷),人民文学出版社 2019 年版,第 289—293 页。

夏家原是望族。他们聚族而居的大宅子的后面有很多大树，有合抱的大桂花，还有一湾流水，景色幽静，现在还被人称为夏家花园，但房屋已经残破不堪了。

　　衰败的更直接的原因，是"谢家人丁不旺，几代单传，又都短寿"。儒家以血缘维系家族，进而整饬国家、社会，自然极重血脉的承传。"人丁不旺"对于世家是釜底抽薪式的毁灭性打击。而人皆短寿，"谢家接连办了好几次丧事，内囊已空，只剩下一个空大架子"，来蟭园早已是死而不僵的百足虫。世家的颓圮原来不仅是由于外界世道的斗转星移，更是由于自身精血的急剧枯萎。

　　不过，谢家子孙毕竟不像《八千岁》中的世家子弟，"吃喝嫖赌，无所不为；花鸟虫鱼，无所不好"，而是奋发的、有担当的。谢普天是谢家"唯一可以继承香火的胤孙"，热爱艺术（汪曾祺强调，是艺术），曾在上海美专学画（汪曾祺又强调："国画和油画，素描功底扎实，也学过雕塑"，真是个艺术的好苗子啊）。出于维持世家命数的使命感，他辍学回乡，在中学教美术课，成为教书"匠"。从艺术家变成"匠"，他做出了多大的牺牲啊。正是他的勉励维持，谢家保有最后一缕游丝般的生意。彻底零落的夏家连祠堂都租给八千岁做仓廒，一任"那些刻字涂金的牌位东倒西歪，上面落了好多鸽子粪"。谢家则留有来蟭园和"祖堂屋"，"祖堂屋"虽"别无陈设，显得空空荡荡的"，祖宗牌位却恭恭敬敬地列供在正面大案上，可见诗礼在他家一息尚存。世家保持着仅有的尊严。

　　谢家命数不绝，还有赖于"义仆"——老花匠陈聋子——的忠心耿耿。传统戏文中，"义仆"往往循着"义"这一传统伦理，不爱其躯地保护主人，他们是世家危如累卵的命运中最坚实的依靠、异日东山再起时最强力的支撑，比如《赵氏孤儿》中的程婴、公孙杵臼[①]，《狸猫换太子》中的寇

[①] 汪曾祺是职业戏曲编剧，还写过很多戏曲理论文章，十分熟悉传统戏曲。说陈聋子是戏曲舞台上的"义仆"，应该不是捕风捉影。《赵氏孤儿》讲到，奸臣屠岸贾残杀忠烈名门赵氏全家，唯余赵媳庄姬公主避入宫中，产下一子，由门客程婴乔装救出。屠岸贾闻公主产子，搜孤不得，下令十日内若不献孤，即杀死国中所有同庚婴儿。程与公孙杵臼计议，程婴舍子，公孙舍身，救出孤儿。后孤儿成人，魏绛回朝，怒打程婴。程述真情，回府绘图，告知孤儿真相。孤儿遂与魏绛等，计诛屠岸贾。

珠、陈琳①。刻画好他们跌宕起伏的生命,就事半功倍地宣扬、巩固了儒家的规范和理想。"义仆"陈聋子也恋旧,不计较工钱,在别的花匠相继离散后,坚持看守这个唯余清风明月、"听不到一点声音"的园子。只要他还在(他也出奇地活得长,小说结尾,汪曾祺特意声明:"他还活着"),世家即便已经颓圮成了废墟,也不会彻底地烟消云散。

在这世家的废墟上,就剩下谢普天和谢淑媛相依为命。似乎什么都不会也不应该发生,因为她是他的姑妈。汪曾祺还说:"是嫡亲的。"这里不仅有礼教的大防,更有人伦的禁忌。却又似乎会也应该发生些什么,因为男孩子"相貌英俊,也很聪明",女孩子"长得很漂亮",简直金童玉女一样的喜人。而且,来蜻园的第三个人恰恰是个善良的聋子,不会有可畏的人言。这简直是汪曾祺煞费苦心、刁钻之至的设计:看你们如何挣扎于爱情和亲情、欲望和人伦编织成的千头万绪、左右为难的网,从而试验出爱情、亲情、欲望和人伦各自的分量。一场畸形却纯粹的爱情几乎注定上演。需要强调的是,千万别用道德棒杀汪曾祺,他无意自不量力地挑战伦常。他只是编织一个故事,试试人性的韧度和深度,看看爱情如何逾越禁忌,逾越后又会怎样,不用太当真的。就像昆德拉所说,作家与读者订了个契约:我们在这里的讲述不是认真的,即使它涉及再可怕没有的事情。不过,他又自有小小的诡计:看戏的人都知道,戏假,情真。

二、罪恶的爱

"祖堂屋"庄严、神圣,又宁静无尘嚣,他们就在其中安稳地生活着,仿佛置身世外。因为伦理禁忌的存在,他们不会有爱与被爱的担心和潜心,便没有了情人间才会有的试探、胆怯和猜忌,心安理得地在亲情的掩护下相濡以沫。那是一种怎样温柔的呵护啊,汪曾祺用整整一节的篇幅来描绘:他不让小孃在穿戴上受委屈,夏天,香云纱旗袍,冬天,软缎面丝棉袄、西装呢裤、白羊绒围巾。他亲手给她剪"童花头","比理发店修剪得还要'登样'"。他还用双氧水轻轻地浸润小孃脚上的冻疮,轻轻地脱下袜子,轻轻地擦拭。"小孃"的称呼使他们不会有非分之想,一连三个"轻轻地"却显出他们已然越过亲情,倾注着专属情人的柔情。或者说,只有

---

① 《狸猫换太子》说到,宋真宗下诏,刘李二妃谁先生男孩,即立为皇后。李妃分娩时,刘与内侍郭槐用剥皮狸猫换出婴儿,污其诞下妖孽,贬入冷宫。继而令宫女寇珠将婴儿扔进御河,寇珠不忍,与总管陈琳秘密将婴儿送进八贤王府。多年后,婴儿继大位,即宋仁宗。几经周折,沉冤昭雪,恶人被诛,母子团圆。

在"小嬢"的幌子下面，他们才能如此顺畅、大胆地抚慰对方，才能如此体贴地问："疼吗？"如此轻松、温柔地回答："不疼，你的手真轻！"这可是巧云、十一子经历了那么沉重的苦厄之后，才有勇气说出来的话呀。

　　从来没有想过，也就从来不会提防，感情便不知不觉也无拘无束地疯长起来。为贴补家用，每天晚上，他在煤油灯下画炭精粉肖像，她在一旁做针线，或者看小说——无非《红楼梦》《花月痕》和苏曼殊《断鸿零雁记》之类的言情小说。惜墨如金的汪曾祺之所以一一罗列这些篇目，用意在于提醒我们：她情窦已开，正在接受言情小说的爱情"启蒙"。那些小说里该有多少爱的痴狂、恨的怨毒，该有多少洞明的世故、冲决所有隔障的脱俗啊，她其实已经身经百战、曾经沧海。这些经验又是纸上，终非切己的，便越发激起她跃跃欲试的冲动，何况身边这个男人恰是中意不过的对象。当然，冲动还隐藏在意识水平线之下。于是，晚上各自工作、看书的安静里，竟蕴蓄着能够席卷天地的劲风急雨。到十二点，她回房睡觉时说一声："别太晚了！"普普通通的叮嘱，其实潜隐了太多不自知的关切和爱意。

　　毕竟没有实打实的爱情历练，毕竟有伦常像山一样矗立、剑一样高悬，烧灼的爱情竟仿佛无事般的平静。这是大爆发前异乎寻常的阒寂，等待着火光燃起，地动山摇。终于，一个雷雨之夜，声震屋瓦，她神色慌张地闯进他的房间。一如汪曾祺以前的小说，只有女性才有勇气、有力量开口说爱。不过，小英子、巧云只是推开了隔膜、羞怯等障碍，她跨越的却是根本跨越不过去的伦理大山。跨了，就豁出去，不再有回头路。她几乎是撒娇甚至死乞白赖了。她说："我怕！"他淡淡地说："怕？——那你在我这儿呆会。"根本没接上茬，只能进一步暗示，不，是要求："我不回去。"这一太过非分的要求，震住了他："……"没有回应，只能明说，顾不上许多了："你跟我睡！"他吓坏了，本能地拒绝："那使不得！"毕竟有日积月累的爱意打底，拒绝便绵软无力、口是心非，都有些像半推半就了，她连忙乘胜追击："使得！使得！"根本不给他细细思量的机会，"脱了衣裳，噗的一声把灯吹熄了。"汪曾祺此前大抵称她小嬢，这里却别有深意地叫她谢淑媛。她在渴望已久的燃烧中，抛却了矜持，甩掉了血缘，砸碎了伦理，做回温柔如水却又刚强似铁的沉酣的女人——谢淑媛。

　　人之异于禽兽，就在于最基本的禁忌——母子、父女、兄妹之间不能发生性关系。弗洛伊德说，人皆有弑父娶母的本能。不过，这本能必得压抑净尽，文明才能前行。犯了这样的禁忌，俄狄浦斯王只能刺瞎自己的双眼，他无法再直面这个陷阱一样的世界。同样，兄妹通奸的真相败露，四凤只能被电死，周萍只能饮弹身亡，因为世界之于他们，已经是深渊，是嘲弄。他们被命运播弄，属无意识犯罪，都无法被原谅。谢普天、谢淑媛则是明目张胆地朝火坑里跳，此劫怎么会有尽期？此罪又如何能够赎回？于是，他们陷入无法解决的矛盾之中："他们在做爱时觉得很快活，但是忽然又觉得很痛苦。他们很轻松，又很沉重。他们无法摆脱犯罪感。"无可排解时，她就说："活该！"貌似随口说说的话，却道出女孩子的深情：犯了天条，必遭天谴，但谁让我爱了呢？为了这份爱，怎么着都情愿。不过，煎熬中的生其实是不如死的，有时就想："死了算了！"终遭天谴的恐惧感，就是逃到昆明也无计消除。她没见过海，没坐过海船，很兴奋，很活泼，没有一点心事，说："我这辈子值得了！"看起来开心极了的话，细细品味却全是末日临头的恐慌和感伤：小小年纪，哪里就一辈子了呢？不过，犯了这样的罪，哪里还有路走？再想，生命有此相遇，也值了。竟是老年人看穿世事的沧桑。最后的审判到来，她怀孕了。她老做噩梦：母亲打她，生了怪胎，从雪山坠落。最终，她在报应不爽的恐惧中难产死去。

当然，汪曾祺无意讲述一个谴责乱伦的训诫故事。在"犯罪—报应"的框架中，他感兴趣的是，明明知道有报应，为什么还要犯？身遭报应，后悔吗？于是，他发现了爱情的伟力：没有什么禁忌能阻挠爱情，没有什么谴责能摧毁爱情。他还发现，最绚烂的爱情竟由禁忌来成全，没有禁忌重压，怎能显出情坚似铁？他更发现，最终极的爱情必得由死来报偿，死都不已。就这样，汪曾祺把犯罪、死亡掺和进爱情中去，调出最妖艳、诡谲的色彩，人间未见的美丽。这色彩就如他们初次做爱时一个一个的蓝色闪电，能把一切照亮，能把天和地劈碎。对比这样锋利、艳异的爱情，小英子和明海的感情就舒缓如夜曲了：紫灰色的芦穗，通红的蒲棒，青浮萍，紫浮萍，长脚蚊子，水蜘蛛，野菱角开着四瓣的小白花，青桩扑鲁鲁飞远……耄耋之年的汪曾祺，来了个一百八十度大转身。我甚至要说，汪曾祺走进了唯美主义。唯美之"美"原本就是汹涌着犯罪冲动、濡染着死亡的阴冷的恶之花。王尔德的《莎乐美》中，月亮就像"从坟墓里爬出来的女人，一个死去的女人"，"伸手拽着尸衣要把自己裹起来"，又像"一个到处寻找情夫的疯女人，赤身裸体，一丝不挂"，顷刻，又变成红色，"红得像血"。正是死亡、情欲、疯癫和犯罪交融成一道纯美的月光，静静泻在莎乐美身上，她轻轻吻着先知约翰那失血、冰冷、苦味的唇——爱情史上最惊心动魄的一刻，一种邪恶到疯狂、疯狂到整全的终极占有。王尔德早就一脚踢飞道德、律令。他甚至把它们粉碎成肥料，来滋养这种邪恶的美丽。谢淑媛不正如莎乐美，甘愿犯罪，甘愿死去，也要得到一个吻，一个电光石火的刹那？临终的她们一定感觉：值。

三、罪——美的完成

人们往往瞩目于谢淑媛的奔放、恐惧和死亡，而忽略了谢普天。其实，谢普天才是真正的主角，他从"匠"向"家"的梦幻一跃，让汪曾祺痴迷不已。

前面说到，他有艺术梦，也有天分，却不得不做个教书"匠"，还兼做画"匠"。汪曾祺没兴趣细说他的国画、油画，却颇有兴致地描述了这一"生财之道"：

> 一个铜制高脚放大镜，镜面有经纬刻度，放在照片上；一张整张的重磅画纸上也用长米达尺绘出经纬度，用铅笔描出轮廓，然后用剪齐胶固的羊毫笔蘸了炭精粉，对照原照，反复擦蹭。

这样详解，是因为画炭精粉肖像是个消逝了行当，不解释人们不明白，更因为他想坐实这一行当的匠气：按部就班的作业中，哪里来的创造性呢？好像还不够似的，他更让许多人喜欢这些画像，一个劲地称赞："很像！"但是，愚蠢人们的喜欢能说明什么问题呢？而且，"很像"何曾是权衡画艺的准则？世人的称赞其实是汪曾祺的讥讽。他还故意说本地有几个画这样肖像的画家，并在画家上打个引号，反讽之意毕露了。就为了赶期交这样的"货"，谢普天每天晚上一笔一笔地擦蹭，直到深夜。汪曾祺把一个有才气的人压得很低很低，便有了强劲反弹的张力和空间，我们都隐隐地期待：谢普天会不会有一飞冲天的时候？

犯罪之初，谢普天整天心烦意乱，我猜测，他连炭精粉肖像都画不好的，更别说艺术了。到了昆明，租了间画室，画了不少工笔重彩的山水、人物、花卉，也只是有人欣赏，卖出一些而已。做惯了"匠"的人，能画出什么好画呢？最受欢迎的还是炭精粉肖像。汪曾祺略略刻薄地加上一句："供不应求。"就是行万里路，游览了石林、阳中海、西山、金殿、黑龙潭、大理和玉龙雪山，汪曾祺也只是淡淡地说："谢普天的画大有进步。"他到了化蛹成蝶的关口，需要一个契机，一点力量，一些热度，甚至需要一种神秘不可知的因子。

契机不期然地降临。他画裸体人像，谢淑媛给他当模特。画完，她仔仔细细看了，说："这是我吗？我这么好看？"一连两个反问说明，她美得如此迫人，连自己都不敢相信；更说明他创造出了真正的艺术，具有人世间根本不配拥有的美丽，这个画中人是她，又不再是她——这就像尤瑟纳尔《王佛脱险记》中的画家王佛把林的妻子画成一身仙女装，晚霞缭绕着她，看到画，她哭了，因为画中的她太美了，美到不可能，这是死亡的预兆。接下来的问题就是：她的裸体何以成为点石成金的魔棒，让他从"匠"瞬间成为"家"？我想，除了她的裸体确实美丽以外，还因为她是一个既高傲又瑟瑟发抖，既罪孽深重又洁白无辜的罪犯，此种罪性必然渗入图画；更因为她的裸体是他绝不应该端详，更不用说摹写的，这是禁忌，是雷区，踩踏了就是罪，这一绘画行为本身的罪性以及犯罪时的恐惧、惊艳和狂喜，同样会渗入图画。这双重罪性正是一种可遇而不可求的因子，一种神奇的催化剂，稍稍点染，就使那胴体发生无法言传的改变，沐浴于不可思议的光亮。于是，绘画不再是实录，而成为一个戛戛独造的生命体，一个自有生机、魔力的世界，相形之下，原型就要黯淡、粗陋了许多。汪曾祺没有细说这些画，一来是他信奉"无话则长，有话则短"①的美学原则，二来是能有什么样的生花妙笔去描绘这样魅人的美丽？技穷了，只好付之阙如。

　　艺术不会在创作结束的那一刻一劳永逸地完成，它还会成长，还要吐纳周遭的生气。这些画等待着庄严一刻的到来——谢淑媛的死。她的血（很巧，她死于血崩，该有多么汹涌、丰沛的血液流出啊）浇灌、滋养这些画，画更舒展了、蓬勃了，还带着尘间不会有的死亡的清寒。难怪顾山看了，只说："真美！"仿佛多说一个字都是冗繁，是亵渎。至此，一个艺术家和他的艺术世界彻底完成。美原来嗜罪和血，甚至要以死来成全的。是不是有点阴邪？唯美主义安慰说，"认为美的作品仅仅意味着美的人才是上帝的选民"②，其余都是无关紧要的。谢淑媛死后，谢普天不再有此等际遇，艺术生命便枯萎了，飘然不知所终。

　　许多人探究过罪与艺术是什么关系，艺术如何引领自然等问题，比如，果戈理的《肖像》，王尔德的《道林·格雷的画像》。王尔德甚至为"当下以及所有时代中无可匹敌的狡猾隐秘的投毒犯"③温赖特作小传，醉心于笔杆子、画笔和毒药之间相互缠绕、开启的迷离关系。《小嬢嬢》正切中

---

　　① 汪曾祺：《林斤澜的矮凳桥》，《汪曾祺全集》（第9卷），人民文学出版社2019年版，406页。这句话虽是说林斤澜的，其实更是夫子自道。

　　② [英]奥斯卡·王尔德：《〈道连·葛雷的画像〉自序》，赵澧、徐京安主编：《唯美主义》，荣如德译，中国人民大学出版社1998年版，第179页。

　　③ [英]奥斯卡·王尔德：《笔杆子、画笔和毒药——绿色研究》，《谎言的衰落——王尔德艺术批评文选》，萧易译，江苏教育出版社2004年版，第153页。

了唯美主义的议题。

四、疯——通达真相之门

《小孃孃》最让人费解的地方，就是对于居家三兄妹的描写。

清明节上坟，要经过东大街。谢淑媛很喜欢上坟，因为"街上店铺很多，可以东张西望。小风吹着，全身舒服"。这全然是孩子的无虑和新奇。自从那个狂乱的夜晚，罪性使她告别纯真，成为"人"（罪是成"人"的必要条件？）以后，她就不愿再走东大街，因为走东大街要经过居家灯笼店。居家是怎样一个恐怖所在？

居家三兄妹都是疯子。大姐好一点，照料店铺，照料一家人吃饭。兄弟疯得最厉害，什么也不做，一早起来就唱，不知道唱什么。汪曾祺不禁问："他哪有这么多唱的，一天唱到晚！"这个反问让我想起他写于四十年代的《歌声》：漆黑的夜晚，听见隔壁巷子两个孩子唱歌，难听的、愈怠的、一遍又一遍的。他问："这样的反复的唱，要唱到甚么时候？——这样的唱歌能使她们得到快乐么？她们为甚么要唱歌？"[1] 无意义的唱使他觉出了生之无意义，不过，无意义的生命中，不唱又能怎样？不反反复复、含含糊糊地唱又怎能填满？歌声传达出令人透不过气来的存在领悟：生竟是空的绵延，轻的重压。疯兄弟的唱，不正接通了他五十年前的恐惧？而且，"呆声绕气"的唱，一下子把生的空洞和轻飘推向了极致，恐惧又要加深几成。疯狂竟直指无法逼视的存在领悟。更诡异的是妹妹。她总坐在柜台一头糊灯笼，"脸上带着一种奇怪的微笑"。不是呆笑、傻笑，而是"奇怪的微笑"。这笑带着你的甚至世界的见不得人的真相我都知晓的自信，也带着这些事看似严峻其实也没什么大不了，一一都能够忽略、原谅的超然。疯狂不就是通灵？于是，疯子们组构成一个透明的世界，极触目地显出存在深处太多的幽昧和残破。我们迎面撞上这个世界，竟是绝大的震悚——怎么可能这样？更有说不出的难堪——我们真是如此么？对此，汪曾祺早有体悟：

疯子为甚么可怕呢？这种恐惧是与生俱来的还是只是一种教育？惧怕疯狂与惧怕黑暗，孤独，时间，蛇或者软体动物其原始的程度，强烈的程度有甚么不同？在某一点上是否是相通的？它们是直接又深

---

[1] 汪曾祺：《歌声》，《汪曾祺全集》（第4卷），人民文学出版社2019年版，第62页。

刻的撼荡人的最初的生命意识么？①

当这三个精血旺盛的疯子在一起时，一个被压抑得几乎忘却，稍稍提起便会招来五雷轰顶的本能——乱伦，被昭彰地推到人们面前。他们那么正当光明地通奸，街上人都知道。街上人知道不要紧，他们可以安然地把乱伦推给疯狂，自己还是安全的。谢淑媛则不同，疯子正戳着她的痛处啊。她觉得"格应"。"格应"是因为疯子把她那么沉醉其中、觉得罪过感到烦乱却从未细细梳理过的情感和行为照实地搬演了一遍，她在这面"镜子"里看到了罪，看到自己早已脱离了正常轨道，成为一个疯子；还因为疯子把她倾情的疯狂粗鄙化了，使她几乎不敢相信：我就是这样的？不管怎样，她和疯子就像照镜子的人和镜像（虽然她有一百个不情愿），二而一地扭合成一体，用疯狂刺破人性厚幕，露出了蠢蠢欲动的本能。那句老话真是千真万确——不疯魔不成戏啊。戏的巅峰，真相浮现。只是，洞察真相后的她越发无法安妥了。真相岂能由凡人来把攥？

由疯狂通达本能的真相——爱、死、犯罪等等，王尔德也曾一步步推演过。《莎乐美》没有直接提到疯狂，但浸透了全剧的月光却提醒我们，那是一个疯魔的世界。哈婷认为，太阳是阳性的、理性的，试图整饬混乱不堪的自然秩序，来实现人类的目的。月亮则是女性的、精神的、本能的，而自然本能的深处，一定是黑暗、阴郁、险恶甚至凶狂的。②欧洲传统医学更直接认为：圆月使人疯狂。奥赛罗杀死苔丝狄蒙娜后，就把罪责推给了月亮："这都是因为月亮出了偏差，不走常轨，忽然靠近了地球，可以叫人都发疯了。"所以，莎乐美是一个被月光激狂了的疯女人，她那疯狂的眼中，约翰的眼睛也成了"被奇异的月亮疯魔了的黑色的湖水"，嗾使她奋不顾身地跃入。"莎乐美"更是一个疯狂的世界，那么清晰地印现出我们在日常生活中一定会遮遮掩掩的痴恋、嫉妒和杀戮。

如此说来，汪曾祺和王尔德都是勇敢地推开真相之门的人，道德臧否不应该加在他们身上的，因为真相大抵如此，与他们有什么相干？

最后的疑问是，汪曾祺缘何路径走近王尔德和唯美主义？为何恰恰在凋零晚景？

---

① 汪曾祺：《礼拜天早晨·疯子》，《汪曾祺全集》（第4卷），人民文学出版社2019年版，第89页。

② ［美］哈婷：《月亮神话——女性的神话》，蒙子、龙天、芝子译，上海文艺出版社1992年版，第29—39页。

我的看法是，二十世纪九十年代以后，苦难阴影渐次褪去，汪曾祺能够从容、自在地把捉世界、抒发心性，就接通了四十年代的文学和生命的探寻。①他重又变得尖锐，看到生之琐屑、无聊，觉得孤独、寒冷。1991年，为人作序时，他照例浇了自己心中的块垒："人常常是无聊，寂寞，孤独的。人是孤儿。"他还略有些怨恨地说："一个在生活里毫不感到困惑，没有一点怀疑主义的人，不是现代人，只是活在现代的古人。中国的古人是很多的。"②也是在同一年，谈及徐渭的婚姻时，他更把疯狂与天才画上了等号，因为只有疯狂才能抵达不能抵达，抵达了就会被烫瞎双眼、扰乱神经的真相："一个人为什么要发疯？因为他是天才。梵高为什么要发疯，你能解释清楚吗？"③这些感悟，八十年代前期的他即便有，也一定不会说的，到了九十年代，他却要一再申说，一吐而后快，这样的心境下，他自然容易亲近现代主义，特别是唯美主义。他甚至因为文学创作对于现代主义的大量吸收、借鉴，而坚信"二十一世纪的中国文学将是辉煌的"，这一切，他颇有雄心地表示，将从他自己做起："我今年七十一岁，也许还能再写作十年。这十年里我将更有意识地吸收西方现代文学的影响。"④需要强调的是，汪曾祺的唯美和现代移植自西方，舶来的趣味却自有本土的土壤在孕育它、滋养它，他早就在传统肌体上察出带着罪性和死亡气息的美丽。比如，《鹿井丹泉》文末的"按"说："此故事在高邮流传甚广，故事本极美丽……"人兽恋的大罪竟"极美丽"，这美丽完全出自乡土传说。这唯美还是从世家的废墟上潜滋暗长的。这样邪恶、锐利的美丽不会盛开在

---

　　① 二十世纪四十年代汪曾祺的文学观，后文将专门论述，此处只说几点：1. 汪曾祺很早就接触并喜欢上王尔德，1941年的《匹夫》中的一句话就是明证："诸子百家，各有千秋，王尔德话与纪德的话最有意思。"纪德是青年汪曾祺最爱的作家，把王尔德跟他并置在一起，可见王尔德在青年汪曾祺心中的分量。2. 比王尔德早了半个世纪的梅里美虽不算是唯美主义者，但他的《伊尔的美神》等小说有浓郁的唯美趣味。青年汪曾祺很喜欢梅里美。1947年的《绿猫》说："去年沙嘴是江心，呼吸于梅礼美的'残象的雅致'之中，把无可托付的心倾注在狗呀猫呀的身上，想想看，有多少人？" 3. 汪曾祺不太说爱伦·坡，但《小嬢嬢》与坡的《厄舍府的崩塌》的相似，却是不争的事实，虽然它们的立意相去甚远：一样的世家的废墟，一样的有血缘关系的青年男女，一样的乱伦，一样的死亡。

　　② 汪曾祺：《一种小说——魏志远小说集〈我以为你不在乎〉序》，《汪曾祺全集》（第10卷），人民文学出版社2019年版，第132页。

　　③ 汪曾祺：《徐文长的婚事》，《汪曾祺全集》（第10卷），人民文学出版社2019年版，第150页。

　　④ 汪曾祺：《〈汪曾祺自选集〉重印后记》，《汪曾祺全集》（第10卷），人民文学出版社2019年版，第134-135页。

世家钟鸣鼎食之际,严格的诗礼早就掐掉了它的萌芽。如此纯净、恒久的爱情也不会发生于"一别钟情"的现代,更不会发生于去深度化的后现代。算来算去,世家的废墟才是孕育它的最湿暖的眠床,才是它怒放的最光鲜的舞台。君不见,颓圮的楼台亭榭上一朵朵最妖冶的花——罂粟——正在疯长?

第二节 "迟开的玫瑰或胡闹"
——论汪曾祺的"晚期"风格

1988年,汪曾祺为散文集《蒲桥集》写作自序时说:"我写散文,是搂草打兔子,捎带脚。"① 言下之意,小说才是他黾勉从之的主业。不过,《蒲桥集》的封面印有汪曾祺自撰的广告,词曰:"齐白石自称诗第一,字第二,画第三。有人说汪曾祺的散文比小说好,虽非定论,却有道理。"副业似乎又强过了主业。广告当然不能全信,却还是隐隐透出汪曾祺的尴尬——小说创作陷入了低潮。他仿佛丢掉了那支"梦中传彩笔",越写越少,越短,越涩,越枯,越冷。平淡无文的小说,就连他女儿都不喜欢,甚至不屑:"一点才华没有!这不像是你写的!"② 巧合的是,彼时的汪曾祺口口声声说"变法":"衰年变法谈何易,唱罢莲花又一春。"那么,从有才华到没有才华,从"像你"到"不像你",竟是他刻意为之的美学新变?衰年的他为什么要不像自己,逃离自己,割裂自己?我们该怎样看待这一怪异的晚期风格?

其实,汪曾祺早就把这一美学难题抛给了我们:"我六十岁写的小说抒情味较浓,写得比较美,七十岁后就越写越平实了。这种变化,不知道读者是怎么看的。"③ 我想,是时候来解决这一悬置太久的难题了。

一、反抒情

汪曾祺写过一首题为《我为什么写作》的打油诗,自曝从文的历程和

---

① 汪曾祺:《关于散文的感想》,《汪曾祺全集》(第9卷),人民文学出版社2019年版,第481页。

② 汪曾祺:《捡石子儿——〈汪曾祺选集〉(代序)》,《汪曾祺全集》(第10卷),人民文学出版社2019年版,第166-167页。

③ 汪曾祺:《却顾所来径 苍苍横翠微》,《汪曾祺全集》(第10卷),人民文学出版社2019年版,第288页。

心得,其中"人道其里,抒情其华"两句,既是他的自画像,亦是他毕生的追求——做一个抒情的人道主义者。顺理成章的追问是,什么是人道和抒情?人道一定要以抒情为"华"?抒情了就一定人道,从来就没有一种反人道的抒情吗?要解决这一问题,先得从他对抒情的理解入手。他说:"一个人,总应该用自己的工作,使这个世界更美好一些,给这个世界增加一点好东西。在任何逆境之中也不能丧失对于生活带有抒情意味的情趣,不能丧失对于生活的爱。"① 抒情,原来就是对于生活的爱,对于生之暖意的永恒肯定,对于世界和邻人绵绵不竭的付出。抒情哪里是"华",是形式,抒情就是"里",就是人道啊,所谓抒情的人道主义者,其实就是抒情诗人的同义反复,抒情诗人才是汪曾祺文学世界中最高级的赞语。汪曾祺把这项桂冠馈赠给他最敬重的文学导师沈从文:"我觉得沈先生是一个热情的爱国主义者,一个不老的抒情诗人,一个顽强的不知疲倦的语言文字的工艺大师"②,也当仁不让地送给了自己:"我的气质,大概是一个通俗抒情诗人。"③

此种抒情态度的精神源流,可以追溯至汪曾祺最为神往的《论语·先进》的境界:"莫春者,春服既成,冠者五六人,童子六七人,浴乎沂,风乎舞雩,咏而归。"这一境界不是对于现世万象有一说一的实录,而是在僵硬、龟裂的世界里拉抻出一片弹性的空间,在寒冷、虚无的风中无中生有地创造出点滴暖意,在疏离、倾轧的人间重新肯定性地把握主体与客体的关系。这一境界,让我想起汪曾祺激赏的宋儒名句:"万物静观皆自得,四时佳兴与人同。"四时皆有佳兴,佳兴匪止独乐,而是在人间流注、满溢的。生之肯定,当以此为最吧!需要强调的是,乐生并不是闪避生之苦,而是接纳苦、包容苦、消融苦,不是否定生之污秽,而是明知世间有太多污秽仍紧紧地把攥它、拥抱它。承认苦与污秽,正是生之健旺的证明。所以,汪曾祺又喜欢另两句宋诗:"顿觉眼前生意满,须知世上苦人多。"不知"苦人多"的生意是单薄的、脆弱的,没有满满生意的"苦人多"又是苦涩的、怨艾的,既觉"生意满"又知"苦人多"的生活态度才是"多

---

① 汪曾祺:《两栖杂述》,《汪曾祺全集》(第9卷),人民文学出版社2019年版,第200页。

② 汪曾祺:《沈从文的寂寞——浅谈他的散文》,《汪曾祺全集》(第9卷),人民文学出版社2019年版,第215页。

③ 汪曾祺:《门前流水尚能西——〈晚翠文谈〉自序》,《汪曾祺全集》(第9卷),人民文学出版社2019年版,第378页。

情的,美的"①。此种态度,即为抒情。

于是,抒情诗人汪曾祺的文学世界触处皆春,草木含情,端的是美不胜收。他会让小英子孤注一掷地放下桨,趴在明海的耳朵旁,小声地说:"我给你当老婆,你要不要?"生之泼辣,莫过于此吧。他会让"岁寒三友"在大雪飘飞的腊月三十夜好好地醉一次,此种友情动天地,世间困苦,于我何有哉?他更会让巧云和十一子从苦难中汲取力量来战胜苦难、渡过苦难。"十一子的伤会好么?会。当然会!"此种迫不及待、斩钉截铁的肯定,说的哪里是十一子的伤,他是在礼赞生命啊。肯定生命,礼赞生命,他的作品的内在情绪就一定是欢乐的,就像他说,我们有过太多创伤,"但是我们今天应该快乐"②。

但是,到了二十世纪八十年代中后期,汪曾祺越来越觉出抒情态度的过分甜腻,甚至是虚假、矫饰,他需要挣脱抒情的网,去诉说那些他明明身受却一直隐忍不言的失落、尴尬和创痛。比如,《八月骄阳》以老舍之死戳破了"有棒子面就行"的貌似乐天知命实则颟顸愚钝的生命观。世上原来还有气节一说,气节的完成要以生命为代价,那么,世界竟是不仁的?《毋忘我》说的似乎是长相思,故事却结在"他忘了"上,"他忘了"就是对于"勿忘我"这一抒情态度的彻底颠覆,"忘"才是世间真相,不堪的真相。汪曾祺还重述了一系列聊斋故事,重述,即是与聊斋故事的抒情态度形成对话、对质和驳诘。他要用中国人都很熟稔的故事,讲述出完全不同的真切人生。比如,蒲松龄的《瑞云》赞美了贺生"不以妍媸易念"的忠贞爱情,汪曾祺的重述则强调瑞云玉颜如初后贺生的反应:"贺生不像瑞云一样欢喜,明晃晃的灯烛,粉扑扑的嫩脸,他觉得不惯,他若有所失。"美丽为何让人失落?幸福难道必须以缺憾为代价?贺生的失落类似于沈从文《阿黑小史》中婚前五明的莫名恐惧:"距做喜事的日子一天接近一天,五明也一天惶恐一天了。"此时的汪曾祺接通了沈从文的幽暗。蒲松龄的《双灯》讲述了双灯的出现和离开,双灯就是文人心头一个妖冶、淫艳的梦,汪曾祺偏偏要深究双灯离开的理由:"我舍不得你,但是我得走。我们,和你们人不一样,不能凑合。"这是双灯甚至就是汪曾祺对于现世的判词——只能凑合。亦是她及他自居于烟粉灵怪的世界的决绝宣

---

① 汪曾祺:《平心静气——〈布衣文丛〉代序》,《汪曾祺全集》(第10卷),人民文学出版社2019年版,第397页。

② 汪曾祺:《关于〈受戒〉》,《汪曾祺全集》(第9卷),人民文学出版社2019年版,第147页。

告——我不要做人,我不能凑合。晚期汪曾祺竟是一只狐仙?

曾经的现世称颂者,如今一往无前地走进现世的背面、负面,把什么佳兴、生意,统统抛到脑后。于是,他成了一个幽灵,窥伺着现世里太多隐而不彰的幽暗和神秘,成了一个灵怪,在一种离奇的、失重的、暗影般的世界里享受着极致的癫狂,更成了一个偶像破坏者,恣意砸烂抒情态度精心呵护着的现世里的一尊尊神像,比如相思,比如幸福,现世原来一片空无。有此反抒情的自觉,他就不会着意铺排风景来烘托画中人的真善美,不会抓细节来深挖人性的深度和弹性,不会编织陡转、巧合来凸显世界的善意和生命的温暖。反抒情意味着删繁就简、直击真相的枯、瘦、冷,意味着有话则短、无话则长的言不及义,意味着从心所欲而逾矩、语不惊人死不休,意味着对于矛盾、空隙、皱褶、破碎处的敏感和耽溺。就这样,汪曾祺撕毁了积数年之功塑造成的温情脉脉的仁者形象,不安地、灼热地、烦躁地、尖刻地评说着世道人心。此种固执和狂热,不就像临终者腮上的一抹病态的红晕?

二、不伦的性

由抒情而反抒情,现世万物的面貌都会随之翻转,比如性。

性是欢愉的、生殖的,指向生生不息的未来。性也可能是乏味的、阴郁的、绝望的,就像拉丁谚语所说:"交配之后,一切动物都忧愁。"[1] 性更可能就是一股无以名之的原始蛮力,冲决一切,摧毁一切。真实的性原来一半是天使一半是魔鬼。不过,到了抒情诗人的笔下,性止于暗示,就像《受戒》中,"这一串美丽的脚印把小和尚的心搞乱了"。脚是汪曾祺晚期小说最重要的性器官啊,此时却是如此的纯洁、优美,隐约地暗示出小和尚的性萌动。抒情诗人如果不得不触及性过程,也会狡猾、暧昧地跳开,转而去描写周围生动、勃发的风景,就像《大淖记事》里,巧云和十一子在沙洲的茅草丛里呆到月到中天,"月亮真好啊!"抒情诗人就算赞颂性,就像劳伦斯讴歌一种"把灵魂烧成火绒一样"的性爱,也还是以赞颂的方式闪避了性的实相,难怪昆德拉会说:"抒情的性比起上一个世纪的抒情的情感世界还要更加可笑。"[2] 抒情世界既不可能直面性,就更不必说去揭

---

[1] [法]米兰·昆德拉:《被背叛的遗嘱》,余中先译,上海译文出版社 2003 年版,第 48 页。

[2] [法]米兰·昆德拉:《被背叛的遗嘱》,余中先译,上海译文出版社 2003 年版,第 48 页。

发性的魔鬼面相了。当真实的性成了抒情态度的禁忌，我们就有理由相信，性是一种锐利的、毁灭性的力量，能够败坏秩序，撕裂整体，摧毁团契。那么，赤裸地、真切地描写性，不就成了反抒情的重要法门？

晚期汪曾祺当然谙熟此一法门。他痴迷于各种各样的性。此种痴迷，首先表现在他对性器官的直白描写上。他喜欢写女人的乳房，而且大抵直称为奶子。比如，《黄开榜的一家》和《钓鱼巷》都写到"白掇掇（笃笃）的奶子"，《薛大娘》更写到薛大娘的一对奶子，"尖尖耸耸的，在蓝布衫后面顶着"。① 他喜欢写女人的脚。脚从来就是一种性器，在某些文化中，裸露脚远比裸露生殖器淫荡。所以，林语堂才会说："缠足的性质始终为性的关系，它的起源无疑地出于荒淫君王的宫闱中。"② 所以，过度迷恋脚才会和露阴症、挨擦症、窥阴症一样，是一种性变态。③《窥浴》中，岑明一直很爱看虞老师的脚，"特别是夏天，虞芳穿了平底的凉鞋，不穿袜子"。薛大娘更是除了下雪天，都赤脚穿草鞋，"十个脚趾舒舒展展，无拘无束"。无拘无束的脚，喻指一种无遮无拦、无羞无耻、无法无天的性，此种性震动甚至颠覆着抒情世界的生命观，就像薛大娘大大咧咧、明明白白地向"她们"宣战："不图什么，我喜欢他。他一年打十一个月光棍，我让他快活快活，——我也快活，这有什么不对？有什么不好？谁爱嚼舌头，让她们嚼去吧！"他还喜欢写男人性器的不举——阳痿。《尴尬》中，洪思迈阳痿两年了。薛大娘的丈夫"性功能不全"，用江湖郎中的话说，就是"只能生子，不能取乐"。《吃饭——当代野人》里的申元镇阳痿，他媳妇当着人大声喊叫："我算倒了血霉，嫁了这么个东西，害得我守一辈子活寡！"汪曾祺笔下从来是男弱女强，比如明海之于小英子，十一子之于巧云。到了晚期，他干脆去了男人的势，让饥渴的女人躁动、越轨，无望的、绝叫的、不择路径而出的性，一路延烧向抒情世界。

痴迷还表现在他对不伦之性的珍视和耽溺上。夫妻之间行礼如仪的性爱，哪里入得了他的法眼，要写，他就写不伦的性，晚期汪曾祺的世界，几乎成了不伦之性的集锦。这里有露水姻缘，比如薛大娘和吕三，《露水》里的他和她，"原也不想一篙子扎到底"的露水夫妻，竟会如此的如鱼得

---

① 《受戒》中三师父仁渡唱火辣辣的山歌："姐儿生得漂漂的，两个奶子翘翘的。"此种火辣立马被"有心上去摸一把，心里有点跳跳的"冲淡，成为好奇的、羞怯的，哪如晚期直白、大胆，更何况小说的主流是明海、小英子看场时的抒情小夜曲。

② 林语堂：《吾国与吾民》，宝文堂书店 1988 年版，第 151 页。

③ 钟友彬：《性变态的病理心理本质和发病机制》，《中国心理卫生杂志》1991 年第 5 卷第 3 期。

水。这里还有乱伦,比如《钓鱼巷》中的程进和女佣大高,"大高全身柔软细腻,有一种说不出的美"。也如岑明和老师虞芳,她使晕眩、发抖的他渐渐镇定了下来,师生间亦有一种如同肖邦小夜曲般的温情缱绻。再如《小孃孃》中,谢淑媛和侄子谢普天做爱,"炸雷不断,好像要把天和地劈碎"。这是感天动地还是天打雷劈?不过,就算是天打雷劈又怎样,他们很痛苦,但是,也很快乐。这里更有人兽恋,比如《鹿井丹泉》中比丘归来与母鹿的美妙性爱:

> 一日归来将母鹿揽取,置入怀中,抱归塔院。鹿毛柔细温暖,归来不觉男根勃起,伸入母鹿腹中。归来未曾经此况味,觉得非常美妙。母鹿亦声唤嘤嘤,若不胜情。事毕之后,彼此相看,不知道他们做了一件什么事。[1]

沉入这些不伦之性的故事,"故事本极美丽",跳出来一看,我们又会惊诧地发现,美丽的性爱原来如此短暂、脆弱、诡异,甚至根本就是禁忌,只能归入沉沉暗影,难怪汪曾祺会感慨"理解者不多"。汪曾祺之所以把不为人理解的性从暗影中打捞出来,让它们有光,发声,充盈,跃动,是因为他太钟爱这些不稳定的、转瞬即逝的性,不稳定的性侵蚀着太过稳定、按部就班的抒情世界;是因为他太厌倦甚至憎恶抒情世界的准则,不得不借由不伦之性达成自我疏离和放逐;也是因为他要建构一座孤独的岛屿,岛屿是一个绝美、极乐的天地,由不伦之性把它和抒情世界永远隔离。有趣的是,反抒情的直白之性、不伦之性,其实还是抒情性的,只是此抒情不再是对于现世之暖的开掘,而是晚期汪曾祺对于现世之昧和魅的发现,是他的一场叛逃,一次断裂,一种晚年心境的歇斯底里的宣泄。有了反抒情的抒情,我们就再也无法把晚期汪曾祺与从前的他拼接成一个整体,他也由此嬉笑了同一性和庸俗的辩证法,他更由此宣称我是这一个,时时刻刻在变化,与任何文学潮流都不相干,只遵从自身生命感受和艺术感受的这一个。

三、蓝色的美

用直白之性、不伦之性掀去抒情世界的温情面纱,汪曾祺终于承认,

---

[1] 汪曾祺:《鹿井丹泉》,《汪曾祺全集》(第3卷),人民文学出版社2019年版,第240页。

现世原来充满丑恶以及比丑恶更让人恶心的说不清道不明的东西。于是，他愤怒，比如《小学同学·金国相》说："为什么要欺负人呢？那么多人欺负一个人！"他不解，比如《尴尬》感慨，"俊哥儿"岑春明那么有学问，有风度，顾艳芬那么难看，像个母猴，"老岑怎么会跟她！"他恶心，比如《唐门三杰》中的唐老大头发染了，烫了，"看了他的黑发、白脸，叫人感到恶心"。他惊悚，比如《当代野人系列三篇·三列马》中的耿四喜死了，"开追悼会时，火葬场把蒙着他的白布单盖横了，露出他的两只像某种兽物的蹄子的脚，颜色发黄"，人竟是兽！他困惑，比如《百蝶图》里，小陈三的妈宁可要一个窝窝囊囊的儿媳，决不能接受太好看、太聪明、太能干的"人尖子"王小玉，"她为什么有如此恶毒的感情？"他心痛，比如《忧郁症》中那么标志、勤谨的裴云锦上吊自杀了，舌尖微露，面目如生。他忧心忡忡，就像他在丁聪为他作的小像上题诗："亦有蹙眉处，问君何所思？"他诧异，比如《非往事·无缘无故的恨》中的造反派臭骂他根本不认识、不了解的"黑帮"，忽然跳得老高，又咕咚一声栽倒，死过去了，"世界上无缘无故的恨是有的！"他更看穿了现世的干枯和无聊，比如《要账》中的张老头，他不是一段木头，是个人，是个人，脑子里总要想些事，他就整天盘算一笔压根不存在的账。也如《莱生小爷》中的汪莱生，睡了吃，吃了睡，最多小声嘟囔几句："我要玲玲，我要娶玲玲……"此种看取现世的目光，不就如《两个伊凡打架的故事》中的果戈理和《复仇》（其一）中的鲁迅一样犀利、阴冷？汪曾祺竟有了恶魔性。

　　刚刚复出时，汪曾祺曾说："我有一个朴素的、古典的想法：总得有益于世道人心。"[①] 因为朴素和古典，彼时的他无比清新、亲切。到了晚期，日益忧郁、愤怒、峻切的汪曾祺为一己的疼痛所攫，哪里顾得上什么装模作样、虚与委蛇的世道人心，他甚至蹙紧眉头，专门看取世道人心的尴尬处、荒唐处、恶心处，以暴露现世、戳疼现世的方式排遣一腔积郁。此时的他不再朴素，而是颓废的。颓废不是奄奄一息、自暴自弃，而是一种只倾听自己灵魂与肉体声音的个人主义坚守，一种无政府主义的美学暴动，一种突破了同一性围困的生命力张扬，就像卡林内斯库所说："颓废风格只是一种有利于美学个人主义无拘无束地表现的风格，只是一种摒除了统

[①] 汪曾祺：《要有益于世道人心》，《汪曾祺全集》（第9卷），人民文学出版社2019年版，第189-190页。

一、等级、客观性等传统专制要求的风格。"[1] 因为颓废,晚期汪曾祺又不再古典,而是现代的——颓废即是现代性的面孔之一啊。所以,我们可以说,此时的汪曾祺接通了他半个世纪之前的文学努力,只是从前的努力是习得的,是由西南联大的文学风潮浸染出来的,此时则有七十年的生命体验打底,是一种自然而然的审美趋向。

朴素的汪曾祺是美的,这种美是纯净的、明朗的、健康的,就像长着一双"定神时如清水,闪动时像星星"的眼睛的大、小英子,也像"一十三省数第一"的明海。颓废的汪曾祺亦是美的,只是这种美不复纯净,而带有太多肉的渴求和沉湎。《仁慧》写到,"我"很喜欢仁慧房间的气味,"不是檀香,不是花香,我终于肯定,这是仁慧肉体的香味"。从前的纯净之美即如花香,如今的颓废之美就是仁慧的肉香。仁慧用手指轻点"我"的额头,说:"你坏!"颓废之美不就像"我"一样,有点坏坏的?颓废之美也不复明朗,而是飘忽不定的,甚至就是一种暗物质,有外形无实体,可观却不可触。《百蝶图》说到一个鬼故事:外地人赶夜路,想抽烟,有几个人围着一盏油灯,他便凑过去点火,点不着,摸摸火苗,火是凉的!这几个是鬼!外地人赶紧走,鬼在他身后哈哈大笑。王小玉时常想起凉的火、鬼的笑,她并不汗毛直竖——"这个鬼故事有一种很美的东西,叫她感动。"[2] 颓废之美就如鬼火,哪像真火般明亮灼人,但是,凉的火不也有一种让人凄凉的美丽?谁的心头没有一两盏不可说不能及却又确确凿凿闪烁着的微凉火光?颓废之美更不复健康,而是病态的、变态的,甚至必须以死亡来完成。《小孃孃》中,谢普天读万卷书,行万里路,画艺只是"大有进步"而已,只有当他画了小孃孃的裸体,更只有当小孃孃死于难产血崩,他才能画出"真美"的画来。颓废之美原来垂青罪人,更无限度地趋向死亡。当然,汪曾祺强调过颓废之美的健康,比如《薛大娘》的结尾说:"薛大娘身心都很健康。她的性格没有被扭曲、被压抑。舒舒展展,无拘无束。这是一个彻底解放的,自由的人。"彻底的解放、完全的自由正是颓废的品格之一,只是这一品格实在不会被抒情世界视为健康,就像薛大娘一定会被人们嚼舌头一样。

汪曾祺对蓝色很敏感。《护秋》中,朱兴福"闹渠一槌"(即"操她一回")之后,叙事人说:"一只鸹鸹悠(鸹鸹悠即猫头鹰)在远处叫,好像

---

[1] [美]马泰·卡林内斯库:《现代性的五副面孔》,顾爱彬、李瑞华译,商务印书馆 2003 年版,第 183 页。

[2] 汪曾祺:《百蝶图》,《汪曾祺全集》(第 3 卷),人民文学出版社 2019 年版,第 309 页。

一个人在笑。天很蓝，月亮很大。"①猫头鹰如此不怀好意地笑，月亮又大得像个精力饱满的疯子，那么，很蓝的天不就是一种无声的扭曲、不可知的恐怖和燃烧的癫狂，就像朱兴福和杨素花不可解的暴烈人生？《小嬢嬢》中，姑侄做爱时，雨一直下，"一个一个蓝色的闪把屋里照亮，一切都照得很清楚"。蓝色照例是一种神秘、恐怖、极乐的力量，似乎在鼓动，又似乎在谴责，不管是鼓动还是谴责，都那么深地切入生命的内里，让人欣喜又疼痛。我想，汪曾祺的朴素之美就像小英子家春联上写的"向阳门第春常在，积善人家庆有余"，是温暖的金黄色，晚期汪曾祺的颓废之美则是蓝色的，一种烧灼到冰凉，疯癫到宁静的颜色。汪曾祺的晚期可以命名为"蓝色时期"。②

四、死与胡闹

前文已经论及死与美的关系，最能说明此一关系的小说是《喜神》。喜神即遗像，死亡竟是欢喜的，还带着神性，民间之于死亡的奥秘，仿佛有着天生的洞观。喜神画匠管又萍临终前在徒弟为自己画的喜神上加了两笔，"传神阿堵，颊上三毫，这张像立刻栩栩如生，神气活现"。死亡打通了神性通道。其实，晚期汪曾祺就像自知病重不起的管又萍，提前抵达了死，又从死之深渊返视现世，他的寥寥数笔，即是"传神阿堵，颊上三毫"。那么，晚期汪曾祺的创作不就成了一张"神气活现"的喜神，一份夹缠着死亡、欢喜、神秘和癫狂的文学遗嘱？我们要想看清楚这张喜神、这份遗嘱，当然要从他的死感说起。

汪曾祺仿佛淡看死生，委心任去留。1990年，他写了首《七十抒怀出律不改》，抒发"悠悠七十犹耽酒"的从容心境。但是，尾联两句"假我十年闲粥饭，未知留得几囊诗"，还是隐隐透出来日无多的恐惧：十年，还能有十年吗？恐惧归恐惧，毕竟还有再活十年的期望，说到底还是乐观的。三年后，他写作《荷花》，那么温暖、蓬勃的生命历程，结束在荷叶枯了，"下大雪，荷叶缸中落满了雪"上。死亡真的会猝然而至，给生命一个极寒冷的收煞，他甚至已经感到死亡深渊吹来的寒风。这个时候，恐惧还有什么用，他只能默默地接受，无望地面对。同年，他写作《露水》，结尾凭空一句"露水好大"，道尽一位"在死者"所有无法言、不能言的凄

---

① 汪曾祺：《护秋》，《汪曾祺全集》（第3卷），人民文学出版社2019年版，第160页。
② 蓝色的疯癫性，《金锁记》的袁芝寿亦有感受：这是一个丈夫不像丈夫，婆婆不像婆婆的疯狂世界，比哪一天都好的高高的一轮满月洒下遍地的蓝影子，帐顶上也是蓝影子。

凉和绝望。正因为死之寒意愈益彻骨，晚期汪曾祺越来越敏感于人的死与物的亡，他的世界死尸相枕藉。你看，《捡烂纸的老头》中的老头死了，人们在他的破席子底下发现八千多块钱，"一沓一沓，用麻筋捆得很整齐"。《黄开榜的一家》中的黄开榜死了，哑巴找出紫铜长颈喇叭，在棺材前使劲地吹："嘟——"。《小姨娘》中的章老头死了，小姨娘在父亲灵柩前磕了三个头，没哭。《露水》中他和她才过了一个月，他得了绞肠痧，折腾一夜，死了。《丑脸》中的丑脸们相继去世，前后脚，"人总要死的，不论长了一张什么脸"。《熟藕》中的王老死了，"全城再没有第二个卖熟藕"。《钓鱼巷》中的程进自杀了，大高生病死了，"沙利文"听说也死了，"人活一世，草活一秋"。《名士和狐仙》中的杨渔隐一头栽倒，就没有起来。吕虎臣摔了一跤，中风失语，很快死了，留下一本《礼俗大全》。

　　这些死亡都是匆猝的，汪曾祺一定有着死亡也会如此降临到自己头上的恐惧，后来他的死正好印证了他的恐惧。死的敏感、预感如此强烈，以至于他不得不振奋乃至亢奋起所有的精神来反抗。死如何反抗，又怎么反抗得了？他就只能铺叙那么多火辣、暴戾的性事来驱散死，只能寻觅那一抹最深的蓝，沉醉于诡谲、阴邪，犹如刀锋一样让人快意亦让人胆寒的美丽以忘却死，只能创造出一种分裂、破碎、矛盾的文体来戏仿死之断裂，并于此戏仿中取消死的压迫性，只能戳破存在的荒诞、无聊、恶心来嘲弄死——生已不堪，死又如何？他成了战胜死亡的英雄，一个随时会被死亡击倒的脆弱的英雄。英雄，原来也可以是一个自反的，既是肯定亦是反讽的概念，就像晚期汪曾祺的风格，既是对于生的强烈肯定，更是绝大的反讽——死就在生的背后，露出狰狞笑脸，死何曾须臾离开？萨义德总结阿多诺的贝多芬论时说："晚期风格并不承认死亡的最终步调；相反，死亡以一种折射的方式显现出来，像是反讽。"[1] 晚期汪曾祺亦可作如是观。

　　值得进一步说明的是死亡与蓝色之美的直接关联性。东山魁夷说："蓝色是精神与孤独、憧憬与乡愁的颜色，表现悲哀与沉静，传达年轻的心的不安与动摇。蓝色又是抑郁的颜色，蕴藏在内心深处而不可达到的愿望的颜色。蓝色又颇似颓废和死亡的诱惑。"[2] 而他论证这一观点所重点列举的例证，就是毕加索在他绘画生涯的早期，1901 年刚到巴黎的时候，出现过的长达四五年之久的"蓝色时期"（Blue Period）。此时的毕加索画

---

[1] ［美］爱德华·W. 萨义德：《论晚期风格——反本质的音乐与文学》，阎嘉译，生活·读书·新知三联书店 2009 年版，第 22 页。

[2] ［日］东山魁夷：《蓝色世界》，唐月梅译，《出版广角》2001 年第 9 期。

的无非是贫困的母亲、潦倒的妓女、瞎眼的乞丐和死亡的绝对静默。东山魁夷忘了交待，毕加索的"蓝色时期"的序幕是由他的挚友卡萨盖马斯吞枪自杀拉开的，"蓝色时期"内嵌着死亡。毕加索还画过《卡萨盖马斯的葬礼》，画面中蜡烛因其红与绿的强烈比照而显得异常火热，然而，"强烈的烛光照亮了墙壁却照不亮亡者，与描绘亡者的纯度很低的颜色形成了强烈的反差。死亡沉重地搁置在那里……"[①]。

萨义德说，他一直致力于研究三个巨大的疑难问题——开端、适时和晚期。我认为，《受戒》《大淖记事》是汪曾祺的适时之作，而八十年代中期，特别是九十年代以后，死亡阴影笼罩着的汪曾祺步入晚期风格。破碎、直白、大胆、阴邪的晚期风格，割裂、解构了适时的抒情风，割裂的伤口是如此的深刻，就连最强大、庸俗的辩证法都无力消弭。我们该如何看待这一蓄意而为的美学新变？还是让我们先看看他在1990年写作的《迟开的玫瑰或胡闹》。六十出头的二花脸邱韵龙闹离婚，有人劝他，这么大岁数，干什么呀，他回答："你说吃，咱们什么没吃过？你说穿，咱们什么没穿过？就这个，咱们没有干过呀！"离完婚，他就死了。同事说他胡闹，女儿说爸爸纯粹是自己嘬的。我想，汪曾祺的晚期风格就像邱韵龙离婚，就他自己而言，是终于干成一件一直想干却没有干成的事情，是一朵迟开的玫瑰，对某些读者来说，却是不折不扣的胡闹，"纯粹是自己嘬的！"也许，晚期风格就是死亡催生出来的胡闹。胡闹之于过分一本正经的抒情世界，亦是当头棒喝吧！

第三节　西窗雨，叩响一口钟
——论汪曾祺与外国文学兼及"早期"汪曾祺是如何通往"晚期"的

汪曾祺写于1947年的《短篇小说的本质——在解鞋带和刷牙的时候之四》，早已是文论经典，短篇小说是"一种思索方式，一种情感形态，是人类智慧的一种模样"的说法，也跟胡适的"横截面"论一样，成为讨论短篇小说文体时绕不过去的一个"定论"。不过，很少有人注意到，此文存在一重颇富意味的断裂。汪曾祺在文中回忆，四十年代初的西南联大写作课堂上，沈从文给学生出了一道题目——"一个理想的短篇小说"。彼时卞之琳所译现代主义作品集《西窗集》正在风行，被其中的一些篇章弄到疯魔的汪曾祺大声说："一个理想的短篇小说应当是像《亨利第三》与

[①] 冯跃：《毕加索"蓝色时期"作品简析》，《美术教育研究》2014年第1期。

《军旗手的爱与死》那样的！"从脱口而出的现场到回忆的当下，五六年时间倏忽而过，他依旧认定它们就是短篇小说理想的样子，态度却有了不小的松动：

> 那两篇东西所缺少的，也许是一点散文的美，散文的广度，一点"大块噫气其名为风"的那种遇到什么都抚摸一下，随时会留连片刻，参差荇菜，左右缭之，喜欢到亭边小道上张张望望的，不衫不履，落帽风前，振衣高岗的气派，缺少点开头我要求的一点随意说话的自然。①

说它们好，是因为它们是小说，却更像诗、像戏，契合他的宁可短篇小说像诗、像戏、像散文，就是不能太像小说的文体互渗观；说它们还不够好，则是因为它们一点都不像散文，而像散文可能才是理想的短篇小说的核心特征，以至于他要增补以上这段冗长、缠绕、重复的语句，来描述散文化小说，也就是他理想的短篇小说的美好的样子。他没有意识到的是，像诗、像戏，就一定不像他所喜欢的不衫不履、潇潇洒洒的散文，它们压根不兼容。② 从这个意义上说，增补不是意义的深化、延长，而是修正、颠覆。有趣的是，增补的大意和修辞方式，都是来自周作人为废名《莫须有先生传》所作序言。在序言中，周作人说废名的文字如流水，"凡有什么汊港弯曲，总得灌注潆洄一番，有什么岩石水草，总要披拂抚弄一下子才再往前去"；又像风，"夫大块噫气，其名为风"的那种风。③ 这一有意无意的追慕、模仿表明，汪曾祺把理想的短篇小说等同于散文化短篇小说，并进一步把散文化短篇小说的美学风格径直落实为周作人、废名一脉的京派风——他的审美取向与《亨利第三》《军旗手的爱与死》渐行渐远，

---

① 汪曾祺：《短篇小说的本质——在解鞋带和刷牙的时候之四》，《汪曾祺全集》（第9卷），人民文学出版社2019年版，第14页。

② 小说散文化与诗化的不兼容，《亨利第三》与《军旗手的爱与死》这两篇诗化小说的非散文性就是最好的说明。与戏剧化同样不兼容。汪曾祺说，小说要学习戏的活泼、尖深、顽皮、作态。在这句话后面，他加了一条注解："一切在真与纯之上的相反相成的东西。"而我们都知道，散文的魂就是"真"与"纯"。见《短篇小说的本质——在解鞋带和刷牙的时候之四》，《汪曾祺全集》（第9卷），人民文学出版社2019年版，第14页。

③ 周作人：《〈莫须有先生传〉序》，见废名《莫须有先生传》，广西师范大学出版社2003年版，第4页。后来，汪曾祺每论及废名，都会引用周作人这段话。需要说明的是，废名小说是否真如周作人所说，像水又像风，这一点并不重要，重要的是，周作人借着废名描述出自己理想的文风。

这是一场未免有些匆促的告别。

正是这一匆促的告别揭示出一桩事实：汪曾祺对于外国文学的接受是复杂的、流变的，他沉潜，又摆脱，总是在寻找更像自己、让自己更是自己的对象。本文想要弄清楚的是：汪曾祺究竟受过哪些外国作家的影响，哪些人的影响被他摆脱，哪些人则让他终身受益，或是受限，这些摆脱、沉潜又折射出汪曾祺一个什么样的自己来？

一、"你将死于晦涩！"

1944 年 4 月，战时昆明，汪曾祺致书友人，说他看到沟边躺着一个奄奄一息的士兵，连叮在身上的苍蝇都赶不走了，眼睛却还在看，又大又白。他接着说，"我记得这种眼睛，这也是世界上一种眼睛"，这双眼睛让他想起奥登写死尸之眼的诗句："有些东西映在里面，决非天空。"①1993 年 6 月，他又提到这个半世纪前猛然遭逢的"刺点"一样的场景，并把误记到奥登头上的句子还给里尔克，还引用了奥登写死尸的另一名句：他就要死了，就要"离开身上的虱子和他的将军"了。②里尔克的句子出自《军旗手的爱与死》。明明认定《军旗手的爱与死》是理想的短篇小说，却说其中最有名的句子是诗句，还把它的作者给张冠李戴了，汪曾祺的错误让人多少有些摸不着头脑。不过，如果想到用奥登的诗句来表达他当时的"震惊"也许同样贴切，因为里尔克说的是一个被残杀的匈牙利农夫，奥登写的是一位中国战场上死去的战士，他们都在无情的战争中沦为肥料，不会再被记起，那么，我也许有理由不把这个错误看作是单纯的过失，而是当成弗洛伊德意义上的有意味的"笔误"。对此"笔误"，我的解读是：1. 青年汪曾祺热爱诗，本质上是一位诗人。③他读诗、谈诗、写诗，喜欢精彩的句子，一些看熟了的相似的句子在脑子里打架，再正常不过了，何况里

---

① 汪曾祺：《440424/25 致朱奎元》，《汪曾祺全集》（第 12 卷），人民文学出版社 2019 年版，第 7 页。

② 汪曾祺：《却顾所来径 苍苍横翠微》，《汪曾祺全集》（第 10 卷），人民文学出版社 2019 年版，第 287 页。有趣的是，奥登的句子 Abandoned by his general and his lice，还是被汪曾祺引错了，这个死去的士兵"被他的将军和他的虱子抛弃"（卞之琳译），而不是他主动离开。

③ 唐湜说，汪曾祺给《中国新诗》写过散文诗《疯子》，如果《中国新诗》未遭查禁，他说不定会跟他的西南联大同学穆旦、杜运燮、郑敏一样，经常给《中国新诗》写稿，从而"成为'九叶'或'十叶'中的一员"。见《悼念曾祺》，《书城》1997 年第 5 期。

尔克与奥登的句子都是出自当时任教于西南联大的卞之琳的译笔。① 2. 本质上是诗人,他就认定最好的艺术样式只能是诗,小说如果也有可取之处的话,只在于它的诗意或者诗化,而诗化小说就是一种独特的诗。这一点,他在上面那封信里说得非常明了:"我向日虽写小说,但大半只是一种诗,我或借故事表现一种看法,或仅制造一种空气。"② 一个作为诗人的小说家的小说作法,大概就是以诗为小说。需要说明的是,西南联大风行的是西方现代派诗。王佐良回忆,得益于燕卜荪等人的推动,英国浪漫主义在西南联大受到冷落,艾略特、奥登成了"新的奇异的神明"。③ 被时风所浸溉,汪曾祺着迷的也是西方现代派诗,以诗为小说,也就是以现代派诗为小说。既是以现代派诗为小说,他的小说必然呈现如下特点:

首先,写小说的第一要义就是要寻找精彩的句子。《西窗集》收了洛庚·史密士《小品(二十篇)》,其中一篇题为"词句",史密士一上来就问:"世界上,究竟,还有什么慰藉像语文的慰藉和安慰呢?"接着,他又说,他只为这一终将到来的时刻而忧伤:"最完美的隐喻一定会忘掉在人类化为尘埃的一天。"④ 现世如此苍白,惟美好的词句可堪回味,这一现代派诗学的命题,青年汪曾祺自然心领神会。他说:"每一个字是故事里算卦人的水晶球,每一个字范围于无穷。"⑤ 又说:"我简直想把人生也笼括在几个整整齐齐的排句里。"⑥ 问题在于,小说不同于诗歌,小说中精彩的句子如果过分璀璨的话,就不可能也没有必要与周边的句子融成一体,它们就像是一些琳琅满目的补丁。比如,《小学校的钟声》说到小学上课,就是"我们像一个个音符走进谱子里去";下课钟一敲,则是大家一下子鼓噪起来,"像一簇花突然一齐开放了"。两个比喻美则美矣,与整篇小说淡淡的意识流风却是相扞格的。再如,1947 年版《异秉》写药店一天的工作结束,"该盖上的盖了,该关好的关好",这就够了。不过,汪曾祺还是觉得平淡了

---

① 奥登《在战时》的中译本颇多,真正产生影响的是卞之琳在 1943 年第 2 期《明日文艺》上选译的六首。汪曾祺熟记的,应该就是这个版本。

② 汪曾祺:《440424/25 致朱奎元》,《汪曾祺全集》(第 12 卷),人民文学出版社 2019 年版,第 7 页。

③ 王佐良:《怀燕卜荪先生》,《外国文学》1980 年第 1 期。

④ [英]洛庚·史密士:《小品(二十篇)》,见《西窗集》,卞之琳译,安徽教育出版社 2007 年版,第 52 页。

⑤ 汪曾祺:《小贝编·窗子里的窗子》,《汪曾祺全集》(第 4 卷),人民文学出版社 2019 年版,第 9 页。

⑥ 汪曾祺:《三叶虫与剑兰花》,《汪曾祺全集》(第 1 卷),人民文学出版社 2019 年版,第 293 页。

一些,需要提升一下,就用括号加上一个比喻:"鸟都栖定了,雁落在沙洲上。"鸟栖、雁落固然诗意,却跟盖上、关好的日常动作无涉。结束一天忙碌的人们在药店大堂的灯下聚齐,照例开始胡侃,汪曾祺又忍不住用了一个险峻的比喻:"一齐渡过这个'晚上'像上了一条船。"[①] 这个比喻引发的后果就是,读者的注意力从这个晚上的人、事、氛围转移到了这个晚上、这条船本身,叙事人好像从高处俯瞰着这个晚上、这条船——让青年汪曾祺感到愉悦的,也许就是这个俯瞰的姿势以及俯瞰着的高高在上的自己。

其次,是晦涩。致力于寻找精彩的句子,青年汪曾祺当然迷恋比喻,因为比喻是让本体与喻体相互映照从而获得新奇的美感,并让意义增生、游移、混杂起来的方法。1943年,他写下一句话:"每一朵花都是两朵,一朵是花;一朵,作为比喻。"[②] 他的意思是,比喻跟真实一样重要,如果不是更重要的话。1945年,他写了一首题为"春天"的诗,结尾是:"看人放风筝放也放不上,独自玩弄着比喻和牙疼。"[③] 这两句诗说明,对于他,比喻跟牙疼一样,都是忘不掉、摆脱不了的深入骨髓的东西,因而也就是只能"独自玩弄"的私密、切身的东西。越是私密、切身的东西,对于别人来说,当然就越是一个谜、晦涩、不可解。就这样,青年汪曾祺写下一批精彩但让人有些不知所云的句子。比如,《谁是错的》用一个比喻来为一段行动和心理作结:"我的心,似乎有个小小抽象的锚抛在抽象的石滩边,泊定了。"泊定,大概是终于稳妥了的意思,但抽象的锚与抽象的石滩又是什么?我的看法是,这个句子并不是在描述现实生活中某一可能发生的场景,而是受到另一个句子触发从而衍生出来的,这个源句子就是《军旗手的爱与死》有关女人手势的一个比喻:"你简直要说她们是在你攀不到的高处采摘你看不见的姣好的玫瑰花。"由一个迷离恍惚的句子生出的另一个迷离恍惚的句子,怎么求得出甚解?其实,艾略特、奥登这些"新的奇异的神明"的诗大抵是晦涩的,把他们引入西南联大课堂的燕卜荪的成名作就叫作《朦胧的七种类型》(Seven Types of Ambiguity),追慕这样一种诗风,青年汪曾祺的小说能不晦涩?

[①] 有关《异秉》的引文,均出自《汪曾祺全集》(第1卷),人民文学出版社2019年版,第265—273页。

[②] 汪曾祺:《小贝编·窗子里的窗子》,《汪曾祺全集》(第4卷),人民文学出版社2019年版,第7页。

[③] 汪曾祺:《干荔枝·遗憾》,《汪曾祺全集》(第4卷),人民文学出版社2019年版,第34页。

再次，则是把小说写成了散文诗。诗，是一种把自己写出来的文体，以诗为小说，也就意味着小说家写小说的冲动和目的就在于写出他自己。这一点，青年汪曾祺谈得很多、很直白。他说："一切为了述说自己，一切都是述说自己，水，神，你说了些甚么？"①又说："我的小说里没有人物，因为我的人物只是工具……如果我的人物也有性格，那是偶然的事。而这些性格也多半是从我自己身上抄去的。"②不过，现代派诗人反对把自己直接写出来，认为这样的诗往往流于说教和感伤，不足以说服和感动读者。艾略特就说："诗不是放纵感情，而是逃避感情，不是表现个性，而是逃避个性。"③受艾略特"非个性化"主张的启发，袁可嘉提出"新诗戏剧化"方案："即是设法使意志与情感都得着戏剧的表现，而闪避说教或感伤的恶劣倾向。"④"新诗戏剧化"的首位原则是表现上的客观性与间接性，直接的文本呈现形式就是第三人称普遍取代第一人称。以诗为小说的美学取向与"新诗戏剧化"的要求相暗合：小说的文体特征让汪曾祺很难直抒胸臆，他必须从"我"的身上离析出一个"他"，用"他"来表达"我"，比如《序雨》里的"他"；或者以"我"来观"他"，"他"比"我"更是"我"，一个因为抽离因而更能接近"我"的"我"，比如《匹夫》中的西门鱼（汪曾祺的笔名）与苟、《绿猫》中的"我"与栢。这样一来，不管是用"他"表达"我"，还是以"我"观"他"，都是汪曾祺自己在沉思，他写的是小说，其实更像是散文诗——把自己写出来，这是诗；非韵文、第三人称，这是散文；杂糅起来，这就是散文诗。

说起散文诗，当然要说到波德莱尔，是波德莱尔最早设想、呼唤散文诗这一奇异文体的：

> 在那雄心勃发的日子里，我们谁不曾梦想着一种诗意散文的奇迹呢？没有节奏和韵律而有音乐性，相当灵活，相当生硬，足以适应灵

---

① 汪曾祺：《葡萄上的轻粉》，《汪曾祺全集》（第1卷），人民文学出版社2019年版，第103页。

② 汪曾祺：《440424/25 致朱奎元》，《汪曾祺全集》（第12卷），人民文学出版社2019年版，第7页。

③ ［英］托·斯·艾略特：《传统与个人才能》，见《卞之琳译文集》（中卷），安徽教育出版社2000年版，第283页。

④ 袁可嘉：《新诗戏剧化》，《诗创造》1948年第12期。

魂的充满激情的运动、梦幻的起伏和意识的惊厥。①

青年汪曾祺熟读波德莱尔。《匹夫》说到一位"吞食波特莱尔"的友人，平地突起一个比喻："波特莱尔，一头披着黑毛的狮子。"到了晚年，他还记得，读大学时，"波特莱尔的《恶之花》、《巴黎之烦恼》是一些人的袋中书——这两本书的开本都比较小"。② 我想，逃课、泡茶馆、跑警报时，他的口袋大概也常常塞着一本波德莱尔吧。揣摩既久、已熟，他自然而然把小说写成《巴黎的忧郁》一样的晦涩的散文诗。波德莱尔对于青年汪曾祺的影响，主要体现在三个方面：1. 意象的借用。《春天》中，王大爹对小孩子们说："你们呆在这儿干甚么呢？看着猫儿的眼睛，该有两点多钟了吧，去放风筝罢……"读者难免纳闷：为什么要从猫的眼睛看时间？看得出来吗？其实，这句有些无厘头的话来自《巴黎的忧郁》里的《时钟》："中国人从猫眼里看时辰。"不过，波德莱尔从带有东方主义意味的调侃，顺畅地转向对于理想女性翡丽尼（也就是猫）的带着一点自嘲、嘲世的歌颂：他朝向她的眼睛深处凝视，看到了时辰，那就是永恒。汪曾祺的借用不仅忽略了波德莱尔的前后文，《春天》的田园风与"猫眼"所传递出来的现代的忧郁、烦闷也不协调。2. 框架、立意的沿袭。汪曾祺自己最满意的小说是《职业》。③ 1947年版《职业》这样分析小孩平日里叫卖"椒盐饼子西洋糕"的声音："你可以听得出一点嘲讽，委屈，疲倦，或者还有寂寞，种种说不清，混在一起的东西。"有一天，小孩休息，从"职业"中解放出来，于是，"你从他身上看出一个假期，一个自在之身"。只有一具"自在之身"才能返身直面自己从来都是被捆绑的身体，并戏谑性地来上一句"捏着鼻——子吹洋号"。这种从卑微、沉重、日复一日的劳作中挣脱而出的轻倩、灵动的"自在之身"，波德莱尔《寡妇》早有动人描述：一个迷人的秋天的下午，一位悲哀、孤独、僵直的老妇坐在公园的偏僻角落，远离人群，入神倾听远方的音乐会，"这大概是这位纯洁的老人（或者这位净化过的老人）的唯一的小小放荡吧，是从没有朋友、没有聊天、没有欢

---

① ［法］夏尔·波德莱尔：《给阿尔塞纳·胡塞》，《巴黎的忧郁》，郭宏安译，花城出版社2004年版，第3页。

② 汪曾祺：《西窗雨》，《汪曾祺全集》（第10卷），人民文学出版社2019年版，第188页。

③ 有人问汪曾祺最满意自己的哪部作品，他说："一般都以为《受戒》、《大淖记事》是我的'代表作'，似乎已有定评，但我的回答出乎一些人的意外：《职业》。"见《〈职业〉自赏》，《汪曾祺全集》（第10卷），人民文学出版社2019年版，第356页。

乐、没有知心人的沉重的日子里获得的安慰吧……"①。1982年版《职业》略去那些波德莱尔式机智、迷离的议论，让立意含藏起来，但立意本身还是一以贯之的。② 3.趣味的感染。《绿猫》中的栢在写一篇同名小说，说的是一个喜欢画画的孩子，画了一只绿猫，被老师打了手心，后来他做公务员，不得意，还想画画，画不成，再后来他老了，有人送他一只猫，他把猫染成绿色，没有两天，他死了。这里的问题是，这个郁郁而终的人为什么要画世界上并不存在的绿猫，他所认定的最迷人的猫为什么必须是绿色的？要回答这个问题，也必须回到波德莱尔：绿色是苦艾酒的颜色，绿色的苦艾酒是波德莱尔这些现代派艺术家的毒药、解药、春药，他们只有在苦艾酒的绿色中才能苏醒、奔跑、疯狂、爆裂，最终燃烧成灰烬。波德莱尔《毒药》就是一首"苦艾酒颂"："这一切都不如你碧绿的眸子／流出的毒，你的眼睛／是湖水，倒映出我战栗的心灵……"应该就是渴饮了苦艾酒吧，《月亮的恩惠》中，情人的眸子是绿的，大海也涌动着无边的、绿色的波涛——这是激情的排浪，更是罪恶的渊薮。王尔德对比亚兹莱说，波德莱尔的诗集叫"恶之花"，你的画就是"罪之花"，又说："我一把你的画放在面前，就想喝苦艾酒，它像阳光下的碧玉一样变换色彩，迷惑感官。"③我想，不必再多举例，就已经可以认定，绿猫是一只波德莱尔的猫、王尔德的猫、马奈的猫、梵高的猫，总之，一只现代派的猫。

不过，青年汪曾祺很快就对自己的现代派趣味产生动摇、疏离。1944年5月，他在信中说："我的小说一般人不易懂，我要写点通俗文章。"④写于同年的《葡萄上的轻粉》说，"沉默也是一种语言"，还说，"文到全篇都是警句时便不复有警句"，更对自己的写作作出直截了当的宣判："你将死于晦涩！"⑤那么，汪曾祺将如何离开晦涩，离开现代派，他又是从哪些外国作家那里获得离开的动力和资源的？

---

① ［法］夏尔·波德莱尔：《寡妇》，《巴黎的忧郁》，郭宏安译，花城出版社2004年版，第32页。

② 就是到了八十年代"复出"之后，汪曾祺依旧不能忘情于波德莱尔，有些小说的框架、立意，还是可以在《巴黎的忧郁》中找到源头，就像《钓人的孩子》之于《伪币》。

③ ［爱尔兰］弗兰克·哈里斯：《奥斯卡·王尔德传》，蔡新乐、张宁译，河南人民出版社1996年版，第85页。

④ 汪曾祺：《440522致朱奎元》，《汪曾祺全集》（第12卷），人民文学出版社2019年版，第12页。

⑤ 汪曾祺：《葡萄上的轻粉》，《汪曾祺全集》（第1卷），人民文学出版社2019年版，第104页。

二、诗人，还是小说家？

除了波德莱尔、里尔克、奥登等诗人，还有一些外国小说家、散文家也影响了青年汪曾祺，让他差点"死于晦涩"。比如，汪曾祺一再谈到伍尔芙的意识流对他的影响。在"小传"中，他说："大学时期受阿左林及弗金尼沃尔芙的影响，文字飘逸。"①"飘逸"说的不只是灵动、潇洒，更是指向意识的跳跃、飘忽，让人堕云雾中。最伍尔芙的汪曾祺作品是1948年版《道具树》。这是汪曾祺对于舞台的一通遐思，一缕缕思如白云一般舒卷、折叠、缠绕，之间却无逻辑关联，更不会通往一个关于舞台的终极之思——终极之思让作为过程的思得以明晰。1992年，汪曾祺重写《道具树》，重写版有一个有意味的增补："我躺在道具树下面看书，看弗吉尼亚·伍尔芙的《果园里》。"②要知道，《果园里》就是以米兰达躺在苹果树下看书开头的，于是，这一增补再清楚不过地说明，汪曾祺的舞台就像伍尔芙的果园，舞台上、果园里都是一些不可解的意识流在涌动。伍尔芙的意识流对于汪曾祺的影响是一个老生常谈的话题，引一段唐湜对于《小学校的钟声》的分析，就不再赘述：

> ……《小学校的钟声》该是流泉的淙淙，更自在更和谐的音乐，有钟声为节拍，这里显然有吴尔芙夫人的《戴洛维夫人》与《波浪》的影响，风格乃至节奏都平易相近，时间与地域揉在一起了，可又安排得多自然巧妙。③

更重要的，当然是纪德。纪德是彼时大学生追慕的偶像，盛澄华更是根据《纽约时报》的报道，预测当年（1944年）有被读书界认定为"纪德年"的可能。④青年汪曾祺未能免俗，成天夹着一本纪德泡茶馆，还一再地赞纪德、引纪德、学纪德。他说，"纪德的书总是那么多骨。我忘不了

---

① 汪曾祺：《870907致古剑》，《汪曾祺全集》（第12卷），人民文学出版社2019年版，第198页。
② 汪曾祺：《后台·道具树》，《汪曾祺全集》（第6卷），人民文学出版社2019年版，第110页。
③ 唐湜：《虔诚的纳蕤思——读汪曾祺的小说》，《新意度集》，生活·读书·新知三联书店1990年版，第128页。
④ 盛澄华：《试论纪德》，《盛澄华谈纪德》，广西师范大学出版社2012年版，第20页。

他的像"①；也说，"我对纪德的话一向没有表示过反对"②；还说，"纪德发现刚果有一种土人，他们的语言里没有相当于'为甚么'的字"③；晚年回想自己的昆明游踪，又说，"晚上，写作，记录一些印象、感觉、思绪，片片段段，近似A•纪德的《地粮》"④。《绿猫》就是一篇向纪德致敬的作品。跟纪德的《帕吕德》《伪币制造者》一样，《绿猫》也是在说主人公想要写作一部拟想中的同名小说，因此对人大谈特谈小说写法、人生感悟，最终竟为源（或者元）作者敷衍出一篇小说来。有趣的是，这些小说中的小说无一例外地难产，也许，太了然于小说作法反而让他们丧失了去写一篇小说的能力。他还要把纪德的书写进自己的书，以此建立一种更本质、恒久的关联。比如，《牙疼》里的梁医生就是一个纪德迷，他的候诊室放着一本纪德。

那么，对于青年汪曾祺，纪德究竟有何魔力？纪德是"瞬间的情人"，决不专一，渴望变化，听从欲望的引领，与沿途相逢的每一个美好的人、事交融，就像他笔下的忒修斯："见到潘神、宙斯或忒提斯向我展示的一切美妙的东西，我都会勃起。"⑤也就是说，绝对的变才是纪德恒定的不变，他总是与昨天的自己迅速、决然地断裂，从而获得自身的连续性、统一性，他的"我"这才是确立的、牢靠的。这一变才不变的辩证法，被《伪币制造者》里的爱德华明明白白写在日记里："我永远只是我自以为我是的那个人——而他又不断地在变，因此我如果不从旁守护着，早上的我就已不认识晚上的我。没有再比我和我更不同的。"⑥变才不变的纪德是浪子⑦，是恶魔，是饕餮，他有如此庞大、激荡的能量需要吞吐，最上手的叙述

---

① 汪曾祺：《花•果子•旅行——日记抄》，《汪曾祺全集》（第4卷），人民文学出版社2019年版，第29页。这里的"多骨"不知作何解。

② 汪曾祺：《"膝行的人"引》，《汪曾祺全集》（第4卷），人民文学出版社2019年版，第45页。

③ 汪曾祺：《背东西的兽物》，《汪曾祺全集》（第4卷），人民文学出版社2019年版，第72页。

④ 汪曾祺：《觅我游踪五十年》，《汪曾祺全集》（第5卷），人民文学出版社2019年版，第302页。

⑤ [法]安德烈•纪德：《忒修斯》，见《田园交响曲》，李玉民译，中国友谊出版公司2018年版，第151页。

⑥ [法]安德烈•纪德：《伪币制造者》，盛澄华译，上海译文出版社2015年版，第62页。

⑦ 纪德根据《圣经》中的"浪子回头"，写出《浪子回家》。在《浪子回家》中，浪子回家了，浪子的弟弟却推开离家出走的门，他要像他哥哥一样，去沙漠寻找口渴。

方法就一定是像《人间食粮》（即《地粮》）那样，虚拟出一位倾听者、受教者纳塔纳埃尔，然后向他滔滔不绝地说起那些再不说就会把自己胀破、冲垮的生命箴言。不多的时候，青年汪曾祺也是纪德一样的浪子，他说："精美的食物本身就是欲望。浓厚的酒，深沉的颜色。我要用重重的杯子喝……我渴望更丰腴的东西，香的，甜的，肉感的。"[1] 毕竟不可能拥有纪德一样奔腾不息的能量，用汪曾祺的话说，就是"我梦想强烈的爱，强烈的死，因为这正是我不能的，世界上少有的"[2]，于是，他所能学的，就只是纪德那种一再地说、不停地说，把"我"说出来并因而成为"我"的言说的姿态和方式。这样一来，青年汪曾祺写作的动力和旨归，就是对着虚空中的纳塔纳埃尔说出属于自己的寓言、重言，更多时候则是卮言，这些说出来的篇什都是汪曾祺之"我"的直接表达，它们不管是散文诗还是散文诗一样的小说，其实都是汪曾祺的抒情诗，就像《人间食粮》就是纪德的抒情诗一样。

　　不过，纪德不是一直在变？何况王尔德早已警告纪德，执着于"我"大错特错："Dear，答应我：从今以后切勿再用'我'字……在艺术中，您看，是不许有第一人称的。"[3] 诗兴遄飞中的栯忽然想到一句纪德的箴言："若是没有，放它进去！"栯及其身后的汪曾祺的意思是，拥有"最丰富的生活"（瑞恰兹）的"我"是精美、纯粹、剧烈的，"我"就是诗，世界太粗陋、苍白，哪有什么诗，那么，来，让"我"把"我"的诗放进去。这句话出自卞之琳所译《新的食粮》："投向未来吧。诗，别再传写在梦里；想法在现实里找到它。如果它还不在那里，放它在那里。"[4] 梦，是一个人的诗，就像栯的苦吟；把诗写向未来，把未来写成诗，则是打破"我"的拘禁，让"我"抵达并消融于万汇，"我"将在万汇的喧响中听到自己隐约的心跳。原来，纪德正在竭力挣脱出他的"我"，这是他又一次的断裂，最新的律令。对此，《新的食粮》另有更明确的宣告："真正的雄辩放弃雄辩；

---

[1] 汪曾祺：《花·果子·旅行——日记抄》，《汪曾祺全集》（第4卷），人民文学出版社2019年版，第29页。他对朱奎元说："你的静是动的间歇，我的静则是动的总和。""动的总和"说近似于变才不变的辩证法。见《440729 致朱奎元》，《汪曾祺全集》（第12卷），人民文学出版社2019年版，第22页。

[2] 汪曾祺：《440424/25 致朱奎元》，《汪曾祺全集》（第12卷），人民文学出版社2019年版，第7页。

[3] 盛澄华：《盛澄华谈纪德》，广西师范大学出版社2012年版，第39页。

[4] [法]安德烈·纪德：《新的食粮》，见《卞之琳译文集》（上卷），安徽教育出版社2000年版，第731页。

个人惟有在忘却自己的时候才肯定自己……基督是在放弃自己的神性的时候才真正变成了神。"①跳出"我"、走向万汇的纪德不再是抒情诗人,而是小说家,因为小说家就是要"贴"着别人写的。诗人与小说家的不同,奥登《小说家》也有精彩描述:诗人像风暴,像轻骑兵,可是小说家"必须挣脱出少年气盛的才分/而学会朴实和笨拙,学会做大家/都以为全然不值得一顾的一种人"。②如果说做小说家就意味着收起"我",学会去做一个也许跟"我"毫无关联的别人的话,那么,卞之琳认定"社会主义者与小说家简直没有多大分别",从而得出纪德实现了社会主义转向的结论,也就是水到渠成的。③可惜的是,汪曾祺并没有领会纪德这一根本性的断裂,他忘不了的是一个早已成为蝉蜕,痴迷于书写"我"之"内在的景致"的纪德,正是在这一个纪德的唆使之下,他宣称要朝世界放进他的诗——他离纪德、奥登、卞之琳所理解的小说家还很远,他该如何实现自己的小说家转向?

1947年,写作《绿猫》的前一个月,汪曾祺写出《落魄》。《落魄》写的是一个在昆明开小馆子的扬州人的"落魄"史:一开始,他炒菜时穿一身铁机纺绸裤褂,头发梳得一丝不乱,除了流利合拍的翻炒手法,"无处像个大师傅";落魄后,脸变得浮肿,是暗淡的痴黄色,一件黑滋滋的汗衫,衣裤上全是跳蚤的血点子。对于这个倒霉且顺从于自己的霉运的扬州人,"我"只有厌恶:"我恨他,虽然没有理由。"不过,千万不要被厌恶牵着鼻子走,因为"我"之前的欢喜是如此强烈,哪能被后来的厌恶一笔勾销?比如,扬州人新讨了女人,他不时走过去跟她低声说上两句,或者伸手拈掉她头上的草屑,"我"看在眼里,觉得"他那个手势就比一首情诗还值得一看"。汪曾祺的真实用意在于,让欢喜与厌恶之间形成一种古怪的张力:当时有多欢喜,如今就有多厌恶,而厌恶又让记忆中的丧失了的欢喜越发显得美好,让人觉得疼惜。欢喜与厌恶彼此映照的主题,也许有一点现实的依据,文学渊源却一定是都德《磨坊文札》里的《两家旅店》。《两家旅店》说的是两家相邻的旅店,一家挤满了骡马和车辆,叫喊声、酒杯碰撞声、台球滚动声响成一片,一家却门可罗雀,大门口长出了青

---

① [法]安德烈·纪德:《新的食粮》,见《卞之琳译文集》(上卷),安徽教育出版社2000年版,第692页。

② [英]维斯坦·休·奥顿(即奥登):《小说家》,见《卞之琳译文集》(中卷),安徽教育出版社2000年版,第169页。

③ 卞之琳:《〈新的食粮〉译者序》,见《卞之琳译文集》(上卷),安徽教育出版社2000年版,第672页。

草。后者的老板娘是一个病恹恹的妇人,她用一种心不在焉、无动于衷的语气告诉"我",她的店也曾兴盛过,自从那个阿莱城的漂亮、风骚女人在对面开店后,人全跑过去了,连她的丈夫都成天厮混在那里,围着那个女人纵情歌唱。是太钟爱这个主题了吧,1985 年,汪曾祺又写出一篇中国版《两家旅店》,《故人往事·如意楼和得意楼》:满面红光、精干、勤勉的胡二老板和他的热气蒸腾的如意楼就是阿莱城的女人和她的旅店,没精打采、目光呆滞的吴老二和他的用不了多久就要关张的得意楼就是那个病恹恹的女人和她的旅店。值得注意的是,小说结尾一语挑破这一比照所要说明的道理:"一个人要兴旺发达,得有那么一点精气神。"用这个道理来阐释引而未发的《落魄》和《两家旅店》,同样顺畅、妥帖,而顺畅、妥帖反过来又证明了三篇小说的同构性。有"精气神"的生命真是令人欢喜。到了 1993 年,汪曾祺还记得半个世纪以前昆明映时春的一个堂倌,手、脚、嘴、眼一刻不停,麻溜之至,清楚之极。他不由得感叹:"看到一个精力旺盛的人,是叫人高兴的。"①

从《落魄》追溯到《两家旅店》,并非是在强行比附,而是有着扎实的学理依据的:1.《磨坊文札》中文全译本早在 1927 年就已推出,影响了沈从文、师陀等一众作家,汪曾祺对它当然不会陌生。② 2. 汪曾祺喜欢都德,他说:"我不喜欢莫泊桑,因为他做作,是个'职业小说家'。我喜欢都德,因为他自然。"③《徙》中的高北溟先生教国文课,教材自编,选了白居易、归有光、郑板桥,外国作品,只有一个《磨坊文札》。这是一份虚拟选本,而选本正是文学批评的一种重要样式。这份选本揭示出如下信息:首先,《磨坊文札》与归有光们的作品一样,都是"有感慨,有性情,平易自然"的;其次,在归有光们的作品的熏陶下,少年汪曾祺喜欢"自然",这一审美取向后来被西方现代派的晦涩风所压抑,再接着又被"自

---

① 汪曾祺:《昆明的吃食·几家老饭馆》,《汪曾祺全集》(第 6 卷),人民文学出版社 2019 年版,第 121 页。与这位堂倌形成比照的,是 1946 年《风景》中的堂倌。这位堂倌对世上的一切皆不感兴趣:"他对他的客人,不是恨,也不轻蔑,他讨厌。连讨厌也没有了,好像教许多蚊子围了一夜的人,根本他不大在意了,他让我想起死!"文章结尾,看着他的空漠的双眼,"我有点抖,我充满一种莫名其妙的痛苦"。这两个相映成趣的堂倌,显示出汪曾祺对"精气神"这一主题的持之以恒的关注。

② 参见曹文刚:《都德在中国的译介、传播与接受》,《山西大同大学学报》第 30 卷第 2 期(2016 年 4 月)。

③ 汪曾祺:《西窗雨》,《汪曾祺全集》(第 10 卷),人民文学出版社 2019 年版,第 188 页。关于莫泊桑"做作"的判断,我并不认同。

然"的《磨坊文札》唤醒,《落魄》就是一个明证——除了有一个太有"精气神"的纪德一样的"我"在或欢喜或厌恶地凝视着扬州人,《落魄》就是在极"自然"地书写着一个人的起落,就像《磨坊文札》,也像归有光们的作品。更重要的是,汪曾祺跟这个扬州人并无渊源,他开始尽可能地收起他的"我",试图去认识(还远未理解)一个"大家都以为全然不值得一顾"的人。从这个角度说,写作《落魄》的汪曾祺还是诗人,同时又开始了奥登意义上的小说家转型,助推他开启这一转型的精神资源之一,就是"自然"的都德和他的《磨坊文札》。《磨坊文札》对汪曾祺的影响持续、深远。写出《如意楼和得意楼》未久,他又写作《桥边小说三篇·茶干》。《茶干》结尾说,一个人监制的食品成为一个地方的代表性特产,真不容易,"不过,这种东西没有了,也就没有了"。《高尼勒师傅的秘密》中的磨坊给这个地方带来过繁荣和欢乐,就像脍炙人口的连万顺茶干一样。如今,风力磨坊就要消亡,都德的态度同样是豁达的:"在这个世界上,什么事都有完蛋的日子",磨坊、驳船、御前会议,都一去不复返了。

三、"我要事事自己表现"

汪曾祺说得最多且经常一并列举的外国作家是契诃夫、阿左林,而且,越到晚境,说得越频繁,认同越深,他在他们身上更本质地找到自己、回到自己,他说的是他们,其实是在勾画自己理想的样子。比如,他说,"我是很喜欢契诃夫和阿左林的作品的"[1],又说,"外国作家里我最喜欢的是:契诃夫和一个西班牙作家阿索林"[2]。

1930年,戴望舒、徐霞村合译的《西万提斯的未婚妻》出版,阿左林开始为中国读者所接受。1936年的《西窗集》收了一些阿左林小品,1943年,卞之琳又翻译出版《阿左林小集》,大大推动了阿左林在中国的传播。[3] 作为卞之琳译作的忠实读者的汪曾祺当然不会错过阿左林。他说,大二以后,受阿左林的影响,"写了一些很轻淡的小品文"。[4] 到了晚

---

[1] 汪曾祺:《820701 致詹幼鹏》,《汪曾祺全集》(第12卷),人民文学出版社2019年版,第102页。

[2] 汪曾祺:《开卷有益》,《汪曾祺全集》(第10卷),人民文学出版社2019年版,第156页。

[3] 参见刘进才:《阿左林作品在现代中国的传播与接受》,《中国现代文学研究丛刊》2004年第4期。

[4] 汪曾祺:《美学感情的需要和社会效果》,《汪曾祺全集》(第9卷),人民文学出版社2019年版,第241页。

年，他更郑重其事地说："阿索林是我终身膜拜的作家。"[①]他经常把阿左林对自己的影响，错误地归结为一种"明澈的、覆盖着清凉的阴影"[②]的意识流，并因此把阿左林和伍尔芙归拢在一起。只有在不必用意识流来突显自己的新与现代的时候，他才能一语道出阿左林的魅力所在："他对于世界的静观态度和用写散文的方法写小说，对我有很大影响。"[③]对于这句话，我的理解是：1. 现世如此扰攘，惟童年往事一片澄明，能够打开这片澄明之境的，只能是一个静观的人。阿左林就是静观的。他的《小哲学家自白》追忆自己在一座阴沉、暗淡的小城度过的童年，并用经常听到的三句话——"多晚了！""我们可以干什么呢？""现在他就要死了！"——来总结西班牙人的民族心理：听天由命、悲哀、逆来顺受、令人寒心的死感。[④]就是这份追忆童年往事时的静观，让卞之琳不禁感喟："Senor 阿左林，这些小品可不是只合在烛影下译吗？"[⑤]也正是这份静观影响了汪曾祺，让他回到童年，回到故乡，去书写那些轻甜、微苦的"故人往事"。在烛影下译阿左林的卞之琳听着窗外"硬面饽饽"的叫卖声，想起周作人在介绍《一岁货声》的文章里说到过这种声音。耐人寻味的是，他在"岂明先生"前面加了一个古怪的定语——"前几年在《骆驼草》上谈到'西班牙的城'的"。[⑥]他的用意在于，在阿左林与周作人、《骆驼草》（周作人倡导，废名、冯至编辑）等京派的人、事、物之间建立一种本质的关联。一个合理的推测是：阿左林也许就是汪曾祺走向周作人、废名的中介，或者说，汪曾祺在他们身上看到了家族相似性。2. 静观意味着"我"的后撤，以及对于他和他们的绝不惊扰的"看"（而非凝视），就在这样的"看"的过程中，他和他们一直以来隐而不彰的本来面目终于得以浮现。对于这种"看"，阿左林有过动人描述："这些皮匠的缓慢、有规律的动作。独一无二的瞬间。另一个动深情的瞬间。这些匠人沉默的、平静的工作在鲜明的日

[①] 汪曾祺：《阿索林是古怪的——读阿索林〈塞万提斯的未婚妻〉》，《汪曾祺全集》（第10卷），人民文学出版社2019年版，第261页。

[②] 汪曾祺：《谈风格》，《汪曾祺全集》（第9卷），人民文学出版社2019年版，第316页。

[③] 汪曾祺：《890817致解志熙》，《汪曾祺全集》（第12卷），人民文学出版社2019年版，第269-270页。

[④] [西]阿索林：《小哲学家自白》，见《西窗集》，卞之琳译，安徽教育出版社2007年版，第62页。

[⑤] 卞之琳：《译阿左林小品之夜》，《卞之琳文集》（中卷），安徽教育出版社2002年版，第4页。

[⑥] 周作人在《骆驼草》第3期发表《西班牙的古城》一文，介绍、鼓吹阿左林。他说，读完《节日》，他废书长叹："要到什么时候我才能写这样的文章呢！"

光中,诗人则工作、沉思在上边,在窗后。"①阿左林的"看"给汪曾祺带来两重影响。首先,"看"到的他和他们的生活一定是日常的,因而也是琐屑的、前形式的、未经阐释的,呈现(而非编码)这样的生活的合适形式,就是散文或者散文化的小说——阿左林和汪曾祺的很多作品究竟是散文还是小说,端赖他们自己认定。其次,能从其中"看"到"独一无二的瞬间"的对象肯定不是农民,因为劳作中的农民是重复的、消耗的、疲惫的,就像梵高的伤痕累累的"鞋";一般情况下多是手艺人,就像阿左林的皮匠、金匠,因为手艺人有熟极而流的潇洒,更有人与对象交融到一处的浑然与自由。后来的汪曾祺一"看"再"看"、一写再写的都是卖熏烧的、做炮仗的、车匠、锡匠、银匠之类的手艺人,大概跟年轻时看熟了的阿左林脱不了干系。

比《落魄》还要早两年,汪曾祺写作《老鲁》。《老鲁》快结束时没头没脑地引了一句契诃夫:"阿——契诃夫主张每一篇小说都该把开头与结尾砍去,有道理!"②据布宁回忆,契诃夫之所以主张删除开头、结尾,是因为"在这类地方,我们小说家最容易说假话"。③有趣的是,伍尔芙说,契诃夫小说最初给她的印象并不是质朴,而是迷乱,因为它们概无主旨。而它们之所以没有主旨,是因为契诃夫决不给它们一个明确的结尾,以至于读者"……有跑过了信号之感,要不然就好像一支曲子没有预期的和音而突然终止"。④其实,人生只有一个结尾,那就是终将到来的一死。本雅明说,死亡赋予死者的一生巨细以一种权威,"这权威就是故事的最终源头"。⑤他的意思是说,是死亡让生命获得完整性,作为一个整体的生命就是一个故事,而故事总是通往一个主旨、寓意,或者叫"启迪"的。只要死亡还没有降临,你就处于生命的局部,你的生命就还没有获得自己的形式,就是松散的、琐碎的,你还不是故事,你还没有自己的主旨。不过,一般情况下,小说都会有一个精心设置的结尾,这样的

---

① [西]阿索林:《像一颗流星(日记断片)》,见《西窗集》,卞之琳译,安徽教育出版社2007年版,第112页。

② 汪曾祺:《老鲁》,《汪曾祺全集》(第1卷),人民文学出版社2019年版,第140页。

③ [俄]伊·布宁:《契诃夫》,见《契诃夫论文学》,汝龙译,安徽文艺出版社1997年版,第355页。

④ [英]维吉妮亚·伍尔芙:《论英国人读俄国小说》,见《卞之琳译文集》(中卷),安徽教育出版社2000年版,第267页。

⑤ [德]瓦尔特·本雅明:《讲故事的人》,《启迪:本雅明文选》,汉娜·阿伦特编,张旭东、王斑译,生活·读书·新知三联书店2014年版,第105页。

结尾可能就是僭越，是"说假话"，是以"假死"的方式强行赋予松散、琐碎的生命以整体性，并从中归结出一个虚假的主旨——这个主旨跟对象无关，属于讲故事的人。当汪曾祺意识到，必须像契诃夫一样砍去开头、结尾时，他就已经认识到应该力避"我"对于对象的僭越，让对象以自身的样子呈现出来。

坚决克制住"我"，还对象以本身的样子，这就是契诃夫给予汪曾祺的重要启示。契诃夫在给哥哥的信中说："只要老实一点就行了：完全撇开自己，不要把自己硬塞到小说的主人公身上去，哪怕只把自己丢开半个钟头也好。"[①] 正因为完全撇开了自己，契诃夫写作时没有自己的政治、宗教、哲学等方面的世界观，只限于描写人物"……怎样相爱，结婚，生孩子，死掉，以及他们怎么说话"[②]，一句话，就是记录他们的生活的流水账。汪曾祺同样撇开自己，严防自己的理念入侵对象。他说："完全从理念出发，虚构出一个或几个人物来，我还没有这样干过。"[③] 又说："我最反对从一个概念出发，然后去编一个故事，去说明这概念，这本身是一种虚伪的态度。"[④] 没有理念的赋形，生活就是一本流水账。汪曾祺喜欢流水账。他说，废名《竹林的故事》就是几个孩子的生活的"流水"，还用括号说明，旧时店铺把逐日所记账目称作"流水"，"这是一个很好的词汇"。[⑤] 像流水账一样流淌，就像是一棵树在舒舒展展地生长，它不会事先想到如何长出枝叶，一枝一叶的生长却又是有道理的、注定的，这样的小说如果也有结构，那就是"随便"。[⑥] "随便"就是周作人说废名的"灌注瀁洄"和"披拂抚弄"，就是都德的"自然"，"随便"的小说就是散文化小说。撇开自己、学会做别人的小说家不相信风景描写，因为风景一般出自叙事人的凝视、赏玩，而风景中的人物只看到平淡无奇的日出日落。于是，契诃夫说：

---

① ［俄］安·巴·契诃夫：《写给亚·巴·契诃夫》，《契诃夫论文学》，汝龙译，安徽文艺出版社1997年版，第7页。

② ［俄］安·巴·契诃夫：《写给德·瓦·格利果罗维奇》，《契诃夫论文学》，汝龙译，安徽文艺出版社1997年版，第89页。

③ 汪曾祺：《〈汪曾祺自选集〉自序》，《汪曾祺全集》（第9卷），人民文学出版社2019年版，第397页。

④ 汪曾祺、施叔青：《作为抒情诗的散文化小说》，《汪曾祺全集》（第11卷），人民文学出版社2019年版，第369页。

⑤ 汪曾祺：《小说的散文化》，《汪曾祺全集》（第9卷），人民文学出版社2019年版，第391页。

⑥ 汪曾祺：《小说笔谈·结构》，《汪曾祺全集》（第9卷），人民文学出版社2019年版，第169页。

"风景描写的鲜明和显豁只有靠了朴素才能达到,像'太阳落下去'、'天黑下来'、'雨下了'这类朴素的句子就是。"①汪曾祺说过几乎一模一样的话,只是他也许已经不记得曾经读过它的母本:"现代小说写景,只要是:'天黑下来了……','雾很大……','树叶都落光了……',就够了。"②他们也怀疑心理描写,因为心理隐藏在"面孔"后面,是不可见之物,被离析出来的可见的心理一定出自叙事人的凝视、解剖,而解剖无异于杀死对象。于是,契诃夫说:"最好还是避免描写人物的精神状态:应当尽力使得人物的精神状态能够从他的行动中看明白。"③汪曾祺的反问更是锐利:"人有甚么权利去挖掘人的心呢?人心是封闭的。那就让它封闭着吧。"④人心如果有所泄露的话,只能是在人物的行动和神态中,因为行动和神态是可见的。他们还一样地喜欢追忆,喜欢往事,因为隔着一段距离之外的往事虽然未免有些变形,回忆者也会作出一些取舍,但它们被时间所淘洗、摩挲,它们更是它们自己,散发着真意的淡淡光辉。于是,契诃夫说:"我不能描写当前我经历的事。我得离印象远一点才能描写它。"⑤而"复出"之后的汪曾祺一直在"文章淡淡忆儿时"。他们的区别只在于撇开自己的坚决的程度。契诃夫的写作箴言是:"要到你觉得自己像冰一样冰的时候才可以坐下来写……"⑥冰到杀死了"我",也就丧失了抵达对象的可能,或者说对象的不可抵达才是对象唯一可知的真相。于是,契诃夫一再说,"这世界上没有一件事情弄得明白"⑦,美与丑、哀与乐、崇高与滑稽总是奇异地混杂在一起,这样的世界让他啼笑皆非。汪曾祺强调世道人心,一厢情愿地要给这个他大概也弄不太明白或者是不敢弄得太明白的世界送去

---

① [俄]安·巴·契诃夫:《写给阿·马·彼希柯夫》,《契诃夫论文学》,汝龙译,安徽文艺出版社1997年版,第236页。

② 汪曾祺:《说短——与友人书》,《汪曾祺全集》(第9卷),人民文学出版社2019年版,第192页。

③ [俄]安·巴·契诃夫:《写给亚·巴·契诃夫》,《契诃夫论文学》,汝龙译,安徽文艺出版社1997年版,第25页。

④ 汪曾祺:《小说的散文化》,《汪曾祺全集》(第9卷),人民文学出版社2019年版,第390页。

⑤ [俄]彼·阿·谢尔盖延科:《关于契诃夫》,见《契诃夫论文学》,汝龙译,安徽文艺出版社1997年版,第372页。

⑥ [俄]伊·布宁:《契诃夫》,见《契诃夫论文学》,汝龙译,安徽文艺出版社1997年版,第373页。

⑦ [俄]安·巴·契诃夫:《写给阿·谢·苏沃陵》,《契诃夫论文学》,汝龙译,安徽文艺出版社1997年版,第78页。

"小温"——他终究不忍把自己撇得太开、太清。不过，他倒是一眼看出沈从文跟契诃夫一样的冰："什么都去看看，要在平平常常的生活里看到它的美，它的诗意，它的亚细亚式残酷和愚昧。"[1]

1947年，汪曾祺致信唐湜："我缺少司汤达尔的叙事本领，缺少曹禺那样的紧张的戏剧性。"这句话并不是对于自身不足的提示（不足的反面不就是长处？），而是在宣示自己日益成熟、稳定起来的看法：日常生活不存在惊心动魄的戏剧性，它毋宁是重复的、舒缓的、破碎的。不过，日常生活也有自己的辩证法：日常生活向前缓缓推进，今天不过是昨天的重复，裂口就在不知不觉中被撕开、扯大，以至于无法弥合。这才是最深沉、暧昧且本质的戏剧性。对于这样的戏剧性，契诃夫亦有阐明："人们吃饭，仅仅吃饭，可是在这时候他们的幸福形成了，或者他们的生活毁掉了。"[2] 正因为戏剧性的深沉、暧昧，汪曾祺需要叩一叩对象，就像叩响一口钟："我要事事自己表现，表现它里头的意义，它的全体。事的表现得我去想法让它表现，我先去叩叩它，叩一口钟，让它发出声音。我觉得这才是客观。"[3] 关于"叩钟说"，唐湜如此解读："更贴近人生，更能倾听人生，放弃同时也完成了自己……"[4] 所谓"放弃同时也完成了自己"，也就是撇开自己、学会做别人从而做一个奥登意义上的小说家。我还要把"叩钟说"当作一个比喻，来说明外国文学对于汪曾祺的影响：波德莱尔、里尔克、艾略特、奥登、伍尔夫这些"西窗雨"频频敲打汪曾祺这口钟，只听到闷闷的一点回声；是契诃夫、阿左林、都德真正地叩响了他，他通过他们成了他自己，在时间的长风中锵然作响。有趣的是，他还把归有光称作"中国的契诃夫"[5]，意在把"西窗雨"与中国文学传统融通起来，为如此独特的自己作一份贴切的说明。

汪曾祺也喜欢苏联的安东诺夫、舒克申。这两位作家善于描写日常生

---

[1] 汪曾祺：《沈从文的寂寞——浅谈他的散文》，《汪曾祺全集》（第9卷），人民文学出版社2019年版，第222页。

[2] ［俄］古·阿尔斯：《回忆安·巴·契诃夫》，见《契诃夫论文学》，汝龙译，安徽文艺出版社1997年版，第379页。

[3] 汪曾祺：《47□□□□ 致唐湜》，《汪曾祺全集》（第12卷），人民文学出版社2019年版，第35页。

[4] 唐湜：《虔诚的纳蕤思——谈汪曾祺的小说》，《新意度集》，生活·读书·新知三联书店1990年版，第127页。

[5] 汪曾祺：《谈风格》，《汪曾祺全集》（第9卷），人民文学出版社2019年版，第314页。

活,排斥曲折复杂的情节,舒克申甚至说:"情节本身就带有一种道德宣传——这是无疑的。"① 他们就是契诃夫在苏联时代的余响。如何在苏联体制下激活契诃夫传统,安东诺夫做出标准操作,他的操作也为"十七年"的汪曾祺提供了启示。不妨把安东诺夫《在电车上》(1948 年)与汪曾祺"十七年"最负盛名的《羊舍一夕》(1961 年)作一个对读。前者写的是少年巴威尔坐深夜电车去上班,后者说的是四个孩子在夜晚的羊舍闲聊,他们俱在一种细碎但温馨、有力、向上的生活流的披拂下"成长"着。幸福的"成长"总是家家相似:巴威尔透过宽敞的窗子看着城市闪烁的灯火,一会儿这家、一会儿那家,灯光陆续熄灭了,人们都睡了,那个不相识的姑娘大约也睡了,明天她也许还会坐这班车吧;四个孩子都睡了,灯灭了,从煤块的缝隙里,透出隐隐的火光,小屋溢满了薄薄的蔼然的红晖。契诃夫一定想不到,冰的自己也能与烫的时代化合,从而造就一种温暖的美学。

奇异的是,那些读熟了却没有能够叩响汪曾祺的西方现代派文学,在他的精神世界里蛰伏、封存了数十年后,竟在他的"晚期"苏醒、复活甚至喷发了。"晚期"汪曾祺尖锐、刻薄、大胆、忧伤,从心所欲而逾矩。比如,《小嬢嬢》那个乱伦的雨夜,"一个一个蓝色的闪把屋里照亮,一切都照得很清楚。炸雷不断,好像要把天和地劈碎"。这个场景、这些意象,分明来自波德莱尔的《情人之死》:"玫瑰和神秘蓝色做成的夜晚,我们将互相射出惟一的闪电,仿佛长长的呜咽,充满了别绪……"② 也许,人就是会变的;也许,某些忘了的东西终究会复活,是忘不了的。

---

① [苏]舒克申:《与〈文学报〉记者的谈话》,刘宗次编选:《舒克申短篇小说选》,外国文学出版社 1983 年版,第 467 页。

② [法]波德莱尔:《恶之花:巴黎的忧郁》,郭志安译,上海人民出版社 2007 年版,第 301 页。

参考文献

一、著作

中文专著

卞之琳：《卞之琳译文集》（上、中、下），安徽教育出版社 2000 年版。
陈多：《戏曲美学》，四川人民出版社 2001 年版。
陈多、叶长海选注：《中国历代剧论选注》，上海古籍出版社 2010 年版。
陈来：《有无之境——王阳明哲学的精神》，生活·读书·新知三联书店 2009 年版。
陈来：《宋明理学》，生活·读书·新知三联书店 2011 年版。
程绍国：《林斤澜说》，人民文学出版社 2006 年版。
陈徒手：《人有病　天知否：一九四九年后中国文坛纪实》，人民文学出版社 2000 年版。
[宋]邓椿、[元]庄肃：《画继·画继补遗》，黄苗子点校，人民美术出版社 1963 年版。
[明]董其昌：《画禅室随笔》，屠友祥校，上海远东出版社 1999 年版。
费孝通：《乡土中国　生育制度》，北京大学出版社 1998 版。
龚鹏程：《中国文人阶层史论》，兰州大学出版社 2004 年版。
[宋]郭思编，杨伯编著：《林泉高致》，中华书局 2010 年版。
[宋]黄休复：《益州名画录》，何韫若、林孔翼注，四川人民出版社 1982 年版。
焦菊隐：《焦菊隐戏剧论文集》，上海文艺出版社 1979 年版。
[清]纪昀：《阅微草堂笔记》，韩希明译注，中华书局 2014 年版。
洛地：《说破·虚假·团圆——中国民族戏剧艺术表现》，吉林美术出版社 1999 年版。
陆弘石、舒晓鸣：《中国电影史》，文化艺术出版社 1998 年版。
陆建华：《汪曾祺的春夏秋冬》，河南人民出版社 2005 年版。
陆建华：《私信中的汪曾祺：汪曾祺致陆建华三十八封信解读》，上海文艺出版社 2011 年版。
[南朝梁] 刘勰著，王运熙、周锋撰：《文心雕龙译注》，上海古籍出版社 1998 年版。
[清] 李渔：《闲情偶记》，江巨荣、卢寿荣校注，上海古籍出版社 2000 年版。
逯耀东：《肚大能容》，生活·读书·新知三联书店 2002 年版。
林语堂：《吾国与吾民》，宝文堂书店 1988 年版。
梅兰芳：《梅兰芳文集》，中国戏剧家协会编，中国戏剧出版社 1962 年版。
[宋] 孟元老：《东京梦华录》，王永宽注译，中州古籍出版社 2010 年版。
普济辑：《船子德诚禅师》，《五灯会元》（第 5 卷），中华书局 1984 年版。
[清] 蒲松龄：《蒲松龄集》，路大荒整理，上海古籍出版社 1986 年版。
[清] 蒲松龄：《聊斋志异》（会校会注会评本），张友鹤辑校，上海古籍出版社 2011 年版。
[清] 钱大昕：《十驾斋养新录》，杨勇军整理，上海书店出版社 2011 年版。
钱穆：《中国思想通俗讲话》，生活·读书·新知三联书店 2002 年版。
齐如山：《齐如山自述》，安徽文艺出版社 2014 年版。
钱钟书：《谈艺录》，生活·读书·新知三联书店 2001 年版。
钱钟书：《七缀集》，生活·读书·新知三联书店 2002 年版。
盛澄华：《盛澄华谈纪德》，广西师范大学出版社 2012 年版。
沈从文：《沈从文全集》，北岳文艺出版社 2002 年版。
[宋] 沈括：《梦溪笔谈》，诸雨辰译注，中华书局 2016 年版。
宋凝编注：《闲书四种》，湖北辞书出版社 1995 年版。
[宋] 苏轼：《苏轼文集》，孔凡礼点校，中华书局 1986 年版。
孙郁：《革命时代的士大夫：汪曾祺闲录》，生活·读书·新知三联书店 2014 年版。
唐湜：《新意度集》，生活·读书·新知三联书店 1990 年版。
翁偶虹：《翁偶虹编剧生涯》，同心出版社 2008 年版。
[清] 吴其濬：《〈植物名实图考〉校注》，侯士良等校注，河南科学技术出版社 2015 年版。
王世襄：《锦灰堆：王世襄自选集》，生活·读书·新知三联书店 1999

年版。
王学泰：《中国饮食文化史》，广西师范大学出版社 2006 年版。
［明］王阳明：《王阳明全集》，吴光、钱明、董平、姚延福编校，上海古籍出版社 1992 年版。
汪曾祺：《汪曾祺全集》，人民文学出版社 2019 年版。
徐复观：《中国艺术精神》，华东师范大学出版社 2001 年版。
许志英、邹恬：《中国现代文学主潮》，福建教育出版社 2001 年版。
杨国荣：《心学之思——王阳明哲学的阐释》，生活·读书·新知三联书店 1997 版。
杨天宇译注：《礼记译注》，上海古籍出版社 2004 年版。
杨天宇译注：《周礼译注》，上海古籍出版社 2004 年版。
俞剑华注译：《中国画论选读》，江苏美术出版社 2007 版。
［明］袁宏道：《瓶史》，《袁宏道集笺校》（卷二十四），钱伯城笺校，上海古籍出版社 1981 年版。
［清］袁枚：《随园食单》，别曦注译，三秦出版社 2005 年版。
袁世硕：《蒲松龄与〈聊斋志异〉》，山东文艺出版社 2004 年版。
［清］俞正燮：《癸巳类稿》，涂小马、蔡建康、陈松泉校点，辽宁教育出版社 2001 年版。
张爱玲：《张爱玲全集》，十月文艺出版社 2009 年版。
［明］张岱：《陶庵梦忆·西湖梦寻》，徐思源注评，凤凰出版社 2016 年版。
赵澧、徐京安主编：《唯美主义》，中国人民大学出版社 1998 年版。
朱良志：《南画十六观》，北京大学出版社 2013 年版。
朱良志：《生命清供：国画背后的世界》，北京大学出版社 2014 年版。
［宋］周煇：《清波杂志》，刘永翔校注，中华书局 1994 年版。

中文译著

［俄］安·巴·契诃夫：《契诃夫论文学》，汝龙译，安徽文艺出版社 1997 年版。
［美］爱德华·W. 萨义德：《论晚期风格——反本质的音乐与文学》，阎嘉译，生活·读书·新知三联书店 2009 年版。
［美］包弼德：《斯文：唐宋思想的转型》，刘宁译，江苏人民出版社 2001 年版。
［爱尔兰］弗兰克·哈里斯：《奥斯卡·王尔德传》，蔡新乐、张宁译，河

南人民出版社 1996 年版。

[美] 高居翰:《中国绘画史》，李渝译，雄狮图书股份有限公司 1984 年版。

[德] 海德格尔:《存在与时间》，陈嘉映、王庆节译，熊伟校，生活•读书•新知三联书店 1999 年版。

[美] 哈婷:《月亮神话——女性的神话》，蒙子、龙天、芝子译，上海文艺出版社 1992 年版。

[德] 马克斯•舍勒:《价值的颠覆》，罗悌伦、林克、曹卫东译，生活•读书•新知三联书店 1997 年版。

[德] 马克斯•舍勒:《死•永生•上帝》，孙周兴译，中国人民大学出版社 2003 年版。

[法] 米兰•昆德拉:《被背叛的遗嘱》，余中先译，上海译文出版社 2003 年版。

[法] 米兰•昆德拉:《帷幕》，董强译，上海译文出版社 2006 年版。

[美] 马泰•卡林内斯库:《现代性的五副面孔》，顾爱彬、李瑞华译，商务印书馆 2003 年版。

[英] 奥斯卡•王尔德:《谎言的衰落——王尔德艺术批评文选》，萧易译，江苏教育出版社 2004 年版。

[美] 王德威:《抒情传统与中国现代性：在北大的八堂课》，生活•读书•新知三联书店 2010 年版。

[德] 瓦尔特•本雅明:《启迪：本雅明文选》，汉娜•阿伦特编，张旭东、王斑译，生活•读书•新知三联书店 2014 年版。

[法] 夏尔•波德莱尔:《巴黎的忧郁》，郭宏安译，花城出版社 2004 年版。

[法] 余莲:《淡之颂：论中国思想与美学》，卓立译，桂冠图书股份有限公司 2006 年版。

[法] 余莲:《势——中国的效力观》，卓立译，北京大学出版社 2009 年版。

二、论文

陈传席:《文与画的内在关系》，《荣宝斋》2010 年第 7 期。

程杰:《"岁寒三友"缘起考》，《中国典籍与文化》2000 年第 3 期。

陈祥明:《齐白石衰年变法再探索》，《美术观察》2000 年第 5 期。

方国根：《论陈献章心学思想的理论意蕴和特色》，《孔子研究》2000 年第 2 期。
冯跃：《毕加索"蓝色时期"作品简析》，《美术教育研究》2014 年第 1 期。
郜元宝：《汪曾祺论》，《文艺争鸣》2009 年第 8 期。
郜元宝：《汪曾祺的两个年代及其他》，《中国作家》2009 年 13 期。
郜元宝：《上海令高邮疯狂——汪曾祺故里小说别解》，《文学评论》2017 年第 6 期。
胡河清：《汪曾祺论》，《当代作家评论》1993 年第 1 期。
黄裳：《也说汪曾祺》，《读书》2009 年第 3 期。
黄子平：《汪曾祺的意义》，《作品与争鸣》1989 年第 5 期。
季红真：《论汪曾祺散文文体与文章学传统》，《文学评论》2007 年第 2 期。
季红真：《汪曾祺文学风俗画中市井风情的初始场景》，《文艺争鸣》2017 年第 12 期。
李春青：《"文人"身份的历史生成及其对文论观念之影响》，《文学评论》2012 年第 3 期。
李春青：《古代"文人趣味"的生成与演变》，《中国社会科学报》2015 年 9 月 29 日。
李昌舒：《"斯文"在北宋中后期的演变及其美学意蕴》，《南京社会科学》2017 年第 5 期。
李昌舒：《身份与趣味：论苏轼的士人画思想》，《艺术百家》2017 年第 5 期。
罗岗：《"1940"是如何通向"1980"的？——再论汪曾祺的意义》，《文学评论》2011 年第 3 期。
李建军：《中性风格的魅力与局限——平心试论汪曾祺》，《文学评论》2016 年第 4 期。
李继凯：《书法文化与中国现代作家》，《中国社会科学》2010 年第 4 期。
李继凯：《汪曾祺手稿管窥》，《小说评论》2017 年第 3 期。
倪婷婷：《"名士气"：传统文人气度在"五四"的投影》，《文学评论》1999 年第 6 期。
彭永馨：《传统的流变与重构：张大千晚年山水变法考略》，《内江师范学院学报》2017 年第 1 期。
孙郁：《从聊斋笔意到狂放之舞——汪曾祺的戏谑文本》，《文艺研究》

2011年第8期。

王伯敏:《黑墨团中天地宽——论黄宾虹晚年的变法》,《新美术》1982年第4期。

吴调公:《晚明文人的"自娱"心态与其时代折光》,《社会科学战线》1991年第2期。

[美]王德威:《国家不幸书家幸——台静农的书法与文学》,《中国现代文学研究丛刊》2011年第4期。

王尧:《重读汪曾祺兼论当代文学相关问题》,《文艺争鸣》2017年第12期。

徐强:《汪曾祺文学年谱》(上、中、下),《东吴学术》2015年第4、5、6期。

解玉峰、何萃:《论"花部"之勃兴》,《戏剧艺术》2008年第1期。

杨国强:《晚清的名流与名士》,《史林》2006年第4期。

杨红莉:《汪曾祺小说"改写"的意义》,《文学评论》2005年第6期。

杨联芬:《归隐派与名士风度——废名、沈从文、汪曾祺论》,《北京师范大学学报》2005年第2期。

叶兆言:《郴江幸自绕郴山》,《作家》2003年第2期。

钟国胜:《郭熙"三远"论的美学思想溯源》,《沈阳师范大学学报》2007年第4期。

钟友彬:《性变态的病理心理本质和发病机制》,《中国心理卫生杂志》1991年第5卷第3期。

后记之一

一本生长起来的书

九十年代中期,我十几岁,从中师毕业,回老家做小学和初中的教师,把自己的一碗水倒进另一些碗里,倒也逍遥自在。那时,我的字典里根本没有文学、学术之类的字眼,我甚至是不看书的,除了教材和教辅。有次去县城,顺手买了一本小说选,坐上回家的中巴车,随便翻开一篇小说,说的是一个农村小姑娘和一个小和尚的爱情故事,叫《受戒》。我一下子看进去了,心里既觉得熨帖,又被深深地搅动,搅动到恨不得立刻下车,找一两个朋友去说些什么。说什么呢?其实不清楚,但我真的开始有了说的愿望,因为我知道这世界原来是有美好存在的,如果能参与创造和传播美好,该是一件多么动人的事情。就是从这一刻起,我决心好好学习,去追随那些美好、伟大的灵魂,所以,我可以肯定地说,我的文学启蒙就是汪曾祺和他的《受戒》。

自 2004 年在《文学评论》发表我的第一篇研究汪曾祺的文章,至今已过去十几个年头。说这个不是为了标榜这本书是十几年磨出来的一把剑,而是要说明我从来没有刻意圈定一个对象,而后孜孜矻矻地研究它。读汪已经成了我的一种生活方式,在读的过程中,有些念头萌生,又死去,有些念头留了下来,有时还会引发出另一些念头,这些念头就被我写成文章,陆陆续续有了十几篇,十几万字。从这个角度说,这本书像一棵树,是慢慢生长起来的,当它破土而出的时候,我其实并不知道它后来会抽什么样的条,发什么样的花。这本书在生长,我这个人也在成长,成长的过程真是快乐,浑然不觉十多年光阴的流逝。或者说,在文学和思想的世界里,根本没有时间流过,当我看十多年前的文章时,仍然觉得新鲜,仍然能感动于当年写作时的感动,它们好像并不过时,我知道,我和我的书都是年轻的。

一开始,我的脑子里并没有"文人"这个概念。我跟大多数读者一样,喜欢汪曾祺八十年代中前期的小说,便逐一论述起他如何建构出一个"有点甜,又有点苦"的仁爱的世界,这样的写作为什么就好像是递一杯"不凉不烫的清茶"给刚刚度过劫波的惊魂未定的读者，读者又怎样从这个仁爱的世界中汲取渡过苦难的力量，从而走上改革开放之路……渐渐地，我开始觉得汪曾祺并非始终都是一个"蔼然仁者"，到了九十年代，他从一股骀荡春风变身为一道道蓝色的闪电，我必须正视他的"衰年变法"以及"衰年变法"的文学史、文化史意义，于是，就有了那几篇讨论"晚期"汪曾祺的文章。又接着，我感到单是就汪曾祺的文学说文学是远远不够的，他喜欢画画、写字、做菜，会写戏甚至会唱戏（唱的还是青衣），还爱看各种杂书，为终于弄明白什么是葵、什么是薤而兴奋，我想，不弄清楚他在这些领域里的成就，怎么可能把他的文学看得分明？至此，我明白并坚信，他就是一个在中国已经绝迹的"文人"，这个"文人"游刃于诸多艺事，此挹彼注，触处生春；"文人"的情怀和意趣使他"顿觉眼前生意满"，同时又"须知世上苦人多"；到了"晚期"，他试图突破作为一个"文人"的同一性，"淡淡""萧萧"被他改写成了极度的"鲜浓"，这是迟开的玫瑰，当然，也有人视之为胡闹。研究"文人"汪曾祺是重要的，因为"文人"这样的杂家、通才是对于专业化、科层制的反动，阐释他正是"救"出我们自己的一种方式和可能；也是难的，因为我以及绝大多数同行都是被"专业"地训练出来的，我们没有能力甚至都想不到去探究他在文学之外的领域里的创造。于是，我跟着汪曾祺去看书，去读书画，去做菜，去看戏，去"多识于鸟兽草木之名"，我想全方位地占有他，我想成为他那样的"文人"。汪曾祺送给宗璞一幅画，有题画诗曰："人间存一角，聊放侧枝花。欣然亦自得，不共赤城霞。"汪曾祺其实无意于说宗璞，他说的是他自己，他就像一朵侧枝花在春风中翻飞，欣然自得，而我们都知道，在宋儒那里，"自得"是必然通往"四时佳兴与人同"的。我的汪曾祺研究亦可作如是观：我说的是汪曾祺，也是我自己，"文人"境界既是我对于汪曾祺的客观描述，也是我的自我想象的投射。

六十多岁的东坡老人流落海南时说："半醒半醉问诸黎，竹刺藤梢步步迷。但寻牛矢觅归路，家在牛栏西复西。"我的家在哪里，我不知道，但生命在继续，那就继续找下去，我知道我的家应该就在"牛栏西复西"。本书是我寻找过程中的一个印迹，最深、最重的印迹。

本书的一些章节在《文学评论》《文艺研究》《中国现代文学研究丛刊》《文艺争鸣》等杂志刊发过，感激始终支持我的师友们！

2018 年 5 月 13 日

后记之二

一本非书之书

2018年5月13日，我写下《一本生长起来的书——〈"文人"汪曾祺研究〉后记》一文，给这本"生长"了十多年的书稿画上一个潦草却坚定的句号——它生长得实在是太慢、太随心所欲了。没想到，书稿获得当年的国家社科基金后期资助立项，意外地又生长了四年，直至结项的deadline将至，我不得不下决心写下这篇"后记之二"。如果把我在《文学评论》2004年第1期发表的《蔼然仁者辨——沈从文与汪曾祺比较》，当作这本书生长的正式的起点，那么，它已经生长了十八年，是一个初初长成的小伙或者姑娘了。十八岁的少男少女当然好看，触目都是新鲜、都是胜景，于是，我有理由相信这也是一本美好的书，它一定会有好运，能与更多的读者相逢。作为作者的我已经人到中年，多少有些"路长人困蹇驴嘶"的疲惫和萧瑟。我想到《十八春》，隔着十八年的漫长的辛苦路，曼桢说，世钧，我们回不去了。是啊，过去多少的人、事、心境，统统回不去了，而我被岁月推着一路向前，走过一春又一春。

在充实书稿的四年里，有许多欣悦、快意以及忧伤萦怀的时刻。最刻骨铭心的经历，是写《孤愤，还是有所思？——论汪曾祺从〈聊斋志异〉翻出的"新义"》。那是2020年1月到4月，"新冠"骤袭，我一个人被困在一间过渡房里。白天读"三会本"《聊斋志异》，与鬼狐为伴，倒也乐而忘忧。晚上却不免胆寒，害怕真有异类搴帘而入，只能喝上一两斤绍酒，且将陋室当作毕刺史家的"绰然堂"，"香梦重寻春复春"。3月，资料准备就绪，开始写作。论到汪曾祺所改写的《黄英》之"醉陶"一节时，我说，这是最好的蒲松龄与最好的汪曾祺的相遇：三郎与曾生豪饮，就是"两人对酌山花开，一杯一杯复一杯"，觥筹交错中，人作为花在暗发；"我醉欲眠卿且去"的时候，人怒放成一树菊花，对于这样的人/花，可以报之以酒，也可以报之以琴，所以，"明朝有意抱琴来"。我没法在文章里说明的是，这也是最好的我与最好的他们的相遇，我相信，讨论"醉陶"时，我也开出了一朵李白的盛唐花。后来又论及汪曾祺改写的《蛐蛐》（《促织》)。黑子来到父母的梦境,他对他们说:"我想变回来。变不回来了。"第二天一早,黑子和宫里的黑蛐蛐都死了。我说,好像有一堵该死的墙横在那里,孩子只能自己爬过来,他就是爬不过来,可父母没法拉他一把,哪怕是轻轻的一把,只能眼看着儿子走了。这是一个最绝望的故事,写尽生而为人者的忧伤,而它的前身却是一出多少有点庸俗的喜剧。敲击着这些文字,我突然嚎啕大哭,感到无力,一种对于我所爱的亲人以及我自身的命运的无力。

检视书稿,仍有不少缺憾。比如,我的学养不足以支撑我去揭示汪曾祺的写作与他所喜欢的《容斋随笔》《十驾斋养新录》《植物名实图考》《癸巳类稿》之类古代随笔之间的关联,而这个论题曾让我非常感奋。再如,我始终没有办法"系统"地讨论汪曾祺,从而写出一本"专著"来。我总是被汪曾祺的某一种特质所激发,由这一个点带出一个面,很快又被下一个点所裹挟、激动,最终形成这一本由十几篇由点及面的文章汇集而成的"非书之书"。对此缺憾,我还是有话要说:之所以要写一本书,当然不能是先跑马圈上一块地,接着就没日没夜、"无问西东"地耕作,而应该是一开始就被对象身上密布着的症候、"刺点"所搅动,不撕开它们、挫平它们,决不会善罢甘休的。顺着这些症候、"刺点"潜入对象,一定会发现对象的根基处是虬曲、缠绕、回旋的,根本不可能把它整理成一个分明的体系,或者说体系就是对于根系的篡改。我们所能做的,大概只是从一条根慢慢地捋下去,回望它的来路(但不是源头),探究它的发展(但不是目标),更要从这一条根延展向其他的根,再由其他的根一再地潜回这一条根,由此复现出一个芜杂的、矛盾重重的根系。这样一来,一本本真的书就一定是一本破碎的书,缠绕的书,重复的书,回旋的书,既相互说明又彼此驳斥的书,说到底,就是一本"非书之书"。

在给我的汪曾祺研究画下一个休止符的此刻,我衷心地觉得,学术研究是寂寞的,却也乐在其中。或许可以反问:在逼仄的现世陶醉于一小片学术的园地,不也是一件幸事、快事?所以,经营好自己的园地吧,意冷的时候,不妨听听"东坡"的曳杖声穿透了千年的云雾,依旧在铿然作响:"雨洗东坡月色清,市人行尽野人行。莫嫌荦确坡头路,自爱铿然曳杖声。"

本书部分章节,曾与赵顺宏等师友、学生交流,谢谢他们!

浙江大学董氏文史哲研究奖励基金提供部分资助,特此感谢!

2022 年 12 月 4 日

图书在版编目（CIP）数据

"文人"汪曾祺研究 / 翟业军著. -- 杭州：浙江大学出版社, 2024. 9. -- ISBN 978-7-308-25432-8

Ⅰ. K825.6

中国国家版本馆CIP数据核字第2024R2M233号

"文人"汪曾祺研究

翟业军　著

责任编辑	牟琳琳
责任校对	吕倩岚
封面设计	周　灵
出版发行	浙江大学出版社
	（杭州市天目山路148号　邮政编码 310007）
	（网址：http://www.zjupress.com）
排　版	杭州林智广告有限公司
印　刷	杭州宏雅印刷有限公司
开　本	710mm×1000mm　1/16
印　张	13
字　数	228千
版 印 次	2024年9月第1版　2024年9月第1次印刷
书　号	ISBN 978-7-308-25432-8
定　价	68.00元

版权所有　侵权必究　印装差错　负责调换

浙江大学出版社市场运营中心联系方式：0571-88925591；http://zjdxcbs.tmall.com